SPRACHWISSENSCHAFTLICHE STUDIENBÜCHER

Ernst Leisi · Christian Mair

Das heutige Englisch

Wesenszüge und Probleme

Achte, neubearbeitete Auflage

UNIVERSITÄTSVERLAG C. WINTER

HEIDELBERG

Die Deutsche Bibliothek – CIP-Einheitsaufnahme

Leisi, Ernst:

Das heutige Englisch: Wesenszüge und Probleme /
Ernst Leisi; Christian Mair. – 8., neubearb. Aufl. –
Heidelberg: Winter, 1999
(Sprachwissenschaftliche Studienbücher)
ISBN 3-8253-0598-8

ISBN 3-8253-0598-8

Vorwort

In dem mit Februar 1955 datierten Vorwort zur ersten Auflage des *Heutigen Englisch* dankt Ernst Leisi seinen Zürcher Lehrern E. Dieth und H. Straumann, seinen damaligen Kieler Kolleginnen und Kollegen und nennt weitere Vorarbeiten und Einflüsse, ohne die *Das heutige Englisch* nicht zu denken wäre: das *OED*, die Grammatik sowie die theoretischen Arbeiten Otto Jespersens und - aus der allgemeinen Sprachwissenschaft und den Nachbardisziplinen der Anglistik - die Ideen Weisgerbers, Ballys und von Wartburgs. Die Originalität von Büchern wie dem seinigen suche man „nicht so sehr in den Einzelheiten als vielmehr in deren Auswahl, Deutung und Verknüpfung."

Und genau diese Auswahl, Deutung und Verknüpfung waren es wohl, die dem Buch seinen lang anhaltenden Erfolg bei der Leserschaft sicherten. Auch der Bearbeiter erinnert sich, wie er als Student der Anglistik an der Universität Innsbruck während der späten siebziger Jahre über die im silber-metallischen Umschlag prangende 5. Auflage des *Heutigen Englisch* stolperte und im für den Anfänger so verwirrenden Gebiet der Linguistik auf einmal vieles klarer sah. Es braucht nicht hinzugefügt zu werden, daß die nunmehr wieder im bescheideneren hellgelben Umschlag vorliegende 7. Auflage zur empfohlenen Lektüre im Englischen Seminar der Universität Freiburg gehört.

Nicht zuletzt wegen dieses langen persönlichen Naheverhältnisses zum Buch war es für mich eine Freude, als Autor und Verlag mich einluden, an einer Neubearbeitung mitzuwirken.

Die Neubearbeitung rührt nicht an die erfolgreiche Grundkonzeption des Buches, den Plan, das heutige Englisch aus diachroner und kontrastiver Sicht, d.h. vor dem Hintergrund seiner Geschichte und im Vergleich zum heutigen Deutsch, darzustellen.

Ziel der Bearbeitung war vielmehr die Aktualisierung des ursprünglichen Erfolgsrezepts. Diese Aktualisierung war notwendig,

a) wo die Entwicklung der englischen Sprache selber dies erforderte - etwa wenn das Wort *goer*, 1955 nur ein theoretisches Gedankenspiel, vierzig Jahre später tatsächlich belegt war;
b) wo die linguistische Theoriebildung fortgeschritten war und alte Kämpfe aus heutiger Sicht als erledigt zu betrachten waren (z.B. die recht ausführliche Auseinandersetzung der 7. Auflage mit Chomskys *Extended Standard Theory*).

Wo dies ohne Verlust möglich schien, wurde die Aktualisierung im allgemeinen mit Kürzung verbunden. Neues wurde gelegentlich eingefügt –

sowohl, was das illustrative Beispielmaterial als auch, was die Theoriebildung betrifft –, allerdings in sparsamem Umfang. Die klaren Grundlinien des Werkes sollten deutlich bleiben.

Dieses „Weniger ist mehr!" betrifft auch und vor allem die Hinweise auf wissenschaftliche Literatur. In der siebten Auflage verfolgten diese einen zweifachen Zweck. Erstens, Ernst Leisis eigene Quellen zu nennen, und zweitens, den Leserinnen und Lesern Hinweise für das weiterführende Selbststudium zu geben. Da „der Leisi" aber durch „Auswahl, Deutung und Verknüpfung" die meisten seiner Anreger überlebt hat und viele der angegebenen Publikationen in den Bibliotheken „junger" Universitäten gar nicht vorliegen, rückt in der Neubearbeitung der zweite Aspekt in den Vordergrund: Erwähnt wird in erster Linie, was den heutigen Lesern zugänglich ist und ihnen zu einer vertiefenden Orientierung verhilft. Beibehalten wurde deshalb auch das von Ernst Leisi seit der ersten Auflage angewendete Prinzip, die meisten der in den Literaturüberblicken am Ende der jeweiligen Kapitel angeführten Veröffentlichungen kurz zu charakterisieren.

Frau Renate Otto danke ich für die tatkräftige Mitarbeit beim Tippen des Manuskripts. Nadja Nesselhauf, Stefanie Rapp, Gillian Hewitt und Tobias Maier bewährten sich als scharfäugige Korrekturleser und nahmen mir bei der Endredaktion des Manuskripts viel Arbeit ab. Schließlich möchte ich es nicht versäumen, Ernst Leisi für das Wohlwollen und die aktive Mithilfe, mit der er das Entstehen der Neubearbeitung begleitete, zu danken.

Freiburg, im November 1998   Christian Mair

Inhalt

1. **Aufgaben und Methoden**. Das vorliegende Buch will eine kurzgefaßte Beschreibung der heutigen englischen Sprache sein. Man könnte annehmen, so etwas gäbe es häufig. Nun gibt es in Wirklichkeit zwar viele *Anleitungen zum Beschreiben* von Sprachen, also Informationen darüber, wie man beim Beschreiben von Sprachen verfahren solle. Beschreibungen selbst gibt es für Teilbezirke, z.B. die Grammatik. Aber zusammenfassende *Beschreibungen einer ganzen Sprache* sind höchst selten.

Ein Grund dafür ist folgender. Die Darstellung einer Sprache ist keineswegs einfach. Was wir „die englische Sprache" nennen, ist eine Summe von Aktivitäten, die von Millionen von Menschen in Millionen von Situationen unablässig ausgeübt werden. Beobachtbar ist die Sprache also nur in Form von unzähligen Einzelhandlungen. Eine wissenschaftliche Darstellung, sei sie ein Wörterbuch, eine Grammatik oder eine Gesamtbeschreibung, kann selbstverständlich nicht alle diese einzelnen Handlungen einschließen – sie käme sonst mit dem Sammeln gar nicht nach, und die Resultate wären im schlimmsten Sinn unübersehbar.

Eine brauchbare Beschreibung irgend einer Sprache kann deshalb nie vollständig sein – sie muß immer *abstrahieren*, d.h. von einer Unzahl von Tatsachen absehen und sich auf eine endliche Zahl von wichtigen Kategorien oder „Zügen" beschränken, da Vollständigkeit unmöglich ist. Wir beobachten aber auch, daß die Auffassungen von dem, was beschrieben werden soll, was also wichtig ist, mit einzelnen Richtungen, mit der Zeit und wahrscheinlich sogar mit dem einzelnen Forscher wechseln. Das heißt, jeder sprachlichen Beschreibung wohnt ein starkes subjektives Moment inne. Je weniger man diese Subjektivität verschweigt, je mehr man zu ihr steht, desto besser. Freilich begeben wir uns dabei in eine wenig populäre Position. Bei den sogenannten Junggrammatikern (Mitte des 19. Jahrhunderts) und wiederholt bis über die Mitte des 20. Jahrhunderts hinaus steht das Ideal einer möglichst objektiven, in Zahlen und Formeln niedergelegten Sprachwissenschaft (*linguistic science*, wobei *science* ‚exakte Wissenschaft' bedeutet) im Vordergrund.

Eine subjektive Komponente einräumen, das heißt natürlich nicht, daß jeder und jede die Fakten so auffassen und beschreiben soll, wie es ihm oder ihr gerade paßt. Eine Wissenschaft muß ja intersubjektiv sein; ihre Resultate müssen zwischen den Menschen ausgetauscht werden können. Man sieht das Problem der Objektivität, oder allgemeiner, das Verhältnis zwischen der sprachlichen Wirklichkeit und ihrer Beschreibung, am besten, wenn man vom Modellcharakter jeder sprachwissenschaftlichen Beschreibung ausgeht.

Unter einem Modell verstehen wir in der Wissenschaft eine Beschreibung oder Wiedergabe, die zwar nicht alle Züge der abzubildenden

Wirklichkeit einschließt (wir haben eben gesehen, daß dies bei der Sprache völlig unmöglich ist), die aber wenigstens der Forderung nach *struktureller Ähnlichkeit* genügt.

Ein solches Modell ist zum Beispiel die Landkarte. Offensichtlich enthält die Landkarte nicht alle Züge der abgebildeten Landschaft, zum Beispiel nicht die Farbe der Dächer oder die Baumsorten. Was sie mit dem Original verbindet, ist die strukturelle Ähnlichkeit, nämlich die Gleichheit der Winkel und der Distanzverhältnisse; dazu kommen zusätzlich andere Informationen.

Drei Dinge an der Landkarte sind für uns wichtig, weil sie sich direkt auf die sprachwissenschaftliche Beschreibung übertragen lassen:

1. Auch die beste Landkarte kann nicht völlig objektiv genannt werden. Eine Menge von Aspekten der Originallandschaft sind weggelassen. Andere Elemente, wie Ortschaften und Höhenverhältnisse sind stilisiert dargestellt; Straßen und Flüsse sind überbreit.
2. Es gibt keine zweckfreie Landkarte. Es gibt politische oder physische Karten, von denen jede ihren Zweck erfüllt. Selbst die detailliertesten topographischen Karten richten das Aufnehmen und Ausscheiden von einzelnen Aspekten nach dem Zweck.
3. Zur Zweckmäßigkeit einer Karte gehört auch der richtige Maßstab. Für eine Fußwanderung braucht man mehr, für eine Autotour weniger und andere Details. Die detaillierte Karte ist nicht automatisch die bessere.

So viel zur Landkarte. Wir haben sie etwas ausführlich besprochen, weil sie die Prinzipien und Probleme jeder Modelldarstellung zeigt. Auch eine sprachwissenschaftliche Darstellung ist den gleichen Modellgesetzen unterworfen. Es gilt:

1. Jede sprachwissenschaftliche Beschreibung ist nur teilweise objektiv. Schon allein die Tatsache, daß wir von einer praktisch unendlichen Zahl von Fakten auszugehen haben und uns auf die „wesentlichen" beschränken müssen, bringt das Moment der subjektiven Entscheidung hinein. Wenn die Beschreibung die Forderung der Modellhaftigkeit erfüllt, so wird sie damit dem Original lediglich ähnlich, aber nicht gleich; und innerhalb der Ähnlichkeit gibt es Spielräume. Dies muß darum betont werden, weil in den letzten Jahrzehnten der Glaube an ein „bestes", ein für allemal richtiges Sprachbeschreibungsmodell weit verbreitet war, und weil die Suche nach diesem Modell (wie im Mittelalter die Suche nach dem Stein der Weisen) den Sprachwissenschaftern viel Zeit weggenommen hat.
2. So wie die Landkarte ist auch jede sprachliche Beschreibung je nach dem Zweck verschieden. Das Schwergewicht einer sprachlichen Be-

schreibung kann auf der Grammatik oder auf dem Wortschatz oder auf der Interaktion von Sprecher und Hörer liegen. Eine Beschreibung sieht auch anders aus, wenn sie für einen menschlichen Leser bestimmt ist, als wenn sie die Unterlage für ein Computerprogramm bilden soll: Für den Computer müssen zum Beispiel die seltenen „Ausnahmen" zuerst und die normalen Regeln nachher beschrieben werden; für einen menschlichen Benutzer ist es gerade umgekehrt. Und natürlich wird eine sprachliche Beschreibung anders aussehen, wenn sie sich rein auf den gegenwärtigen Zustand bezieht (rein synchronisch ist), als wenn sie auch ein Stück Zeitdimension einbezieht, also (frühere oder gegenwärtige) Entwicklungen mitberücksichtigt (synchronisch-diachronisch ist). Je nachdem, was für Informationen ich aus einer Beschreibung erwarte, muß diese Beschreibung verschieden aussehen. Die völlig zweckfreie Linguistik ist eine Illusion.

3. Mit dem Zweck hängt auch der Maßstab zusammen. Auch in der Sprachwissenschaft muß es detailliertere und weniger detaillierte Darstellungen geben. Dies scheint wieder eine Binsenwahrheit, aber es ist auch hier nötig, daß man darauf hinweist; denn die wissenschaftlichen Bedürfnisse sind auch in diesem Punkt verschieden. Es kann die Notwendigkeit für eine genaueste Beschreibung eines Teilgebiets entstehen (etwa der Zahlwörter, des Perfekts oder der Wörter für die Gesichtsmimik) – aber ebenso legitim ist das Bedürfnis nach zusammenfassender, überblickbarer Information über ein größeres Gebiet, z.B. die ganze Grammatik oder sogar eine ganze Sprache. Dieses Bedürfnis nach Überschau besteht nicht nur beim Laien oder Anfänger, sondern auch beim fortgeschrittenen Wissenschafter. Nur aus einem Überblick gewinnt man Einsicht in die Gebiete, in denen noch Detailstudien zu machen sind. Andererseits ist eine Sprachtypologie (eine vergleichende Darstellung der Strukturen verschiedener Sprachen oder ganzer Sprachfamilien) nicht möglich ohne die Vorarbeit zusammenfassender Beschreibungen von Einzelsprachen. Daraus geht folgendes hervor: Es gibt nicht den einen besten Maßstab. Die detaillierte Studie ist z.B. nicht an sich besser als die Übersicht; sie ist auch nicht unbedingt die primäre, weil sie oft erst auf Grund einer größeren Übersicht begonnen wird.

Daß es trotz der Notwendigkeit von Übersichten an solchen Werken eher mangelt, geht u.a. auf methodische Schwierigkeiten zurück. Der Erfassung der sprachlichen Gegenwart, also der Darstellung eines sprachlichen Zustandes (synchronische Methode) stehen mehr Hindernisse entgegen als derjenigen einer Entwicklung (diachronische Methode). Bei historischen Übersichten ist die Anordnung oft schon durch die zeitliche Folge gegeben. Außerdem ist eine Veränderung immer leichter zu beschreiben als das statische Sosein einer Sprache. Das letztere kann im Grunde genommen nur aus dem Vergleich mit einer andern Sprache erkannt werden, und hier liegen unter anderem die Möglichkeiten des kontinentalen Anglisten. Er kann mit der englischen Sprache zwar nie so vertraut sein wie derjenige, der Englisch als Muttersprache spricht. Dafür aber kennt er seine eigene Sprache genau und besitzt in ihr eine Vergleichsbasis, die dem *native speaker* nicht von vornherein gegeben ist. So ist denn das vergleichende (kontrastive) Prinzip so etwas wie eine Rechtfertigung des kontinentalen Anglisten.

Es gibt bis jetzt keine Methode, die einheitlich auf alle Aspekte der Sprache angewendet werden könnte. Ein kurzer Rückblick auf die vorherrschenden Strömungen in der Linguistik der letzten 70 Jahre kann das deutlich machen. Der Zeitraum von 70 Jahren wurde gewählt, weil um etwa 1930 in Zentraleuropa die Synchronie (langsam) zum Durchbruch kam. Im 19. und im frühen 20. Jahrhundert war die Sprachwissenschaft fast ausschließlich diachronisch gewesen, d.h., sie hatte mehr die sprachlichen Veränderungen als die sprachlichen Zustände untersucht. Es gibt z.B. vor etwa 1930 im deutschen Sprachgebiet keine größere und zusammenfassende Untersuchung über das jeweilige Gegenwartsenglisch.

Seit 1930 nun bieten sich nacheinander verschiedene Methoden der synchronischen Sprachbeschreibung an, von denen erwartet werden könnte, daß sie für eine zusammenfassende Beschreibung nützlich sind: die nationalpsychologische, die strukturalistische, die generativ-transformationelle und die funktional-typologische Linguistik.

Eine Gesamtschau versprach die in der deutschen Anglistik der zwanziger und dreißiger Jahre häufig angewandte *nationalpsychologische Methode*, welche versuchte, die Beschaffenheit des heutigen Englisch aus einzelnen Konstanten des englischen Nationalcharakters zu begründen. So eng man sich auch das Verhältnis zwischen Sprache und Sprachgemeinschaft zu denken hat, muß man doch bei der Feststellung von Parallelismen Vorsicht walten lassen; denn es ist leicht, Eigenschaften, die man an der Nation sieht oder zu sehen glaubt, auch in die Sprache hineinzuspiegeln. Eine weitere Gefahr besteht darin, daß man einzelne Eigenschaften des Englischen, die in Wirklichkeit auf bestimmte historische Ereignisse zurückgehen, einem zeitlos gedachten Nationalcharakter zuschreibt. Ein weiteres Problem für diese Denkrichtung ist auch, daß das Englische im Laufe seiner jüngsten Geschichte aus einer Nationalsprache zu einer Weltsprache für viele Nationen in vielen Kulturkreisen geworden ist.

Während die nationalpsychologische Methode nur noch historisch von Interesse ist, bildet die strukturalistische Linguistik (*Strukturalismus*) nach wie vor eine Basis für die gegenwärtige Sprachwissenschaft. Entstanden in Europa (de Saussure, Prager Schule etc.), ist sie seit etwa 1930 (auch und gerade durch Leonard Bloomfields 1933 erschienenes klassisches Überblickswerk *Language*) in Amerika stark entwickelt worden und ab etwa 1950 nach Zentraleuropa zurückgekommen. Sie verlangt, daß jede Sprache aus ihrer eigenen Struktur heraus beschrieben und nicht in das Prokrustesbett fremder Kategorien gezwängt werde. Dabei geht sie von theoretischen Grundsätzen aus, die, im wesentlichen vom Schweizer Sprachwissenschafter Ferdinand de Saussure (1857–1913) entwickelt, heute kaum mehr bestritten sind. Folgende Überlegungen sind dabei am wichtigsten: Jede Sprache ist ein System von Zeichen. Ein Zeichen ist die Vereinigung eines Inhalts (einer Bedeutung oder Funktion) mit einem Ausdruck (einer äußeren Form). Weder Ausdruck noch Inhalt sind durch außersprachliche Notwendigkeit festgelegt; sie sind allein bestimmt durch den Unterschied gegenüber den Nachbarzeichen. Ein Unterschied (des Inhalts *und* des Ausdrucks) gegenüber den Nachbarn gehört also wesensmäßig zu jedem Zeichen. Nur diejenigen Elemente, die dieser Forderung entsprechen, sind die echten (immanenten) Kategorien einer Sprache, nur sie sind Gegenstände der Sprachwissenschaft, alle anderen sind von außen herangetragene fremde oder fiktive Kategorien.

Dieses Prinzip ermöglicht es uns, die einer Sprache angemessenen grammatischen Kategorien objektiver zu bestimmen. Die Frage z.B., ob das Englische ein Intensivum habe, beantwortet sich nun wie folgt: Was man gemeinhin „Intensivum" nennt (also die Kategorie der Verstärkung), hat im Englischen verschiedene Ausdrücke, u.a. die Umschreibung mit *to do* (*do come and see us*) oder mit der progressiven Form (*she is always finding fault with somebody*). Diese Ausdrücke haben aber daneben auch andere Funktionen; es fehlt ihnen das Kriterium der Ausschließlichkeit. Das „Intensivum" ist also ausdrucksmäßig nicht klar von anderen Zeichen geschieden und somit keine der englischen Sprache innewohnende grammatische Kategorie. In ähnlicher Weise lassen sich viele alte Streitfragen der englischen Grammatik ein für allemal schlichten – nicht daß dies im einzelnen einfach wäre, aber das Prinzip ist gegeben.

So fruchtbar sich die strukturalistische Theorie erwiesen hat, so unbefriedigend erscheint für viele Betrachter die strukturalistische Praxis.

Zwei Haupteinwände machen sich geltend. Erstens, daß die Sprache „mathematisiert" wird: Sie wird im Prinzip als logisches, widerspruchsfreies, völlig statisches System aufgefaßt und behandelt, in dem alles Übergängliche und Ungefähre keinen Platz hat. Zweitens, daß die meisten Strukturalisten sich auf die Ausdrucksseite der Sprache beschränkten und die Beschäftigung mit den Inhalten (Bedeutungen) vernachlässigten. Dies ist insofern paradox, als die strukturalistische Methode letztlich auf dem Begriff des Bedeutungsunterschiedes beruht. Zusammen mit der Bedeutung wurden große Gebiete, z.b. der Wortforschung, unbeackert gelassen; das Studium der Zusammenhänge zwischen Sprache und außersprachlichen Dingen wie Geistesgeschichte und Sachkultur wurde als „Metalinguistik" aus der Sprachwissenschaft ausgewiesen; Wert- und Kausalitätsfragen wurden nicht angeschnitten.

Aus dem Strukturalismus erwachsen, doch wesentlich von ihm verschieden, ist die *Transformationsgrammatik* oder – die aktuelle Bezeichnung – die *generative Grammatik* (begründet von Noam A. Chomsky, geb. 1928). In folgenden Punkten unterscheidet sie sich diametral vom älteren Strukturalismus: Sie ist im Prinzip nicht als Methode zur Beschreibung einer Einzelsprache konzipiert, sondern als Methode zur Beschreibung der menschlichen Sprachfähigkeit und damit aller Sprachen. Es geht ihr auch nicht um das, was an einer Sprache physisch wahrnehmbar ist, also etwa um die Beschreibung und Analyse einer tatsächlichen geschriebenen oder gesprochenen Äußerung, sondern um das, was dem Wahrnehmbaren vorausgeht, und, damit im Zusammenhang, nicht um Strukturen, sondern um Prozesse; nicht um Bausteine, sondern um Bauprinzipien. Auch verfährt sie im Prinzip analytisch (vom Satzganzen ausgehend) und nicht synthetisch (von Einzelbausteinen wie Lauten oder Wörtern ausgehend). Damit setzt sie sich dem älteren Strukturalismus entgegen. Gemeinsam ist beiden Schulen dagegen die exakte formalisierte Diktion, die sie der Mathematik und der formalen Logik nahebringt.

Die Grundideen der generativen Linguistik sind, ganz kurz zusammengefaßt, folgende: Sprache wird nicht als etwas Statisches, sondern als Erzeugungsprozeß aufgefaßt (daher der Name *generativ*). Grammatik ist demnach nicht die Beschreibung von fertigen Strukturen und die Klassifizierung der Elemente, aus denen sie aufgebaut sind, sondern von Prozessen; sie ist im wesentlichen ein System von Regeln, durch welche Sätze stufenweise vom Potentiellen ins Verwirklichte, oder in anderen Worten, vom Abstrakteren ins Konkretere übergeführt werden.

Die generative Linguistik nimmt für sich in Anspruch, ein Modell für die menschliche Sprachfähigkeit geschaffen zu haben. Dabei ist allerdings verschiedentlich betont worden, daß die linguistischen Regeln nicht ein detailliertes Abbild der Vorgänge im Gehirn sein wollen, sondern eben nur ein Modell, bei dem allein die Gleichheit des Resultates wichtig ist; im „Output" des Modells sollen z.b. die gleichen Grenzen zwischen möglichen und unmöglichen syntaktischen Strukturen herauskommen, wie wir sie im Urteil von muttersprachlichen Sprechern (*native speakers*) der betreffenden Sprache erhalten würden.

In der ersten Phase der Entwicklung interessierte man sich vor allem dafür, wie aus einer abstrakten Tiefenstruktur durch eine Reihe von „Transformationen" sprech- und hörbare Oberflächenstrukturen abgeleitet werden – daher die ursprüngliche Bezeichnung Transformationsgrammatik oder transformationelle Grammatik. Aus gleichen Tiefenstrukturen können ungleiche Oberflächenstrukturen entstehen, z.b. kann eine gegebene Tiefenstruktur einmal in der Aktiv-, einmal in der Passivform verwirklicht werden. Umgekehrt können zwei gleiche Oberflächenstrukturen auf verschiedene Tiefenstrukturen zurückgehen, so etwa der Satz *visiting relatives can be boring*. Er kann abgeleitet sein aus *relatives visit X* und heißt dann ‚Verwandte auf Besuch ...'. Oder er kann abgeleitet sein aus *X visits relatives* und heißt dann ‚das Besuchen von Verwandten ...'. Diese Methode der Analyse gleicher Oberflächenstrukturen ist gerade für das Englische sehr wichtig, da hier besonders viele mehrfach interpretierbare Formen vorliegen. Ein Verdienst der frühen Generativisten liegt daher in der Beschreibung vieler grammatischer Strukturen des modernen Englisch, die der Aufmerksamkeit traditionell orientierter Sprachwissenschafter entgingen. Man vergleiche nur die Sinnunterschiede zwischen oberflächlich so ähnlichen Satzmustern wie *he was quick to understand, he was eager to understand* und *he was difficult to understand*, die in vielen traditionellen Grammatiken nur sehr unzureichend dargestellt wurden.

In den folgenden Jahrzehnten hat die generative Linguistik eine zunehmend abstrakte Ausrichtung genommen. Erinnerten die frühen Transformationen oft noch an die aus der traditionellen Grammatik vertrauten Prozesse wie die Passivbildung, geht es bei den viel abstrakteren Formalismen der Generativisten der neunziger Jahre nicht mehr um die Beschreibung der Oberflächengrammatik irgend einer bestimmten Einzelsprache, sondern um die Beschreibung der „Universalgrammatik", also der allgemeinsten Prinzipien der Sprachstruktur vor der einzelsprachlichen Ausdifferenzierung. Die generative Grammatik ist ihrem Wesen nach also Sprachtheorie und nicht Anwendung. Ein Buch über die Gesamtheit der englischen Sprache auf dieser Grundlage gibt es darum noch nicht, und es ist auch unwahrscheinlich, daß ein solches überhaupt geschrieben werden kann.

Auch als Reaktion auf die zunehmend theoretische und formalistische Ausrichtung der Generativisten sind seit ca. 1970 eine Reihe weiterer linguistischer Schulen zu einer gewissen Bekanntheit gelangt. Die wohl wichtigste unter ihnen ist die funktional-typologische Linguistik, die sich mit Namen wie Joseph Greenberg oder Talmy Givón verbindet. Alle Vertreter dieser Richtung gehen davon aus, daß sprachliche Formen nicht autonom sind, sondern die ausgedrückten Bedeutungen und die kommunikativen Bedürfnisse der Sprecher widerspiegeln. *I heard her entering the room* und *I heard that she was entering the room* sind also nicht in erster Linie zwei formale Varianten zum Ausdruck derselben logischen Struktur. Vielmehr korreliert der Grad der syntaktischen Integration mit dem Grad der Beteiligung des Wahrnehmenden: Im ersten Satz direkt – ich habe sie selbst hereinkommen hören – im zweiten Fall möglicherweise auch indirekt – vielleicht habe ich nur Nachricht über Dritte erhalten. Sprachwissenschafter der funktional-typologischen Schule sprechen hier von „Ikonizität", d.h., die sprachliche Form, enge oder lockere Einbindung des Nebensatzes, ist ein Abbild der inhaltlichen Beziehung zwischen den beiden Sätzen. Unsere beiden englischen Sätze zeigen, daß das äußerst allgemeine, kognitiv und psychologisch motivierte Ikonizitäts-Prinzip sehr konkrete Auswirkungen auf das Bedeutungspotential zweier englischer Satzstrukturen haben kann. Doch auch für die neuen funktionalen Ansätze in der Sprachbeschreibung gilt, was schon für die generative Grammatik festgestellt wurde. Sie sind vorwiegend theoretisch, und sie können auf keinen Fall für eine ganze Sprache mit allen ihren Aspekten angewendet werden.

Es ist also zur Zeit nicht möglich, eine zusammenfassende Beschreibung der englischen Sprache zu geben, die sich ausschließlich an der strukturalistischen, generativen oder funktionalen Methode orientiert. Es wird nötig sein, methodisch „unrein" zu verfahren, wie es auch tatsächlich in allen Werken geschieht, die mehrere Aspekte der Sprache behandeln. Immerhin ist das vorliegende Buch nicht grundsatzlos; es folgt vielmehr einem Prinzip, das man in etwa als „Synchronie auf diachronischer und kontrastiver Basis" beschreiben könnte. Das heißt im einzelnen: Die englische Sprache wird in ihrem gegenwärtigen Zustand beschrieben; dieser Zustand wird einerseits mit früheren Zuständen verglichen, wodurch ein diachronisches Element, also eine zeitlich-kausale Dimension, hinzukommt – andererseits wird sie oft der deutschen Sprache gegenübergehalten, erscheint also kontrastiv. Beide Vergleichspunkte, das frühere Englisch und das jetzige Deutsch, sind nicht ohne

Beziehung zueinander. Deutsch und Englisch waren sich früher ähnlicher als heute, und hauptsächlich „schuld" an dem heutigen Unterschied ist die stärkere und radikalere Veränderung des Englischen. Die Besonderheiten des heutigen Englisch erscheinen darum ähnlich, ob man es nun mit dem früheren Englisch oder mit dem heutigen Deutsch vergleicht.

Was sich in solchen Vergleichen deutlich herausstellt, das nennen wir die „Wesenszüge" des Englischen, wobei wir im Prinzip vom British Standard English ausgehen und die andern Formen anschließend behandeln. Eine Auswahl von Wesenszügen muß immer etwas willkürlich bleiben. Schließlich wären im Vergleich des heutigen Englisch mit anderen europäischen Sprachen oder gar mit „exotischen" Sprachen vielleicht ganz andere Wesenszüge hervorgetreten. Der Vergleich mit dem Deutschen ist für uns aber nicht zuletzt deshalb der „richtige" Annäherungsweg an das Englische, weil auf diese Weise die Ursache für so manches unserer eigenen praktischen Lernprobleme bewußt gemacht wird, und die Verallgemeinerung von vielen auf den ersten Blick unzusammenhängenden Sprachkontrasten zu „Wesenszügen" verschafft bei aller Vereinfachung doch einen wertvollen Überblick. Die Sprachwissenschaft sollte sich vielleicht noch stärker vom Goethe-Wort leiten lassen:

> Dich im Unendlichen zu finden,
> Mußt unterscheiden und dann verbinden.
> (aus „Die Welt, sie ist ...")

Im Unterscheiden (in der Analyse) ist Bedeutendes schon geleistet, aber im Verbinden (in der Synthese) bleibt der Sprachwissenschaft noch viel zu tun.

Der Untertitel des vorliegenden Buches spricht jedoch nicht nur von „Wesenszügen", sondern auch von „Problemen". Nun ist die Struktur des heutigen Englisch natürlich nicht „problematisch" in dem Sinn, daß die Sprache nicht funktionieren, d.h. die Bedürfnisse ihrer Sprecherinnen und Sprecher nicht oder nur unzureichend erfüllen würde. Allerdings haben Zufälle der sprachlichen und kulturellen Entwicklung zu Situationen geführt, die nicht nur fremdsprachige Lerner vor Probleme stellen. Das offensichtlichste Beispiel ist wohl die englische Rechtschreibung mit ihrer zum Teil extremen Diskrepanz zwischen Laut und Schrift. Auch der gehobene, großteils aus dem Lateinischen entlehnte Wortschatz der Schriftsprache – die sogenannten Hard Words – ist nicht leicht zu meistern. Aber wer das Problem bewältigt hat, zwischen *progress* und *progression*, zwischen *construct* und *construe*, zwischen *gesture* und *gesticulate* oder gar zwischen *discrete, discreet, discre-*

tionary, discretional, discretion und *discreteness* zu unterscheiden, ist andererseits auch in der Lage, feine Bedeutungsnuancen auf prägnante Weise auszudrücken.

Kurze Darstellung des heutigen Englisch: Albert C. Baugh und Thomas Cable, A History of the English Language (Routledge, London ^{4}1993; eine gut lesbare Einführung in die Geschichte der englischen Sprache vom Altenglischen bis zur Gegenwart); David Crystal, The Cambridge Encyclopedia of the English Language (CUP, Cambridge 1995; ein reich illustriertes und graphisch luxuriös ausgestattetes enzyklopädisches Lesebuch zur Geschichte der englischen Sprache und ihren Erscheinungsformen in der Gegenwart; interdisziplinärer Ansatz [Sprache und Psychologie, Sprache und Kulturgeschichte, etc.]); David Crystal, The English Language (Penguin Books, Harmondsworth 1990; das Wichtigste zum Englischen der Gegenwart, einschließlich seiner Rolle als Weltsprache des 20. Jahrhunderts); Ekkehard König, „English" (in: Ekkehard König und Johan van der Auwera, Hrsg., The Germanic Languages, Routledge, London 1994; S. 532–565; ein präziser Abriß der wichtigsten Strukturzüge des heutigen Englisch im Vergleich zu verwandten germanischen Sprachen); Christian Mair, Englisch für Anglisten: Eine Einführung in die englische Sprache (Stauffenburg, Tübingen 1995; Einführung in die deskriptive Linguistik anhand wichtiger deutsch-englischer Sprachkontraste).

Die Auswahl der weiterführenden Literatur muß in einem Werk wie dem vorliegenden natürlich unvollständig und zum Teil auch willkürlich erfolgen. Für die in diesem Abschnitt versammelten Literaturhinweise wie für alle folgenden gilt: Zu viele Titel verwirren eher, als daß sie dem Anfänger die Orientierung erleichtern. Wer sich über Fragen der anglistischen Sprachwissenschaft im allgemeinen informieren will, konsultiere: Karl Reichl, Englische Sprachwissenschaft: Eine Bibliographie (Schmidt, Bielefeld 1993), wo auf Standardwerke und weiterführende Literatur zu einzelnen Teilgebieten verwiesen wird.

Zum kontrastiven Prinzip: John A. Hawkins, The Comparative Typology of English and German: Unifying the Contrasts (Croom Helm, London & Sydney 1986; eine anspruchsvolle, überzeugende, wenn auch nicht ganz leicht lesbare Gegenüberstellung der Grammatiken des Englischen und Deutschen aus typologischer Sicht); Judith Macheiner, Übersetzen: Ein Vademecum (Eichborn, Frankfurt 1995; Sprachkontraste, behandelt aus der Perspektive der Übersetzungspraxis); Michael Swan und Bernard Smith, Hrsg., Learner English: A Teacher's Guide to Interference and Other Problems (CUP, Cambridge 1992; für eine große Zahl von Ausgangssprachen, u.a. auch das Deutsche, werden die typischen Aussprache- und Grammatikfehler im Englischen abgehandelt; praktische Orientierung); Mario Wandruszka, Sprachen vergleichbar und unvergleichlich (Piper, München 1969; eine „induktive" Erfassung von Unterschieden zwischen wichtigen europäischen Sprachen auf der Grundlage von Übersetzungsvergleichen).

Und wenn ich als Leser Lücken in meinem sprachwissenschaftlichen Grundwissen haben sollte? Für kurze Definitionen konsultiere man eines aus einer ganzen Fülle von sprachwissenschaftlichen Fachwörterbüchern, wie z.b.: Hadumod Bußmann, Lexikon der Sprachwissenschaft (Kröner, Stuttgart ^{2}1990); Hadumod Bußmann, Routledge Dictionary of Language and Linguistics (Routledge, London & New York 1990); David Crystal, A Dictionary of Linguistics and Phonetics (Blackwell, Oxford ^{4}1997).

Wer ausführlichere Informationen wünscht, findet in fast allen Universitätsbibliotheken eine oder mehrere der folgenden sprachwissenschaftlichen Enzyklopädien: R.E. Asher, Hrsg., The Encyclopedia of Language and Linguistics (10 Bde.; Pergamon Press, Oxford 1994); William Bright, Hrsg., An International Encyclopaedia of Linguistics, (4 Bde.; OUP, Oxford & New York 1992); Neville E. Collinge, Hrsg., An Encyclopaedia of Language (Routledge, London 1990); Kirsten Malmkjaer, The Linguistics Encyclopedia (Routledge, London 1991).

Als Klassiker des Strukturalismus gilt nach wie vor: Leonard Bloomfield, Language (Holt, Rinehart & Winston, New York 1933).

Bei der Beschäftigung mit der generativen Transformationsgrammatik ist es wohl am besten, zuerst nicht die Schriften Noam Chomskys selbst, sondern eine Einführung zu konsultieren, also z.B.: Peter W. Culicover, Principles and Parameters: An Introduction to Syntactic Theory (OUP, Oxford 1997); oder Andrew Radford, Syntax: A Minimalist Introduction (CUP, Cambridge 1997); oder Andrew Radford, Transformational Grammar: A First Course (CUP, Cambridge 1988); Radford 1988 führt in die Grundlagen des Chomskyschen Denkens ein, während Radford 1997 sich auf neueste Entwicklungen der neunziger Jahre konzentriert.

Die Chomsky radikal entgegengesetzte funktional-typologische Position vertritt Talmy Givón: Talmy Givón, On Understanding Grammar (Academic Press, New York 1979); Talmy Givón, English Grammar: A Function-Based Introduction (2 Bde.; Benjamins, Amsterdam 1993; die bislang umfassendste Anwendung der Grundgedanken der funktional-typologischen Schule auf die Grammatik des Englischen).

I. Laut und Schrift

2. **Tonstärke, Intonation.** Hört man eine Sprache sprechen, so fallen schon von weitem, bevor man noch die einzelnen Laute und Wörter unterscheiden kann, ihre spezifisch musikalischen Elemente auf, nämlich vor allem Tonstärke (engl.: *stress*), Intonation und Rhythmus. Die Unterschiede in der Tonstärke sind im Englischen wesentlich stärker als im Französischen, aber geringer als im Deutschen. Über die funktionelle Bedeutung der Tonstärke siehe § 5.

Unter Intonation oder Tonfall versteht man die Variationen der Tonhöhe (engl.: *pitch*) im Verlauf der Rede. Die Intonation darf im wissenschaftlichen Sprachgebrauch nicht mit der Tonstärke verwechselt werden, obwohl in vielen Fällen die stärkere Silbe auch die höhere ist, weshalb die beiden Begriffe in den Ausdrücken „Betonung" oder „Akzent" zusammenfallen oder in umgangssprachlichen Formulierungen vermengt werden. Im Englischen etwa sagt man *low voice* für „leise Stimme" oder *speak low* für „leise sprechen".

Obwohl die Intonation von Sprecher zu Sprecher stark wechselt, läßt sie sich doch für das Englische auch allgemein charakterisieren: Der Ton*umfang* ist im Englischen durchschnittlich geringer als im Französischen oder Italienischen. Was den Ton*verlauf* betrifft, unterscheidet sich das Englische (wie das Deutsche) vom Französischen durch die fallende Grundtendenz: Innerhalb einer zusammenhängenden Wortgruppe hat die erste betonte Silbe den höchsten Ton, die darauffolgenden sinken ungefähr gleichmäßig herunter, also:

$$\textit{this is the} \quad \overset{B.B.}{} \overset{C.}{} \overset{Home}{} \overset{Ser}{} \overset{}{vice}$$

wogegen im Französischen der Ton grundsätzlich ansteigt.

Ein Unterschied zum Deutschen besteht darin, daß im Englischen das Sinken des Tons langsamer und in Stufen vor sich geht: Nach der ersten betonten Silbe fällt der Ton von Silbe zu Silbe ein wenig, wogegen er im Deutschen sogleich stark absinkt. Schematisch kann dies so dargestellt werden:

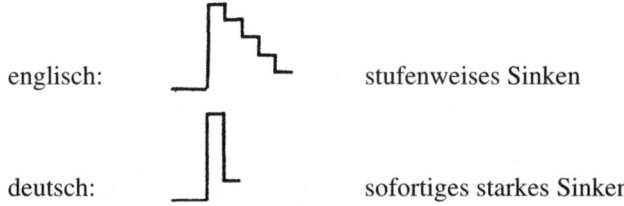

englisch: stufenweises Sinken

deutsch: sofortiges starkes Sinken

So ist z.B. in dem Satz *I wonder what I shall do about it* zu beachten, daß die Tonhöhe von *won-* zu *-der* im Englischen nur wenig (z.B. einen Ganzton) sinkt, so daß für die weiteren kleinen Abwärtsschritte noch „Raum" bleibt. Dieser Befund läßt sich auch experimentalphonetisch absichern. Man vergleiche etwa die Intonation des Satzes *I saw Ann but not Eric*, der zuerst von einem *native speaker* und hierauf – mit dem entsprechenden Akzent – von einem Deutschen und einem Franzosen gesprochen wurde (Abbildung aus Grover et al. 1987, S. 279):

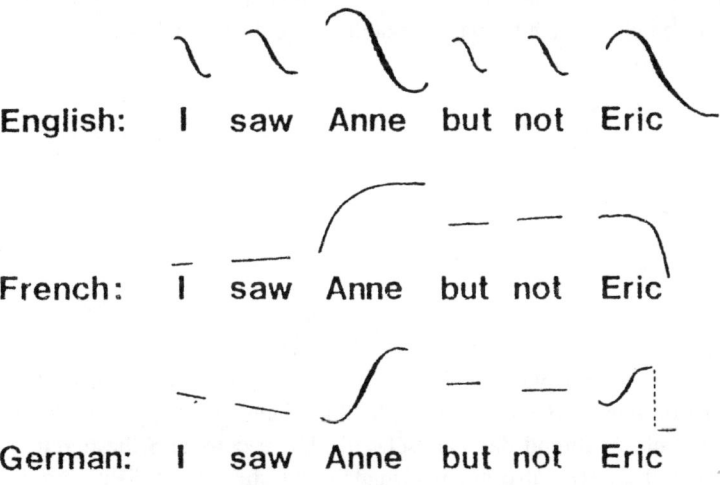

Wie man sieht, werden die typischen muttersprachlichen Intonationskonturen ins Englische übernommen, was – neben der falschen Aussprache einzelner Laute – nicht unwesentlich zum Eindruck eines ausländischen Akzents beiträgt.

Der gleichmäßige Abfall klingt in längeren Sätzen monoton; er wird deshalb gern in der Weise aufgelockert, daß auf einer Zwischensilbe von einiger Bedeutung der Ton wiederum gehoben wird, um den Fall von neuem beginnen zu lassen:

(the Queen has been) cele ... *six ty se cond brating her birth day*

Scheidet sich ein Satz deutlich in zwei Teile (sei es dadurch, daß ein Nebensatz vorausgeht, oder sei es durch den Sinn), so steigt der Ton in der letzten betonten Silbe der ersten Hälfte; also in *week* in folgendem Beispiel:

coal out put last ek e w was the high est this year

Auch bei Fragen steigt der Ton am Schluß, wenn diese mit ja oder nein zu beantworten sind. Fragen, die mit einem Fragepronomen beginnen (*where, which, what* etc.), haben oft fallenden Ton; diese letzte Besonderheit müssen sich besonders Süddeutsche, Österreicher und Schweizer einprägen. Es wird also intoniert:

is this the sta tion?

Aber: *where's the sta tion?*

Ein weiterer Unterschied zwischen der englischen und deutschen Intonation liegt in der Art, wie am Schluß einer Sinngruppe der Ton steigt oder fällt. Während das Deutsche die letzte betonte Silbe bereits hoch bzw. tief ansetzt, also gewissermaßen zwischen den Silben springt, benutzt das Englische die Silbe selbst zur Veränderung, indem es sie gleitend (glissando) auf- oder abwärts führt. Die oben angeführten Beispiele sind deshalb genauer wie folgt zu notieren – wobei zu sagen ist, daß die Wiedergabe durch Musiknoten nie präzise sein kann, da sich die Sprache nicht an die chromatische Tonleiter hält. Die schrägen Striche bedeuten: glissando (Gleiten eines Tones).

Dieses Gleiten auf der letzten betonten Silbe einer Intonationsgruppe ist dasjenige Charakteristikum, an dem man die englische Sprache schon von weitem erkennt.

Literatur zur Intonation: Maria Schubiger, English Intonation: Its Form and Function (Niemeyer, Tübingen 1958); J.D. O'Connor und G.F. Arnold, Intonation of Colloquial English (2. Aufl., Longman, London 1973; dieses Werk verbindet eine fundierte sprachwissenschaftliche Darstellung der Verhältnisse mit vielen praktischen Übungen); Jürgen Esser, Englische Prosodie: Eine Einführung (Niemeyer, Tübingen 1979); Alan Cruttenden, Intonation (CUP, Cambridge 1986; das Buch behandelt intonatorische Erscheinungen des Englischen und vieler weiterer Sprachen vor einem allgemein-sprachwissenschaftlichen Hintergrund); Cynthia Grover, Donald G. Jamieson und Michael B. Dobrovolsky, „Intonation in English, French and German: Perception and Production" (Language and Speech 1987, 30:3, 277–296).

3. **Rhythmus**. Auch der Rhythmus ist von Sprache zu Sprache stark verschieden. Das Französische neigt dazu, alle Silben ungefähr gleich lang zu sprechen (*syllable-timing*). Das Englische dagegen hat mit dem Deutschen gemeinsam: deutliche Verschiedenheiten in der Länge der einzelnen Silben und eine gewisse Tendenz, Takte zu bilden, d.h. den Abstand der stark betonten Silben durch Längung oder Kürzung der dazwischenliegenden unbetonten ungefähr gleich zu halten (*stress-timing*). Also:

Ein großer Unterschied gegenüber dem Deutschen besteht dagegen in der Behandlung der unbetonten Silbe, welche unmittelbar auf eine betonte folgt. Sie wird im Deutschen so gut wie immer stark gekürzt; diese Kürzung tritt im Englischen viel seltener ein. So herrscht denn im Deutschen der punktierte Rhythmus:

stärker vor als im Englischen, wo der gleichmäßige:

daneben sehr häufig ist. Beispiele sind:

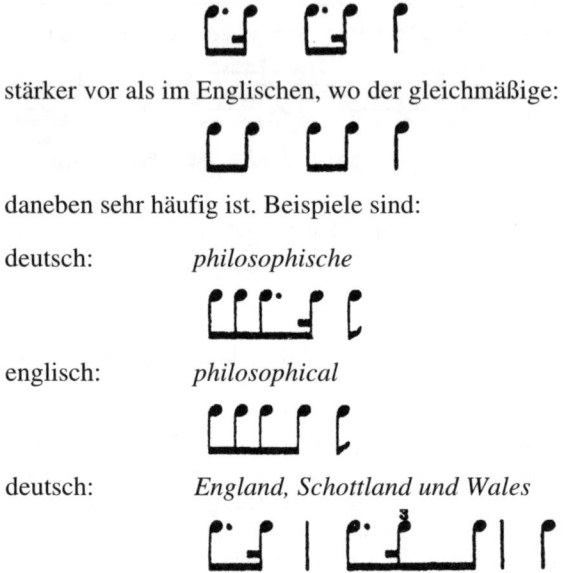

deutsch: *philosophische*

englisch: *philosophical*

deutsch: *England, Schottland und Wales*

englisch: *England, Scotland and Wales*

Der punktierte („deutsche") Rhythmus erscheint im Englischen vor allem dann, wenn es sich bei den geschwächten Silben um Präfixe oder Pronomina handelt, die auf längere Silben folgen, etwa:

for the first time today

Die relative Seltenheit der Punktierung zeigt sich am deutlichsten, wenn Engländer deutsche Trochäen oder Jamben sprechen:

Füllest wieder Busch und Tal

deutsch:

englisch:

Oder sogar (um Monotonie zu vermeiden?):

Tatsächlich kann in vielen Fällen die unbetonte Silbe die betonte an Länge wesentlich übertreffen, etwa wenn ein Wort auf einen Diphthong ausgeht wie *borrow*, aber auch in gewissen anderen Fällen. Diese Erscheinung zeigt sich sehr deutlich in manchen britischen Volksliedern, die auf den Sprachrhythmus Rücksicht nehmen und gleichzeitig reich an Synkopen sind:

Gin a body meet a body, coming thro' the rye.

Oder: *In Dublin's fair city*

Where the girls are so pretty

I first set my eyes on sweet Molly Malone.

4. **Die einzelnen Laute**. Den phonetischen Kapiteln dieses Buches ist das nicht-dialektale Südenglisch (*Standard English Received Pronunciation*) zugrunde gelegt. Über die Berechtigung dieser Sprachform, als Standard zu gelten, siehe unten § 21. Die phonetische Transkription folgt den Konventionen der *IPA* (*International Phonetic Association*). Die phonetische („genaue" oder *narrow*) Transkription erscheint in eckigen Klammern ([ ]); die phonemische Transkription (*broad transcription*, also eine Transkription, die sich nur auf die grundlegenden Kontraste im Sprachsystem beschränkt, vgl. § 5) erscheint in Schrägstrichen (*//*) und die einem Laut oder einer Lautfolge entsprechende Buchstabenkombination in spitzen Klammern (< >). Illustrieren wir dies am Beispiel der Wörter *pie* und *spy*: Die phonetische Transkription macht deutlich, daß das /p/ in *pie* aspiriert oder „behaucht" ist, d.h. mit großem Atemdruck ausgesprochen wird, das in *spy* jedoch nicht ([pʰaɪ] gegenüber [spaɪ]). Da behauchtes und nicht-behauchtes /p/ im Englischen aber nicht bedeutungsunterscheidend wirken, also keine Phoneme sind, muß dieser Unterschied in einer phonemischen Transkription nicht vermerkt werden: Wir transkribieren also /paɪ/ und /spaɪ/. Graphischem <p> ent-

spricht auf phonemischer Ebene also /p/, auf phonetischer Ebene aber [pʰ] oder [p] (um nur die beiden wichtigsten Realisationsformen zu nennen).

Wenn man sich bei der Betrachtung des englischen Lautsystems auf das aus der Perspektive des Deutschen besonders Auffallende beschränkt, wird sich hier folgendes feststellen lassen:

Konsonanten und Halbvokale: Auffallend im Vergleich zum Deutschen sind das konsonantische *u* (geschrieben *w*, IPA-Symbol /w/), ferner die dentalen Reibelaute /θ/, /ð/ (geschrieben *th*) und die zwei Varianten des *l*, das sogenannte *clear l* ([l]) und das *dark l* ([ɫ]). Das erste erscheint vor Vokalen, das zweite, bei dem die Zunge hinten zur u-Stellung angehoben wird, hat seinen Platz vor Konsonanten und am Schluß des Wortes. Ein *clear l* erscheint also in Wörtern wie *lip* oder *silly*, ein *dark l* dagegen in *wolf, fill* oder *bottle*. Dabei ist freilich zu beachten, daß auch das folgende Wort von Einfluß ist; so wird *fill it up* mit *clear l* gesprochen, weil im Englischen die einzelnen Wörter einer Äußerung üblicherweise in Tongruppen zusammengezogen werden, das *l* am Wortende von *fill* wegen des folgenden *it* also als prävokalisch interpretiert wird.

Weniger beachtet, aber sehr wichtig ist die Existenz einer alveolaren (d.h. an der Zahnfleisch-Gaumen-Kante hinter den oberen Schneidezähnen artikulierten) Konsonantengruppe. Hierzu gehören *t, d*, und *r. T* und *d* sind also von den deutschen *t* und *d*, welche dental artikuliert werden, verschieden. *Tee* und *Datum* erscheinen wesentlich trockener als *tea, date*; ja, vom Deutschen aus wird das englische *t* oft schon fast als [tʃ] empfunden. Das englische *r* steht diesen Lauten sehr nahe, da seine häufigste Variante ein stimmhafter alveolarer (genauer: post-alveolarer) Reibelaut ist. Die enge Verwandtschaft zwischen *t* und *d* einerseits und *r* andererseits zeigt sich an den historischen Entwicklungen von *porridge* aus *pottage, Dick* aus *Ric(ard)*; ferner wird ein undeutliches *t* zu einem *r*-ähnlichen Laut, so in der Sprache Betrunkener und Schlaftrunkener: *whassemarrer* für *what's the matter* etc. Die Kombinationen *tr, dr* in *tree, drive* sind Folgen von Verschluß- und Reibelaut, die an derselben Artikulationsstelle gebildet werden, in anderen Worten beinahe Affrikaten wie deutsch [ts] in *zeigen* oder *Ziege*. Sie sind leicht auszusprechen, solange man *t* und *d* nicht dental und *r* nicht gerollt artikuliert.

Bekanntlich war das *r* im Südenglischen einem starken Schwund unterworfen, insofern als es nur noch vor Vokalen gesprochen wird (*red, round*, in zusammenhängender Rede auch in Ausdrücken wie *the far end*), vor Konsonanten oder im Auslaut dagegen verstummte (*far, four, park*) oder zu einem Murmellaut wurde, wodurch das Englische um zahlreiche neue Diphthonge bereichert worden ist (*beer, bare, bore, pure*).

Zur Quantität der Konsonanten ist zu sagen, daß es im Englischen keine Geminaten (Konsonanten doppelter Länge) mehr gibt, wie sie im Altenglischen üblich waren und heute noch im Italienischen (*fatto* „gemacht" gegenüber *fato* „Schicksal"), oder in deutsch-schweizerischen Mundarten (*Wasser*) zu hören sind. Dagegen haben die Endkonsonanten in gewissem Maße wechselnde Länge; sie sind länger, wenn ihnen ein kurzer, kürzer, wenn ihnen ein langer Vokal vorausgeht. Das *n* in *sin* ist also länger als dasjenige in *seen*, das *l* in *pull* länger als das in *pool*.

Im Unterschied zum (Nord-)Deutschen fehlt im nicht-dialektalen Englisch der anlautende Kehlkopfknacklaut [ʔ] (*glottal stop*, deutsch auch: harter Einsatz) vor Vokalen fast ganz. Deutsche sind geneigt, den harten Einsatz, *dann* [ʔ]*am* [ʔ]*Abend*, auch auf das Englische zu übertragen: *then* [ʔ]*in the* [ʔ]*evening* statt: *then in the evening* [ðen ɪn ðɪ‖iːvnɪŋ]; dies ist unrichtig. Dagegen hat der Knacklaut in vielen Dialekten eine andere Funktion: Er steht als Ersatz für *t*; diese Variante zeigt sich zunehmend auch in der Hochsprache, besonders am Wortende vor folgendem Nasal (z.B. *but not, what next*). Es ist allerdings eine Ironie des Schicksals, daß wir Deutschsprachigen nicht dazu neigen, den Kehlkopfknacklaut dort zu artikulieren, wo er allenfalls hingehört.

Das Fehlen des anlautenden Knacklautes hat zur Folge, daß die Grenzen zwischen den Wörtern eines Satzes viel weniger stark markiert sind; das Legatosprechen charakterisiert nicht nur die heutige Sprache, sondern hat auch im Verlauf der Zeit zu verschiedenen Verschmelzungserscheinungen geführt (Agglutination, siehe § 6). Andererseits besteht eine Tendenz, das Aneinanderstoßen von zwei Vokalen (etwa in: *far end* [fɑːend]) zu meiden; dies führte zur Bewahrung sonst abgefallener Konsonanten in solchen Fällen, also zur Aussprache [fɑːrend]. Die Tendenz zur Erhaltung des auslautenden *r* vor vokalisch anlautendem Folgewort ist sogar über das Ziel hinausgeschossen und führt in vielen Fällen zum Einschub eines historisch unberechtigten *r* (engl.: *intrusive r*), das man häufig hört (*the idea-r-is, India-r-and China* oder – sogar innerhalb des Wortes – *a fine draw-r-ing*), wenngleich es theoretisch von vielen abgelehnt wird.

Beim unbestimmten Artikel hat das Bestreben, den Aufeinanderprall zweier Vokale zu vermeiden, sogar zur Ausbildung einer mit einem Konsonanten endenden Nebenform geführt: *an* vor Wörtern, die (in der Aussprache, nicht notwendigerweise auch in der Schreibung) mit Vokal beginnen (*an owl, an hour*). Schwieriger zu beurteilen sind die Verhältnisse bei *the* und *to*. Vor Konsonanten werden normalerweise die reduzierten Formen mit Murmellaut (/ə/) verwendet – also z.B. /ðə/ *man* oder /tə/ *go -*, vor Vokalen aber die Formen mit vollen Vokalen – also z.B. /ðɪ/ *apple* oder /tʊ/ *answer*. So treffen zwar immer noch zwei Vokale aufeinander, aber durch das Einfügen eines [j] nach /ɪ/ bzw. eines [w] nach /ʊ/ gelingt der Übergang doch leichter ([ðɪ ʲæpl], [tʊ ʷɑ:nsə]).

Der Verbindungslaut, der zwischen dem Murmellaut /ə/ und folgendem Vokal allenfalls eintreten könnte, ist das *intrusive r*, und gegen dieses bestehen zumindest in gebildeter Rede nach wie vor Vorbehalte. Der folgende Satz – die Äußerung einer ungebildeten Sprecherin aus Kathleen Dayus Roman *Where There's Life* (1991) – macht dies deutlich: „I told yer ter open the door wide and not ter get behind it." Die „Transkription" *ter get* für *to get* ist ein typisches Beispiel für *eye dialect*: Die abweichende Rechtschreibung stellt nur dar, was ein Sprecher des britischen Standards ohnehin aussprechen würde. Die Form *ter open* ist dagegen ein echter Hinweis auf die vom Standard abweichende Aussprache: Wir sollen uns das *to* mit einem Murmellaut – und eventuell sogar einem *intrusive r* – vorstellen.

In der Umgangssprache zeigen sich, wenn nicht mit besonderer Sorgfalt gesprochen wird, zahlreicher als im Deutschen Assimilationserscheinungen, auf die hier nicht im einzelnen eingegangen werden kann. Eine allerdings verdient besonders erwähnt zu werden, da sie nicht vom Sprechtempo abhängig ist und oft übersehen wird, nämlich die sogenannte *incomplete plosion*. Wenn zwei Verschlußlaute (*plosives*) aufeinanderfolgen, wird der Mundgang an der Artikulationsstelle des ersten geschlossen; danach wechselt der Verschluß, ohne sich zu lösen, an die Artikulationsstelle des zweiten hinüber und wird erst dort geöffnet. So wird also in *knocked* [nɒkt] das *k* nur angesetzt, aber nicht zu Ende gesprochen, vielmehr begibt sich die Zunge zuerst in t-Stellung, wo dann die Lösung vor sich geht; dasselbe gilt von *asked, stopped, begged, knock down* usw.

V o k a l e : Auffällig ist, wenn mit dem Deutschen und Französischen verglichen wird, die relative Seltenheit von Vokalen, die mit gerundeter (und vorgestülpter) Lippenstellung gesprochen werden. Der Laut [ø] bzw. [œ] wurde schon im Altenglischen zu [e] entrundet, ebenso [y] im Mittelenglischen zu [i]. Auch die frühneuenglische Entwicklung von [u] zu [ʌ] ist eine Entrundung (mit Senkung). Heute sind nur noch [u:] und [ʊ] sowie [ɔ:] und [ɒ] rund, und es bestehen auch bei ihnen Entrundungstendenzen. Durchaus fehlerhaft ist es, [ʌ] und [ɜ:] mit Rundung zu sprechen. Der Vokal in *Gör* hat wenig mit dem in *girl* zu tun – auch wenn uns das auf den ersten Blick nicht einleuchten will.

Eigentümlich ist ferner die Neigung, lange Vokale zu diphthongieren. Sie betrifft im Standard English früheres [e:] in *take* und [o:] in *bone*; in gewissen Dialekten hat sie auch andere lange Vokale erfaßt: z B. kann [i:] in *see, tea* zu [ɪi, eɪ] werden. Diese jüngeren Diphthongierungen, zusammen mit den älteren und vor allem dem häufigen Ersatz des *r* durch den Murmellaut [ə] haben im Englischen zu einer ungewöhnlichen Häufigkeit an Diphthongen geführt: [eɪ, əʊ, aɪ, aʊ, ɔɪ, ɪə, eə, ɔə, ʊə]; die ersten fünf davon sind oft durch den Murmellaut [ə], welcher der Endung *-er* entspricht, zu Triphthongen erweitert, z.B. *payer, lower, liar, tower, employer.* Bei der Häufigkeit der Diphthonge und Triphthonge ist es nicht verwunderlich, daß sie gewissen Einebnungserscheinungen ausgesetzt sind, d.h., Anfangs- und Endstellung werden direkt verbunden, um den Weg der Zunge zu verkürzen. So wird [faɪə] (*fire*) eingeebnet zu [faə], zuweilen bis zu [faː]. Daraus ergibt sich, daß die Triphthonge oft als eine Silbe aufgefaßt werden, so in vielen Liedern und im Vers, z.B. „Gallop apace, you *fiery*-footed steeds" (Romeo and Juliet, III, 2) gegen deutsch: „ein bißchen *Feuer*luft, die ich bereiten werde" (Faust).

Ein sehr großer qualitativer Unterschied besteht im Englischen zwischen den betonten und den unbetonten Silben. In den letzteren werden die Vokale vielfach zum Murmellaut [ə] geschwächt. So gewinnen denn diese „obscure vowels" eine beträchtliche Häufigkeit. In manchen Fällen werden sie bis auf Null reduziert, so daß die Silbe von einem Konsonanten getragen wird: *button* [bʌtn], *bottle* [bɒtl], *pleasant* [pleznt], *nonsense* [nɒnsns]. Die Bedeutung der silbischen Konsonanten ist deshalb im Englischen viel größer als man, vom Schriftbild verleitet, oft annimmt. In vielen Fällen gibt es Variation, was den Grad der Reduktion von unbetonten Silben betrifft. Das Wort *secretary* etwa kann je nach Sprechtempo mit vier Silben [sekrəteərɪ], mit drei [sekrətrɪ] oder mit zwei [sektrɪ] ausgesprochen werden.

Was die Quantität betrifft, unterscheidet das Englische noch kurze und lange Vokale. Längenunterschiede sind heute jedoch immer auch mit Qualitätsunterschieden gekoppelt. Das lange *i* ([i:]) ist also nicht einfach eine längere Version des kurzen *i* ([ɪ]), sondern wird auch mit einer höheren und gespannteren Stellung der Vorderzunge artikuliert (man beachte deshalb die verschiedenen Transkriptionssymbole [i] und [ɪ]. So sehr im Englischen die Endsilben qualitativ reduziert sind, bleiben sie doch, wie die Betrachtung des Rhythmus (§ 3) gezeigt hat, quantitativ wenig geschwächt; dies selbst dann, wenn sie nur aus Konsonanten (*ocean*) bestehen. Vergleichend kann man sagen, daß die geringere Bedeutung der unbetonten Silbe im Englischen eher durch qualitative, im Deutschen eher durch quantitative (und bedeutendere dynamische) Schwächung ausgedrückt wird.

Daß die Länge nicht absolut festgelegt ist, sondern den Erfordernissen des Satzrhythmus folgt, hat sich bereits gezeigt. Die Länge eines Vokals wechselt aber auch nach dem, was folgt. Ein Vokal oder Diphthong ist länger (bzw. entspannt) am Wortende oder wenn ein stimmhafter Konsonant folgt; er ist dagegen kürzer (bzw. gespannt) vor stimmlosen Konsonanten. Es wird also gesprochen (der Doppelpunkt bedeutet Länge, der einfache Halblänge): *seed* [si:d], aber: *seat* [si·t], *you* [ju:], aber: *fuse* [fju·s]; ebenso ist [aʊ] kürzer in *house* als in *how*.

Über die Laute des Englischen: Daniel Jones, Outline of English Phonetics. (9. Aufl., Heffer, Cambridge 1960; Standardwerk, mit reichen Literatur- u. Schallplattenangaben, auch Angabe der häufigsten Fehler); H. Kurath, A Phonology and Prosody of Modern English (Winter, Heidelberg 1964; Amerikanisch); R. Arnold und K. Hansen, Phonetik der englischen Sprache (8. Aufl., Langenscheidt, Leipzig 1992); A.C. Gimson, An Introduction to the Pronunciation of English (5. Aufl., Arnold, London 1995); M. Keutsch, Praxis der englischen Aussprache (Niemeyer, Tübingen 1974; ein praxisorientiertes Übungsbuch für Fortgeschrittene); Allan James und Bernhard Kettemann, Hrsg., Dialektphonologie und Fremdsprachenerwerb (Narr, Tübingen 1983; eine Sammlung von Arbeiten, die sich mit dem Einfluß des deutschen Ausgangsdialekts auf die Aussprache im Englischen befassen; das Buch enthält unter anderem einen Nachdruck von Maria Schubigers klassischer, zuerst 1937/38 erschienener Studie „Alemannic English", S. 24–31; zu den typischen Fehlern deutschsprachiger Schweizer).

Zum Vergleich – die Laute der deutschen Hochsprache: Heikko Hakkarainen, Phonetik des Deutschen (Fink, München 1995).

Aussprachewörterbücher: Daniel Jones, Everyman's English Pronouncing Dictionary (15. Aufl., rev. by A.C. Gimson, Dent, London 1991); John Wells, The Longman Pronunciation Dictionary (Longman, London 1990; berücksichtigt neben der britischen auch die amerikanische Norm).

5. **Phonologische Eigenschaften**. Während die Phonetik, so wie wir es oben getan haben, die Laute auf ihre physikalische und akustische Beschaffenheit untersucht, ist die *Phonologie* eine Lehre von der Funktion der Laute im Sprachsystem. Sie fragt danach, welche Lautunterschiede (Oppositionen) in einer Sprache zum Ausdruck von Bedeutungsunterschieden verwendet werden, mit anderen Worten: welcher Unterschied aus einem Wort ein anderes macht. Eine Familie von Lau-

ten, die dieselbe Funktion haben, wird Phonem genannt – Phoneme werden zur Unterscheidung von rein akustischen Lauten meist in // geschrieben. Der Laut [θ] gehört im Deutschen zum s-Phonem, er hat dieselbe Funktion wie [s]; sage ich im Deutschen *Me*[θ]*er* statt *Messer*, so ist die Aussprache zwar unkorrekt (gelispelt), aber die betreffenden Wörter sind noch dieselben; der Unterschied zwischen [s] und [θ] ist also nicht funktionell wichtig (relevant). Anders im Englischen: Ersetze ich [s] durch [θ], so wird in einer großen Zahl von Fällen die Bedeutung des Wortes verändert: *pass – path, sick – thick* usw., [θ] gehört also im Englischen nicht zum Phonem /s/, sondern ist ein Phonem für sich.

Es leuchtet ein, daß man, um eine Sprache richtig zu sprechen, vor allem ihre Phoneme richtig gebrauchen muß: Ein Aussprachefehler ist nicht schlimm, solange er innerhalb des Phonems bleibt; denn in diesem Falle wird das Wort immer noch als dasselbe aufgefaßt. Er wird aber schwerwiegend, d.h., er gefährdet die Verständigung, sobald er die Phonemgrenze überschreitet. Es sei deshalb hier auf einige solcher Grenzen hingewiesen, die von denjenigen des Deutschen verschieden sind.

Neben /s/ und /θ/ (*sick – thick, mouse – mouth*) bzw. /z/ und /ð/(*rise – writhe, wizard – withered*) ist der Unterschied /w – v/ (*wiper – viper* etc.) wichtig und zu beachten. Weiter ist in den beiden Sprachen die Nachbarschaft des [a] anders in Phoneme aufgeteilt. Bekanntlich besitzt das Englische ein /e/, /æ/ und /ʌ/-Phonem, indem *bed, bad* und *bud* [bed], [bæd] und [bʌd] verschiedene Wörter sind. Durch falsche Aussprache werden hier von Deutschsprachigen oft die richtigen Grenzen überschritten: So besteht z.B. eine Neigung, /æ/ zu hell als [ɛ] auszusprechen; [ɛ] aber gehört im Englischen zum /e/-Phonem: [bɛd] wird infolgedessen nicht wie beabsichtigt als /bæd/, sondern als /bed/ verstanden, d.h. als ein anderes Wort. Man könnte sich sogar vorstellen, daß eine „deutsche" Aussprache von *ballet dancer* von einem Muttersprachler als *belly dancer* mißverstanden wird. Eine ähnliche Unterdifferenzierung liegt vor, wenn [ʌ] als [a] ausgesprochen wird: es kommt dann in den Bereich des englischen /æ/-Phonems (als nördliche Variante) hinein, und statt [hʌt] (Hütte) wird [hæt] (Hut), statt [bʌd] (Knospe) wird [bæd] (schlecht) verstanden.

Wichtige phonemische Elemente sind außer der Qualität u.a. Stimme, Quantität (Länge) und Betonung (*stress*).

Die Stimme, d.h. der Unterschied zwischen stimmhafter und stimmloser Artikulation eines Lautes, ist im Englischen phonemisch wesentlich wichtiger als im Deutschen. Zwar nutzt auch das Deutsche den Unterschied zwischen stimmhaftem und stimmlosem Konsonanten zur Unterscheidung von Wörtern aus, z.B. in *Gram – Kram*; doch werden stimmhafte Konsonanten im Auslaut stimmlos, so daß z.B. *Band* mit *Foliant* reimt. Im An- und Inlaut ist ein deutlicher Unterschied – zumindest in der deutschen Standardaussprache, allerdings nicht in manchen süddeutschen Dialekten – zu spüren zwischen *dir* und *Tier* oder *leider* und *Leiter*, doch beruht dieser weniger auf der Stimme als auf dem Druckunterschied: /t/ hat mehr Druck als /d/. Daher nennen wir umgangssprachlich ein stimmloses [t] auch „hart", ein stimmhaftes dagegen „weich". Im Englischen ist der Druckunterschied, besonders im Inlaut, viel weniger stark, so daß denn das trennende Element zwischen *latter* und *ladder* nur noch in der An- bzw. Abwesenheit der Stimme besteht. Deutschsprachige haben deshalb beim Englischsprechen darauf zu achten, daß sie den stimmhaften In- und Auslauten genügend Stimme geben, damit sie nicht in den Bereich des entsprechenden stimmlosen Phonems hineingeraten, nicht *tight* sprechen statt *tied*, *beat* statt *bead*, *metal* statt *meddle* usf.

Der Unterschied in der Stimme wird regelmäßig durch eine andere Erscheinung begleitet und gestützt: Der vorausgehende Vokal oder Diphthong ist vor stimmlosem Konsonanten kürzer; er ist also kürzer in *seat* als in *seed*, kürzer in *wait* als in *wade*, vgl. § 4. Da dieser Quantitätsunterschied wesentlich zur Auseinanderhaltung von Wörtern beiträgt, hat man auf ihn ebenfalls zu achten.

Wichtig ist neben der semantischen (bedeutungsunterscheidenden) auch die syntaktische Trennfunktion der Stimme, da sie in zahlreichen Fällen Substantive von Verben scheidet: *house – to house* [haʊz], *use – to use*, *excuse – to excuse*; im Falle /s – z/ wird der Unterschied in der Schrift nicht angezeigt, wohl aber bei /f – v/: *calf – to calve*, *belief – to believe*.

Die Quantität (Länge, Dauer) hat im heutigen Englisch ihre Eigenschaft als primäres phonemisches Unterscheidungsmerkmal weitgehend verloren. Man kann sagen, daß die englische Lautgeschichte seit etwa 1500 geradezu im Zeichen des Niederganges der phonemisch relevanten Quantität steht, und daß die Entwicklung dahin ausmündet, alle Quantitätsunterschiede durch Qualitätsunterschiede zu ersetzen. Nachdem bis ans Ende der mittelenglischen Zeit zahlreiche Wortpaare sich hauptsächlich durch die Quantität des Vokals unterschieden hatten, z.B. *God* (Gott), *good* (gut); *full* (voll), *fūl* (mittelengl. meist *foul* geschrieben, „faul"), wurden in der frühneuenglischen Vokalverschiebung (*Great Vowel Shift*) alle langen Vokale gehoben oder diphthongiert, d.h. *qualitativ* von ihren kurzen Partnern entfernt. Auch vor [r] haben sich die kurzen und langen Vokale verschieden entwickelt. Die jüngeren Diphthongierungen, z.B. von [e:] zu [eɪ], haben es ebenfalls mit sich gebracht, daß frühere Quantitätsunterschiede, z.B. [bed – be:d] (*bed – bade*), zu Qualitätsunterschieden wurden: [bed – beɪd]. In jüngster Zeit sind auch die letzten noch bestehenden relevanten Quantitätsunterschiede (bei *i, o* und *u*) durch Qualitätsunterschiede ersetzt worden, so daß in den Paaren *ship – sheep, pull – pool, cot – caught* nicht mehr die Dauer das primäre Unterscheidungsmerkmal ist, sondern die Qualität. An die Stelle des Unterschiedes: kurz – lang ist jetzt der Unterschied: offener – geschlossener getreten. Auf diesen Qualitätsunterschied hat man deshalb mehr als früher zu achten; da er phonemischen Wert hat, muß er auch in den Lautschriften vermerkt werden, also etwa als /ʃɪp – ʃip/, /pʊl – pul/, /cɒt – cɔt/. In phonetischer Umschrift kann man natürlich auch die Länge angeben und [ʃi:p] damit noch deutlicher von [ʃɪp] unterscheiden, aber entscheidend ist dieses Merkmal nicht mehr.

Was die B e t o n u n g (*stress*, Akzent) betrifft, folgte das Englische ursprünglich dem germanischen Gesetz der Anfangsbetonung, die sich bis heute in heimischen Wortfamilien gehalten hat: *blúe – blúish – blúebottle – blúeprint*. Dieses einheitliche System wurde aber gestört, zuerst durch die französischen Wörter mit ihrer Endbetonung, dann durch den beweglichen Akzent der lateinischen und griechischen: *phótograph – photógrapher – photográphic*. Von diesen fremden Wörtern wurden im Laufe der Zeit sehr viele, aber nicht alle mit dem germanischen Akzent versehen: *prócess, cóncert, básin*, aber *requést, commít, ballóon*. Aus dieser Inkonsequenz ergaben sich zahlreiche Unsicherheiten und Schwierigkeiten, die zum Teil heute noch bestehen (z.B. *contróversy*, aber auch *cóntroversy; díspute*, aber auch *dispúte; fórmidable*, aber auch *formídable*).

Das Streben nach einer festen Regelung führte in vielen Fällen dazu, daß man dem Akzent eine syntaktisch unterscheidende Funktion verlieh. So benützte man ihn dazu, bei gleichlautenden Paaren Substantiv und Verb zu unterscheiden, indem man dem Substantiv Erst-, dem Verb Zweitbetonung gab (eine ursprünglich germanische Unterscheidung, die bei Wörtern mit Vorsilbe gebräuchlich gewesen war: vgl. *Urlaub – erlauben*). Noch heute scheiden sich nach diesem Prinzip eine große Anzahl von Substantiven und Verben: *cónduct* (Substantiv) gegen *condúct* (Verb), ebenso: *export, imprint, project, refuse, record, insult* usf. Völlige Konsequenz besteht aber hier nicht; für die Mehrzahl der Paare gilt heute das neuere Prinzip der Konversion oder grammatischen Homonymie (vgl. unten § 15), d.h., Substantiv und Verb sind sich völlig, auch im Akzent, gleich: *comment, process, manure, gesture, request, report, regret* usf. Besondere Vorsicht für Deutschsprachige ist beim erstgenannten Wort angebracht. Es wird als Nomen wie als Verb *cómment* ausgesprochen, und nicht – wie in der von deutschen Politikern oft gebrauchten pseudoenglischen Redewendung – „No commént!"

Der Akzent hat, so wie die Stimme, neben der syntaktischen auch eine semantische (bedeutungsmäßige) Trennfunktion. Er scheidet Einzelwörter wie *ártist* (Künstler) – *artíste* (Artist), *gállant* (tapfer oder galant) – *gallánt* (nur galant), *éntrance* (Eingang) – *entránce* (berücken), *ábbess* (Äbtissin) – *abýss* (Abgrund); ferner trennt er echte Komposita (die bedeutungsmäßig eine Einheit bilden) von freien Wortverbänden. Die echten Komposita haben meist Anfangsbetonung (*initial stress*), bei den freien Verbänden werden beide Elemente betont (*level stress*); so scheiden sich: *bláckboard* (Wandtafel) – *bláck bóard* (schwarzes Brett), *bluébottle* (Schmeißfliege) – *blúe bóttle* (blaue Flasche), *bláckbird* (Amsel) – *bláck bírd* (schwarzer Vogel).

Der Akzent, wiewohl er nicht immer konsequent geregelt ist, spielt also eine bedeutende syntaktische und semantische Rolle. Weniger bekannt ist die große Wichtigkeit der Akzentverteilung für das Verständnis ganzer Sätze. Da im heutigen Englisch viele Wörter ihr Wortart-Kennzeichen verloren haben und deshalb abwechselnd als Substantive, Verben, Adjektive usf. erscheinen können (s. unten § 15), ruht das rasche Verständnis (d.h. die Selektion unter diesen verschiedenen Möglichkeiten) jetzt weitgehend auf der Akzentuierung der Satzteile, mit der natürlich immer auch eine entsprechende Intonation einhergeht. Man vergleiche daraufhin (wobei ´ starken, ` geringeren Akzent bedeutet): *That's a sòund sýstem* (ein vernünftiges System) – *that's a sóund sýstem* (ein Lautsystem); *the gate we wént through* (*through* unbetont: Präposition, *das Tor, durch das wir gingen* – *all the proposals we went thróugh in detail* (*through* betont: adverbialer Zusatz eines zusammengesetzten Verbs, *all die Vorschläge, die wir im Detail durchgingen*). Der Akzent erlaubt es, in der Rede die Sätze zum Skelett zu reduzieren, ohne daß die grammatische Vieldeutigkeit der Wörter das Verständnis gefährdet: *Me – like hím – indeed!* (*him* betont): Was, ich soll gleich sein wie er! gegen: *Me – líke him – indeed!* (*like* betont): Was, ich soll ihn mögen!

Einführungen in die Phonologie: L. Bloomfield, Language (Holt, Rinehart & Winston, New York 1933, 74 ff.); Herbert Pilch, Phonemtheorie (3. Aufl., Karger, Basel & New York 1974); Heinz Giegerich, Phonology (CUP, Cambridge 1992; Giegerichs Werk führt nicht nur wie die beiden anderen in die Grundzüge der Phonologie ein, sondern beschreibt auch exemplarisch die phonemischen Systeme des britischen, amerikanischen und schottischen Aussprachestandards).

Zur kontrastiven Phonologie des Deutschen und Englischen: W.G. Moulton, The Sounds of English and German (University of Chicago Press, Chicago 1962); Herbert L. Kufner, Kontrastive Phonologie Deutsch-Englisch (Klett, Stuttgart 1971). Diese beiden kontrastiven Darstellungen unterscheiden sich in der Blickrichtung. Moulton schildert die Verhältnisse aus der Position des Amerikaners, der Deutsch lernt, Kufner aus der des deutschsprachigen Lerners.

Zur Phonologie des Deutschen: Otmar Werner, Phonemik des Deutschen (Metzler, Stuttgart 1972).

6. Einflüsse der Lautentwicklung auf Grammatik und Wortstruktur. Lautliche Entwicklungen haben in vielen Fällen nicht nur lautliche Folgen, sondern wirken darüber hinaus auf andere Sprachelemente. Dies gilt ganz besonders für das Englische, da seine lautliche Entwicklung seit dem Altenglischen einen geradezu stürmischen Verlauf im Sinne der Abstoßung von Lauten und ganzen Silben, also im Sinne einer radikalen Verkürzung genommen hat. Über die Gründe dieser besonderen Entwicklung und der lautlichen Veränderungen überhaupt kann eine synchronische Darstellung keine Auskunft geben; ihre Erforschung ist Sache der historischen Betrachtung. Grundsätzlich steht zur Diskussion, ob lautliche Veränderungen primärer oder sekundärer Natur sind, d.h. ob ein Laut (z.B. das Endungs-*e* des Dativs) aus rein physiologischen Gründen wegfällt und dann eine grammatikalische Änderung (den Wegfall des Dativs) bewirkt, oder ob vielmehr eine grammatische Kategorie (z.B. der Dativ) zuerst schwindet, worauf dann der unnötig gewordene Laut (das -*e*) wegfällt. Daß diese Fragen in vielen Fällen offen geblieben sind, deutet darauf hin, daß solche Entwicklungen meist nicht eindeutig in Ursache und Wirkung aufgelöst werden können, daß man sie sich vielmehr als ein subtiles Gewebe von Wechselwirkungen vorzustellen hat, in dem die Ursache bald auf der einen, bald auf der andern Seite liegt. So wird man vorsichtiger formulieren müssen, daß gewisse Erscheinungen der neuenglischen Grammatik und des Wortschatzes zwar nicht eindeutige Folgen der Lautentwicklung sind, aber dennoch in enger kausaler Beziehung zu ihr stehen.

Grammatikalische Veränderungen, die mit der Lautentwicklung im Zusammenhang stehen, sind u.a.:

– beim Substantiv der Zusammenfall gewisser Kasus, vor allem der Verlust des formal gekennzeichneten Dativs (*anne wolfe* wird zu *a wolf*), im Zusammenhang damit der Wechsel von der unpersönlichen Konstruktion zur persönlichen (z.B. *the kinge liketh*: dem Könige ge-

fällt, zu *the king likes*: der König liebt/ hat … gern/ mag) und derjenige vom unpersönlichen zum persönlichen Passiv (*the Duke* in *the Duke was given to understand* war ursprünglich ein Dativ); weiter ein Wandel im Charakter der Präposition (vgl. § 16)
– beim Adjektiv der Verlust von Kasus und Numerus
– beim Verb der Wegfall aller Personalendungen außer der 3. Person Singular des Präsens, ferner bei den schwachen Verben der Zusammenfall von Präteritum und Partizip des Präteritums (*lufode* und *gelufod* wird beides zu *loved*). Über den grammatischen Bau des Englischen siehe unten, § 18 f.

Auf die Wortbildung haben sich lautliche Einflüsse in mannigfacher Weise ausgewirkt. So ergaben sich, da die Wörter nicht wie im Deutschen durch den *glottal stop* scharf getrennt sind (vgl. § 4), zahlreiche falsche Wort-Abtrennungen: Agglutinationen („Anklebung" eines Lautes, der eigentlich zu einem anderen Wort gehört) wie *a nickname* aus *an eke name* (ein Auch-Name). Besonders häufig sind diese bei Eigennamen: *Nash* aus *atten asche* (altengl. *æt þæm æsce* „bei der Esche", „Escher"), *Ned* aus *mine Ed*(*ward*), *Nanny* aus *mine Annie*. Aber auch Deglutinationen (Abtrennung eines Lautes als vermeintlich zum anderen Wort gehörig) kommen vor: *adder* (Natter) aus *a*(*n*) *nǣdre, apron* (Schürze) aus *a*(*n*) *naperon* usw.

Der Verlust von Endungen bedeutet in vielen Fällen auch den Verlust des Kennzeichens der Wortart. Das Substantiv *lufu* und das Verb *lufian* wurden beide zu *love*; damit war eine Entwicklung angebahnt, die in der Folge für das Englische eine gewaltige Bedeutung erhielt, nämlich der Übertritt von einer Wortart in eine andere ohne Formänderung, die sogenannte grammatische Homonymie oder Konversion; über diese und ihre Auswirkungen vgl. unten § 15.

Der Abfall von Vor- und Nachsilben führte auch mehr als im Deutschen zu einer Homogenisation der Wörter. Das altenglische *gemacod* war noch grammatikalisch durchsichtig, indem sich deutlich die Vorsilbe *ge*, der Stamm *mac* und die Partizipialendung *od* unterscheiden ließen; die heutige Form *made* bildet eine Einheit, an der das unbewaffnete Auge keine Teile mehr erkennt. Dieser gleichen Homogenisierung oder Integration unterlagen infolge Assimilation zahlreiche Komposita. Ein altenglisches *gōdspell* (gute Botschaft) ließ sich sogleich als zweiteiliges Gebilde erkennen, bei einem heutigen *gospel* ist dies nicht mehr möglich. So tendiert das Wort also dazu, eine homogene Wurzel zu werden; gleichzeitig wurden durch diesen Prozeß ursprünglich nahe verwandte Wörter einander entfremdet: *gospel* ist heute weder mit *good* noch mit *spell* in Beziehung zu bringen. Eine ähnliche Trennung von Verwandten liegt vor, wenn sich heute *foul* und *filth* fremd gegenüberstehen, die altenglisch als *fūl* und *fylþ* ihre Verwandtschaft ebenso deutlich bekundeten, wie es bei deutschem *faul* und der durch Umlaut und Ableitungssuffix gekennzeichneten Bildung *Fäulnis* der Fall ist. Von der Bedeutung der Wortintegration und der etymologischen Fremdheit ist weiter unten, § 10 und § 14, in größerem Zusammenhang die Rede.

Angesichts dieses Kürzungsprozesses im Verlauf der englischen Sprachgeschichte erscheint die Tatsache nicht verwunderlich, daß das Englische einen Reichtum an kurzen, insbesondere einsilbigen Wörtern aufweist, der auch im Chinesischen kaum übertroffen wird. Die Zahl der einsilbigen Wörter wird auf ca. 3000–8000 geschätzt. Wichtiger und zuverlässiger als absolute Zählungen sind jedoch relative. Da durch den lateinisch-griechischen Zuwachs eine große Menge längerer Wörter ins Englische gedrungen ist, leuchtet es ein, daß in literarischer Sprache, wo diese eine große Rolle spielen, die Zahl der einsilbigen wesentlich kleiner ist als in der Umgangssprache; doch ist auch in der Literatur ihr Anteil noch beträchtlich. So hat

Macaulay 75 % einsilbige (Tokens, d.h. jedes Wort jedesmal gezählt)
          53 % einsilbige (Types, d.h. jedes Wort nur einmal gezählt)
Dickens   72 % einsilbige (Tokens)
          62 % einsilbige (Types).

Die Tatsache, daß der Anteil der einsilbigen Types geringer ist als der Tokens, zeigt, daß es sich bei ihnen hauptsächlich um die häufigen Wörter des alltäglichen Sprachgebrauchs handelt.

Was die Häufigkeit der einsilbigen Wörter in umgangssprachlichen Texten betrifft, spricht Gimson (1994, S. 265) von 81 % aller Tokens. Die Häufigkeit der Einsilber gibt dem Englischen eine besondere Prägnanz und macht andererseits das Übersetzen z.B. ins Deutsche schwierig, weil „Kraft und Wirkung" verloren geht (so Goethe zu Soret, 30.12. 1823).

Genauere Unterlagen als für die schwer zu bestimmende Silbenzahl haben wir für die Zahl der Buchstaben; auch hier bestätigt die Statistik das Vorherrschen der kurzen Wörter. Francis und Kučera haben aus einem Korpus von 1 014 232 laufenden Wörtern (Tokens) die einzelnen Tokens auf ihre Buchstabenzahl geprüft; dabei ergeben sich folgende Prozentzahlen:

Wörter mit ... Buchstaben	Anzahl der Tokens (in % des Korpus)
1	3.16
2	16.97
3	21.19
4	15.68
5	10.85
6	8.52
7	7.72
.	
.	
13	0.48
.	
.	
44	0.0001

Die Wörter mit 1–5 Buchstaben machen also zusammen bereits 68 % des Gesamtkorpus aus. Nicht nur sind von diesen die meisten einsilbig, es gibt darüber hinaus auch Einsilbige mit mehr Buchstaben (z.B. 7 bei *knocked*); der Anteil der Einsilbigen dürfte also insgesamt noch höher liegen als bei 68 %.

Aus historischer Sicht kann man sagen, daß der heutige Zustand in etwa im Frühneuenglischen, also ab der Shakespeare-Zeit, erreicht war. Dies hat einen wenig bekannten, aber mit großer sprachlicher Erfindungsgabe gesegneten Poeten bewogen, diesen neuen Strukturzug des Englischen zu nutzen: 1620 veröffentlichte William Loe seine *Songs of Sion* mit dem bezeichnenden Untertitel *All Pauls Prayers, Metaphrased into words of one syllable of great Brittains language, & are to be vsed by a devout Christian soule in his priuate soliloquies, & holy solaces vvith his god.* Das erste Gebet baut auf Paulus' Brief an die Epheser, 1.16, auf und beginnt wie folgt:

> I cease not to giue thanks to thee
> O god my god most iust
> For all thy gifts of grace, & loue
> To vs that liue in dust
>
> And lord I craue a glympse of light
> In Christ my lord thy sonne
> That so my faith may see that sight,
> And to it still may runne.

In der Schrift erscheinen manche Wörter noch als zweisilbig, in der Aussprache jedoch war der heutige Zustand erreicht, und in keiner anderen europäischen Sprache als dem Englischen wäre es wohl möglich, ein derartiges sprachliches Experiment erfolgreich durchzuführen. Wie sieht nun ein einsilbiges englisches Wort aus – was für Phoneme können in ihm vorkommen, und in welcher Anordnung? Die Beantwortung solcher Fragen ist Aufgabe der *Phonotaktik*. Wenn im folgenden C für Konsonant und V für Vokal steht, können in Silben des Typs CV alle Konsonanten außer /ŋ/ und in denen des Typs VC alle Konsonanten außer /h/ vorkommen. Die Halbvokale /w, j/ kommen nur am Silbenanfang vor.

In Silben der Struktur CCV bzw. CCVC sind die Einschränkungen schon komplexer. Ist der zweite Konsonant in CC ein /r/, kann ihm /p, b, t, d, k, g, θ, ʃ, f/ vorausgehen, nicht aber z.B. /s, z, ð, m, n/. Noch beschränkter sind die Kombinationsmöglichkeiten, wenn der zweite Konsonant in CC ein /l/ ist. Wir finden dann nur: /pl, bl, kl, gl, fl, sl/. Wenn wir uns die Silben mit CCC-Anfängen anschauen, sind die Kombinationsmöglichkeiten schon recht mager. In allen solchen Verbindungen muß der erste Konsonant ein /s/, der zweite dagegen einer der drei stimmlosen Verschlußlaute /p, t, k/ sein. Der einzige Konsonant, der sowohl auf /sp/ als auch auf /st/ oder /sk/ folgen kann, ist /r/ (vgl. *sprain*, *strain* oder *screw*).

Schon bei diesen einfachen Beispielen wird deutlich, daß sich die phonotaktischen Regularitäten des Englischen und des Deutschen unterscheiden. Das deutsche Wort *Schnaps* zum Beispiel wird wegen seiner Kombination von /ʃn/ am Wortanfang sofort als „unenglisch" erkannt. (Am Wortende wäre dieselbe Kombination erlaubt: *nation, station*.)

Mehrere Linguisten, unter anderem Benjamin Lee Whorf, haben mit bewundernswerter Findigkeit versucht, umfassende phonotaktische Formeln für das Englische zu erstellen. Diese können unter anderem bei der Beantwortung der folgenden Fragen nützlich sein:

1. Generierung von nicht realisierten, aber möglichen englischen Wörtern, z.B. *glorth*, *spleer*.
2. Diskussion „unmöglicher" Wörter, ihrer Wirkung und ihrer möglichen Verwirklichung; z.B. bei James Joyce oder in den Comics: *vroom* (abfahrendes Motorrad), *shklish-shklosh* (Taucherflossen).
3. Ermittlung der Realisierungsquote: Wieviel Prozent der theoretisch möglichen Wortformen existieren wirklich? Die Zahl liegt wahrscheinlich unter 10%.

4. Bestimmung der bei der Realisierung bevorzugten Typen. Jetzt schon feststellbare Tendenzen: Mit mehr als einem Konsonanten beginnen, mit einem einzigen enden. Falls Ende mit einem einzigen Konsonanten, sind bestimmte Elemente stark bevorzugt, nämlich /k, n, t/.

Die Prozentzahlen der einsilbigen Wörter: A.C. Gimson, An Introduction to the Pronunciation of English (5. Aufl., Arnold, London 1995, S. 265); W.N. Francis und H. Kučera, Computational Analysis of Present-Day American English (Brown University Press, Providence, Rhode Island 1976); W.N. Francis, und H. Kučera, Frequency Analysis of English Usage: Lexicon and Grammar (Houghton Mifflin, Boston 1982).

Zum Whorfschen Strukturmodell: B.L. Whorf, Language, Thought and Reality (MIT Press, Cambridge, Mass. 1970); A.C. Gimson, Introduction to the Pronunciation of English (5. Aufl., Arnold, London 1995; Kap. 10.9. Phonotactics).

7. **Homophonie**. Unter den zahlreichen Lauten, die im Laufe der englischen Sprachgeschichte verändert worden oder abgefallen sind, befanden sich auch viele phonemisch relevante, d.h. solche, die den Unterschied zwischen zwei Wörtern trugen. Die Veränderungen haben somit in vielen Fällen den lautlichen Unterschied zwischen zwei oder mehreren Wörtern verschiedener Herkunft und Bedeutung aufgehoben, so daß denn im heutigen Englisch die Zahl der Homophone, d.h. der Wörter, die gleich lauten, aber Verschiedenes bedeuten, ungewöhnlich groß ist. Beispiele sind: *air – heir, arms – alms, bough – bow, key – quay, hymn – him, might – mite, plane – plain, stake – steak, sell – cell, strait – straight, tale – tail, taught – taut – tort, would – wood* usw.

Will man weiter differenzieren, so empfiehlt sich folgende Aufteilung: Homophone = gleichlautende Wörter, ohne Rücksicht auf die Schreibung (*well*/Brunnen – *well*/gut, *father – farther, oar – awe*); Homonyme = Wörter, die gleich lauten und auch gleich geschrieben werden (*box*/Schlag – *box*/Schachtel, *lock*/Locke – *lock*/Schloß, *fold*/Falte – *fold*/Hürde); Homographe = Wörter, die gleich geschrieben werden, wobei die Lautung gleich oder verschieden sein kann (z.B. *row*, /rəʊ/ rudern, Reihe – /raʊ/ Streit). Die Homonyme sind demnach eine Untergattung der Homophone und der Homographe.

Die Entstehung einer großen Zahl von Homophonen fällt zwischen die mittelenglische und die Shakespeare-Zeit. U.a. liegen ihnen folgende Lautentwicklungen zugrunde: Abfall des *w* und später auch des *k* im Anlaut vor Konsonanten; es werden somit gleichlautend: *write – rite, knight – night, know – no*; ferner: Fall des [ç] im Inlaut vor Konsonanten; damit werden gleichlautend: *might – mite, wright – write, sight – site*; aus den letzten Beispielen wird auch deutlich, wie stark der mittelenglische Abfall des End-*e* zur Homophonie beigetragen hat. Die Shakespeare-Zeit steht also am Ende des größten englischen Homophon-Schubes, und es ist nicht verwunderlich, daß gerade in dieser Zeit die Möglichkeiten des Wortspiels (englisch: *pun*) entdeckt und zum Teil über Gebühr ausgekostet worden sind. Für den Philologen ist das Wortspiel eine wertvolle Quelle, weil es die (mindestens annähernde) Homophonie und damit die Erreichung einer bestimmten Lautstufe bekundet (vgl. das Standardwerk von Kökeritz). In *Julius Caesar* I, 1 nennt sich der Schuster „*a mender of bad soles*"; das letzte Wort kann als Seelen wie als Sohlen verstanden werden, was in der Schlegel-Tieckschen Übersetzung kongenial wiedergegeben ist mit: „*Mein Gewerbe besteht darin, schlechten Wandel zu bessern.*" Dieser Wortwitz war tatsächlich erst zu Shakespeares Zeit möglich, weil erst hier die beiden Wörter sich trafen, indem aus dem mittelengl. *sole* [sɔːlə] (Sohle) infolge Endungsabfalls und Hebung des Vokals ein [soːl] geworden war, während altenglisch *sāwol* (Seele) sich über mittelengl. [sɔul] und [sɔːl] gleichfalls zu [soːl] entwickelt hatte. Nicht immer freilich ist das Wortspiel als Quelle zuverlässig; es bezeugt ja nicht unbedingt Identität, sondern nur Ähnlichkeit der Lautung.

Der Zuwachs an Homophonen geht nach der Shakespeare-Zeit, wenn auch nicht mehr im gleichen Maße, weiter. Unter anderem hat der weitgehende *r*-Schwund in Südengland zu einer Masse von weiteren Homophonen geführt: *father – farther, arms – alms, oar – awe, lore – law* u.a. Die Zahl der homophonen Wörter wird noch erhöht durch die Flexionsformen: *led – lead, knows – nose*; endlich können auch ganze Wortgruppen mit andern Wörtern zusammenfallen – „we called him *tortoise* because he *taught us*" (aus Lewis Carroll, *Alice's Adventures in Wonderland*).

Nicht genug damit: zu den Homophonen mit rein phonetischen Ursachen kommen noch andere. Hier sind zunächst zu nennen die bewußten Abkürzungen (Clippings, vgl. auch § 14): *William* wird gekürzt zu *Bill* und fällt mit *bill* (Rechnung) zusammen: „*How much is my milk bill? Excuse me, Madam, but my name is John*"; ebenso wird *tart* (lockeres Mädchen, aus *sweetheart*) homophon mit *tart* (Torte) und *tart* (patzig), *cycle* (aus *bicycle*) mit *cycle* (Zyklus). Die Homophonie wird ferner begünstigt durch den Mischcharakter des Englischen; die zahlreichen romanischen Lehnwörter entstammen einem neuen System und sind ohne Rücksicht auf das alte übernommen worden, so daß denn auch hier manche den einheimischen gleich sind, z.B. *arm* (Waffe) wie *arm*

(Arm), *rest* (Rest) wie *rest* (Rast), *boot* (Stiefel) wie *boot* (Besserung, heute meist nur mehr in der idiomatischen Wendung *to boot*, „as well, additionally").

Eine ähnliche Wirkung wie die Homophonie hat die in vielen Fällen hochgradige Polysemie der englischen Wörter (vgl. unten § 13). Gewisse häufig gebrauchte Wörter sind mit verschiedenen Bedeutungen geradezu überlastet; z.B. heißt *run* u.a. „Lauf im Cricket" und „Laufmasche". Obwohl hier keine echte Homophonie vorliegt, da es sich etymologisch um ein und dasselbe Wort handelt, werden doch Bedeutungsverschiedenheiten dieser Art gern und wohl noch häufiger als die echten Homophone zu *puns* benutzt: „*The girls will be playing* (Cricket) *in white stockings. We hope they won't get too many runs*" (frei nach *Punch*). Auch die schon erwähnte sogenannte grammatische Homonymie (vgl. bes. § 15), die formale Identität der Wortarten, wie Substantiv und Verb (im Falle von *love*), Substantiv, Verb, Adjektiv, Adverb (im Falle von *back*), sowie die Vieldeutigkeit mancher Endungen (-*s* = Plural des Substantivs und 3. Person des Verbs), können in diesem Zusammenhang genannt werden.

Die vorhergehenden Abschnitte haben gezeigt, daß die üppig wuchernde Homophonie eine hervorstechende Eigenschaft des heutigen Englisch ist. Sie hat zwar ihre reizvollen Seiten, ist aber vom eigentlichen Wesen der Sprache aus gesehen eine problematische Anomalie. Ihrem Wesen nach tendiert jede Sprache dazu, Verschiedenheit der Bedeutung durch Verschiedenheit des Ausdrucks (der Wortform) wiederzugeben. Eine völlige Konsequenz wird hierin freilich nie erreicht. Jede Sprache hat einen gewissen Bestand von geduldeten Ausnahmen, d.h. von Homophonen (2 Bedeutungen – 1 Wortform) und andererseits von Synonymen (1 Bedeutung – 2 Wortformen). Diese müssen aber Ausnahmen bleiben, sonst kann die Sprache ihre Aufgaben bei der Verständigung und dem geordneten Denken nicht erfüllen. Die Sprachen pflegen deshalb stets gegen die Überfüllung mit Homophonen zu reagieren. So kann man erwarten, daß manche Sprecher versuchen, die benachbarten Wörter auseinander zu halten (etwa im Deutschen *Laib* dumpfer auszusprechen als *Leib*); die Folge wäre, daß homophon-gefährdete Wörter gewisse Lautveränderungen nicht oder nur zögernd mitmachen. Dies trifft offenbar zu für das Wort *sceptic*, wo im Gegensatz zur Regel (*sceptre, scene*) das *k* ausgesprochen wird, wohl um den Unterschied gegen *septic* zu wahren. Der Homophonie stehen also gewisse Widerstandstendenzen entgegen. Nur sind sie angesichts der radikalen Lautentwicklung im Englischen wenig wirksam geblieben. Es scheint seltener vorzukommen, daß der Homophonie im Einzelfalle vorbeugend begegnet wird; viel eher wird sie nachträglich durch das Vermeiden und damit Fallenlassen eines der Homophone beseitigt. Diese Erscheinung ist im Englischen sehr häufig gewesen, verständlicherweise sind ihr vor allem kurze Wörter zum Opfer gefallen, die ja der Homophonie stärker ausgesetzt gewesen waren. Beispiele sind: *quean* (Dirne), wegen *queen* (Königin), *let* („letzen", aufhalten) wegen *let* (lassen); *bēodan* (bieten) wegen *biddan* (bitten). Die heutige Form *bid* stammt aus dem zweiten, die Bedeutungen kommen größtenteils aus dem ersten Verb.

Den Kausalzusammenhang zwischen Homophonie und Aussterben von Wörtern haben zuerst die Romanisten nachgewiesen. Für das Englische zeigte ihn vor allem Edna Williams, und zwar unter Hinzuziehung von Dialektformen: Z. B. ist in genau denjenigen Dialekten, in denen für das Ohr *lug* gebraucht wird, das alte Wort für die Niere, *near*, noch erhalten; in den anderen Gebieten ist es ausgestorben und durch ein anderes Wort ersetzt, offensichtlich wegen der Homophonie *(an) ear – (a) near*.

Das Aussterben von Wörtern wegen Homophonie geht heute noch weiter. Robert Bridges hat es unternommen, eine Liste der (um 1919) durch Homophonie bedrohten Wörter, d.h. der Wörter, die in der gesprochenen Sprache schon selten geworden sind, zusammenzustellen. Sie umfaßt etwa 90 und zwar, wie erwähnt, gerade nützliche, d.h. kurze, ausdrucksvolle und meist heimische Ausdrücke, wie *ail* (wegen *ale*), *barren* (*baron*), *bier* (*beer*), *cede* (*seed*), *hart* (*heart*), *neat*/Rind (*neat*/ sauber), *teem* (*team*), *wight* (*white*) usw. In der Tat sind viele von ihnen heute in der gesprochenen Sprache kaum mehr gebräuchlich. Die Gefahr einer Verarmung im Bereich der volkstümlichen Ausdrücke besteht also, und sie wird noch erhöht durch die Standard-Stellung des Südenglischen, wo infolge des *r*-Schwundes eine ganze Reihe weiterer Wörter homophon sind, so *awe* (wegen *oar, ore, or*), *lore* (wegen *law*), *flaw* (wegen *floor*) usw.

Bridges wandte sich deshalb gegen die Anerkennung des Südenglischen als Standardsprache und warf Phonetikern wie Daniel Jones sprachlichen Defaitismus vor, weil sie eine besonders abgeschliffene und wenig differenzierende Sprachform nicht nur nicht bekämpften, sondern sie durch die Festlegung in Aussprachewörterbüchern noch propagierten.

Die Homophonie gibt also dem heutigen englischen Wortschatz diachronisch eine gewisse Instabilität; synchronisch äußert sie sich als eine Quelle von Mißverständnissen. Immerhin haben diese heute das erträgliche Maß durchaus nicht überschritten. Mißverständlich sind praktisch nur diejenigen Homophone, die an syntaktisch gleicher Stelle im Satz vorkommen (also die gleiche Wortart haben). Außerdem hilft in der gesprochenen Rede die Situation mit, Irrtümer auszuschalten: Genau so wie im Deutschen je nach der Umgebung (Zahnarzt, Garten oder Mathematik) die richtige Bedeutung von *Wurzel* blitzschnell ausgewählt wird, läßt die Situation im Englischen meistens sofort erkennen, ob *hart*/Hirsch oder *heart*/Herz gemeint ist.

In der geschriebenen Sprache wird der Zusammenfall von Wörtern weitgehend verhindert durch die konservative Schreibweise, welche lautliche Homophone wie *law* und *lore* nach wie vor auseinanderhält – ein Argument gegen radikale Orthographiereformen, vgl. § 8. Die Folge davon ist, daß homophon-gefährdete Wörter (z.B. *lore*) im geschriebenen Text länger leben als in der Rede; dies ist eine der Ursachen für das stilistische Auseinanderklaffen von geschriebenem und gesprochenem Englisch.

Über Homophonie: W. v. Wartburg, Einführung in Problematik und Methodik der Sprachwissenschaft (2. Aufl., Niemeyer, Tübingen 1962; Grundsätzliches über die sprachgeschichtliche Wirkung der Homophonie); Otto Jespersen, A Modern English Grammar on Historical Principles (Bd. I., Winter, Heidelberg 1909; vgl. den Eintrag „Homonyms" im Register, verweist auf die einzelnen lautlichen Ursachen seit dem Mittelenglischen); Robert Bridges, On English Homophones (Society for Pure English, Tract No. 2, Clarendon, Oxford 1919; knappe, zugespitzte Darstellung der Problematik der Homophonie); Walter Fischer, Englische Homophone (3. Aufl., Hueber, München 1970).

Über Wortspiele auch: H. Kökeritz, Shakespeare's Pronunciation (Yale University Press, New Haven 1953); E. Kreutzer, Sprache und Spiel im *Ulysses* von James Joyce (Bouvier, Bonn 1969); Ernst Leisi, Paar und Sprache (4. Aufl., Quelle & Meyer, Heidelberg 1993).

8. **Laut und Schrift**. Es ist ein offenes Geheimnis, daß im heutigen Englisch Aussprache und Schriftbild weit voneinander entfernt sind, d.h., daß die Buchstaben den Lauten nur wenig entsprechen. Im einzelnen fällt u.a. folgendes auf: Derselbe Laut wird oft durch verschiedene Buchstaben wiedergegeben, andererseits hat der gleiche Buchstabe (oder die gleiche Buchstabengruppe) nicht immer denselben Lautwert. Der Laut [ɔ:] wird u.a. wiedergegeben durch:

a in *all*	*o* in *bore*
aw in *law*	*oa* in *broad*
ough in *sought*	*oo* in *door*
augh in *taught*	*ou* in *pour*
awe in *awe*	*al* in *talk*
au in *autumn*	

Die Buchstaben *ea* bedeuten u.a.:

[i:] in *clean*   [eə]in *wear*
[e] in *dead*   [ɜ:] in *earth*
[eɪ]in *great*   [ɑ:] in *heart*
[ɪə]in *dear*   [ɪ] in *guinea*

Allgemeine Inkonsequenzen sind: die Wiedergabe von Diphthongen durch einfache Buchstaben, z.B. in *dry*, und umgekehrt, z.B. in *clean*; die Wiedergabe von Vokalen durch Konsonantenzeichen wie in *town*, endlich die große Menge von Buchstaben, denen überhaupt keine Laute entsprechen („silent letters"): *w, e* in *write, k, g, h*, in *knight* usf.

Die Ursachen für diese heutigen Verhältnisse liegen in erster Linie in der frühen Fixierung der englischen Orthographie. Obgleich diese erst im 17. und 18. Jahrhundert endgültig geregelt wurde, hat sie doch schon am Ende der mittelenglischen Zeit (im 15. Jahrhundert) aufgehört, mit den lautlichen Veränderungen des Englischen Schritt zu halten. Die heutige englische Schreibweise gibt denn also die Laute etwa so wieder, wie sie vor fast 600 Jahren gesprochen wurden, und wer immer vom heutigen englischen Schriftbild zur heutigen englischen Aussprache vordringt, muß gleichsam deren Entwicklung durch mehr als fünf Jahrhunderte nachvollziehen. Diese besteht vor allem im Schwund von Lauten: *k* in *knight*, *w* in *write*, [ç] in *night* usw., daher die vielen heute überflüssigen Buchstaben. Auch fällt in dieselbe Zeit der *Great Vowel Shift*, der alle langen Vokale entweder gehoben oder diphthongiert hat, z.B. mittelenglisch [wi:f] zu neuenglisch [waɪf]. Die englische Orthographie hat diese Veränderung nicht mitgemacht, sondern mit *wife* den mittelenglischen Stand behalten, im Gegensatz zur deutschen Rechtschreibung, die erst zur Lutherzeit fest wurde und darum den parallelen deutschen Wandel von *wīp* zu [vaip], die sog. neuhochdeutsche Diphthongierung, noch berücksichtigen konnte, wie die Schreibung *Weib* zeigt.

Daß die Schreibung nicht nur altertümlich, sondern auch in sich inkonsequent ist, hängt teilweise ebenfalls mit dem frühen Datum ihrer Fixierung zusammen, da ganz allgemein frühere Texte weniger folgerichtig geschrieben sind als spätere. Von großer Bedeutung war sodann der fremdsprachige Einfluß. So hat nach germanischer Sprachtradition der Buchstabe <g> vor hellem Vokal den Lautwert [g], z.B. in *give, get*; derselbe Buchstabe in gleicher Stellung stand aber im Französischen für /dʒ/ und behielt seinen Lautwert auch nach der Übernahme im Englischen, z.B. in *ginger, giraffe, German* usw. Durch den Zusammenprall zweier Schreibsysteme wurde also im Englischen das folgerichtige Verhältnis zwischen Lauten und Buchstaben noch mehr gestört. Deutsch-sprachigen Lernern, die mit Wörtern wie *giddy* /g/, *gibberish* oder *gib-lets* – beide /dʒ/ – zuerst über die Schrift in Berührung kommen, ist die Schreibung bei der Aussprache daher so gut wie keine Hilfe. Es gibt auch einige Homographen: *gill* /dʒɪl/, ein Hohlmaß, das etwa 0.14 Liter umfaßt, und *gill* /gɪl/, die Kiemen beim Fisch. Die englische Schreib-weise des Namen *Gillian* verdeckt auch die Herkunft von *Juliana*.

Der weite Abstand zwischen Lautung und Schreibung ist ein Zustand, den man zum mindesten als ungewöhnlich bezeichnen kann. Praktisch führt er zu großen Schwierigkeiten bei den Lernenden, d.h. beim Kind und beim Ausländer, und ist für den Ungeschulten eine unerschöpfliche Fehlerquelle. Es ist daher verständlich, daß von zwei Seiten her Tenden-zen am Werk sind, diesen Abstand wieder zu verkleinern. Die eine be-steht in der Anpassung der Lautung an die Schreibung; sie ist die Schriftaussprache oder *spelling pronunciation*, welche zwar nur unsy-stematisch gebraucht wird, aber dennoch eine gewisse Rolle spielt. Sie liegt vor, wenn in „gepflegter" Aussprache für [fɒrɪd] (*forehead*) [fɔːhed] gesprochen wird, [emptɪ] statt [emtɪ] (*empty*), [tɒpseɪl] statt [tɒpsl] (*topsail*), [pəʊstmən] statt [pəʊsmən] (*postman*). Besonders häu-fig ist sie bei Ortsnamen, da am Telephon und Fahrkartenschalter die lautgerechten lokalen Aussprachen gar nicht verstanden würden. So wurden als Folge des modernen Fernverkehrs [deɪntrɪ] (*Daventry*) in [dævəntrɪ] rückverwandelt, [sɪsɪtə] (*Cirencester*) in [saɪərənsestə], [rɪðəl] (*Ruthwell*) in [rʌðwəl] usf. Historisch gesehen sind manche heu-tigen Wortformen spelling pronunciations, so [læŋgwɪdʒ] (*language*) für lautgerechtes [læŋgɪdʒ], [bænkwɪt] (*banquet*) für [bænkɪt], [kɔːps] (*corpse*) für [kɔːs]. Wie lange noch wird man den Eigennamen *Chol-mondeley*, bekannt besonders durch den gleichnamigen Literaturpreis, als „Chumley" aussprechen, oder das Magdalen College in Oxford als „Maudlin"? Der Druck in Richtung *spelling pronunciations* wächst.

Bewußter und systematischer wird die Annäherung von der anderen Seite gefördert, nämlich in Gestalt der Rechtschreibreform, *spelling re-form*. Seit langem sind Vorschläge in großer Zahl gemacht worden, und Vereinigungen wie die Simplified Spelling Society (in England) und die Reformed Spelling Association (in Amerika) haben sich ihrer ange-nommen – ganz zu schweigen von den Bemühungen von „Einzel-kämpfern" wie George Bernard Shaw, der die Unregelmäßigkeiten der englischen Schreibung satirisch überspitzte, indem er empfahl, das Wort *fish* als *ghoti* zu schreiben (*f* wie in *tough*, *i* wie in *women*, und *sh* wie in *nation*).

Bei einigen wenigen, als besonders schwierig empfundenen Schreibungen haben sich Vereinfachungen durchgesetzt. So wird auch in England *gaol*, „Gefängnis", mehr und mehr durch *jail* ersetzt, das in den USA schon lange die übliche Schreibung ist. Schwierigen *g*-Schreibungen wie *gibe* wird eine Form mit <j>, *jibe*, an die Seite gestellt, die sich wahrscheinlich durchsetzen wird – ähnlich wie die vereinfachten Schreibungen lateinischer und griechischer Fremdwörter (z.B. *encyclopedia* statt *encyclopaedia*). Es fällt aber dennoch sehr schwer, weitgehenden und systematischen Reformversuchen eine günstige Prognose zu stellen. Zwar ist ein phonetisch brauchbares Schriftsystem (auf Grund der phonemischen Unterschiede zwischen den Wörtern) an sich nicht undenkbar, wenngleich die Zahl der englischen Phoneme diejenigen der lateinischen Buchstaben bei weitem übertrifft. Es gibt aber noch viele zusätzliche Hindernisse. Ein äußeres liegt in der britischen Abneigung gegen umwälzende Neuerungen, und im besonderen gegen Traditionsbrüche; ein solcher wäre es, wenn die Schätze der literarischen Überlieferung für die in der neuen Schrift geschulte Generation plötzlich fast unzugänglich würden. Mindestens ebenso groß wie diese äußeren sind aber die Widerstände in der Sprache selbst. Im vorhergehenden Kapitel wurde gezeigt, daß es vor allem die Schrift ist, welche die englische Sprache vor den Folgen der ausgedehnten Homophonie schützt; sie trägt eine Unzahl von Wortdifferenzen, die rein lautlich schon lange nicht mehr bestehen. Mit Recht ist behauptet worden, daß das geschriebene englische Wort nicht ausschließlich ein Phonogramm, d.h. eine Wiedergabe der gesprochenen Laute sei, sondern beinahe schon ein Ideogramm, ein Zeichen, das einen Bedeutungsinhalt ohne Notierung der Laute direkt anzeigt, wie etwa §, %, & oder die chinesischen Schriftzeichen; es bildet eine Zwischenstufe, die man als Ideo-Phonogramm bezeichnet hat. In der Tat steigt dem englischen Leser bei den Worten „My deer Sir" zuerst das gehörnte Haupt eines Rehbocks auf, bevor er auf dem Umweg über den Klang zu *dear* zurückfindet (Bradley).

Eine Schriftreform im Sinne einer reinen Lautschrift müßte sich hier zerstörend auswirken, sowohl auf das Verständnis, da im schriftlichen Verkehr Irrtümer nicht durch die Situation und durch Rückfragen verhindert werden können, als auch auf den Wortschatz, da die Gefahr des Absterbens zahllose weitere Wörter bedrohen würde. Weitere Folgen einer konsequenten Lautschrift wären: die durch die Aussprache bereits getrennten Wortfamilien (vor allem lateinisch-griechischer Herkunft) würden nun auch in der Schrift auseinandergerissen: *Bacon – Baconian* würde als [beɪkn] – [bəkəʊnɪən] fast unverwandt erscheinen, ähnlich wie *nature – natural, nation – national, photograph – photographer –*

photographic. Damit würden die im Englischen ohnehin spärlichen Wortfamilien (vgl. unten § 10) noch seltener. Auch würden die so häufigen lateinischen und griechischen Wörter in ihrer neuen Gestalt – [lɪtrətʃə] für *literature*, [saɪkɪ] für *psyche* – jeden Zusammenhang mit der Sprache ihrer Herkunft sowie mit dem internationalen gelehrten Wortschatz verlieren, und endlich würde die Verschiedenheit des Amerikanischen und anderer regionaler Ausspracheformen fast unlösliche Probleme schaffen, weil für eine große Zahl von Wörtern zwei oder mehr zulässige Schreibungen gestattet werden müßten.

Über Schrift und Laut: Florian Coulmas, The Writing Systems of the World (Blackwell, Oxford 1989).

Spelling Pronunciation: Otto Jespersen, A Modern English Grammar on Historical Principles (Bd. I., Winter, Heidelberg 1909; relevante Passagen sind über das Register zu erschließen); W. Horn, „Vom Einfluß des Schriftbildes auf die Aussprache des Englischen" (Anglia 64, 1940, S. 131–151); K. Cameron, English Place Names (Methuen, London 1961); H. Kökeritz, „Spelling Pronunciation in American English" (in: David Abercrombie et al., Hrsg., In Honour of Daniel Jones; Longman, London 1964, S. 137–145).

Zur Herausbildung der heutigen Rechtschreibnorm und zur Geschichte der Reformbemühungen: D.G. Scragg, A History of English Spelling (Manchester University Press, Manchester 1974); A.C. Baugh, A History of the English Language (4. Aufl., Routledge, London 1993).

II. Der gemischte Wortschatz

9. Die Herkunft der Wörter: Internationalität, Reichtum, Differenzierung. Der heutige englische Wortschatz ist eine einzigartige Mischung von germanischen und romanischen Elementen; in bezug auf das Vokabular stellt also das Englische einen Sonderfall unter den europäischen Sprachen dar, und hier trifft man auch auf mannigfache Probleme, denen man in den anderen Sprachen nicht begegnet.

Die Geschichte des englischen Wortschatzes ist gekennzeichnet durch einen unablässigen Zustrom von fremden Wörtern aus den verschiedensten Quellen. Der ursprüngliche Grundstock der einheimischen, (west-) germanischen Wörter ist auch heute noch zu einem guten Teil erhalten (*house, year, day, king, find, young* etc.). Er erfuhr schon sehr früh einen Zuwachs durch ein lateinisch-griechisches Element, zuerst durch die kulturelle Berührung mit den Römern, dann durch die christliche Kirche. Diese Wörter gehören heute zu den täglich gebrauchten und lassen ihre fremde Herkunft kaum mehr erkennen; sie sind zum großen Teil vor der Zerstreuung der germanischen Stämme ins Germanische eingegangen und deshalb auch in den meisten andern germanischen Sprachen vertreten. Hierzu gehören: *dish* aus *discus, cheese* aus *caseus, mill* aus *molina, mint* aus *moneta*[1], *pound* aus *pondo, inch* aus *uncia, cook* aus *coquus*, und im kirchlichen Bereich: *church* aus *kyriakon, angel* (altenglisch: *engel*) aus *angelos, devil* aus *diabolos, bishop* aus *episkopos* usf. Von den Kelten, die vor den eindringenden Germanen weichen mußten, wurde zur altenglischen Zeit nur wenig übernommen; erst später sind, namentlich im Norden und Westen Großbritanniens, zahlreiche Elemente keltischen Ursprungs ins Englische eingedrungen (vgl. § 22).

---

[1] Bei genauer Betrachtung und in Kenntnis der lautgeschichtlichen Entwicklung des Englischen (Umlaut etc.) wird man feststellen, daß *mill* und *mint* natürlich nicht direkt aus den genannten lateinischen Wörtern hergeleitet werden können. Der moderne Vokal /ɪ/ geht auf altenglisch /y/ zurück, das den Umlaut zu /u/ bildet und etwa wie deutsches <ü> gesprochen wurde. Außerdem erfordert der Umlaut die Gegenwart eines /i/ in der Folgesilbe. Wir können also davon ausgehen, daß die betreffenden Wörter in der vulgärlateinischen Aussprache der Zeit *mulina* bzw. *munita* lauteten.

Nach der Christianisierung blieb der englische Wortschatz eine Zeitlang stabil, bis England im 9. Jahrhundert den dänischen Überfällen ausgesetzt war und endlich zu einem Teil dänisches Gebiet wurde. Der skandinavische (dänische und norwegische) Einfluß auf den Wortschatz ist von großer Bedeutung; zwar sind die neuen Wörter nicht sehr zahlreich, sie gehören aber fast ohne Ausnahme zu den täglich und stündlich verwendeten: they (*them, their*), *husband, fellow, sky, skull, skin, wing, root, skill, anger; low, scant, loose, odd, wrong, ill; thrive, die, cast, call, drown, gape, take* usw. Diese Wörter fügen sich dem Englischen leicht ein und bilden keine Fremdkörper, da sie ja einer verwandten, germanischen Sprache entstammen. Immerhin haben sie den Charakter des Englischen bereits insofern verändert, als dieses nun merklich vom Westgermanischen, z.B. vom Deutschen, abrückte. Dies wird noch deutlicher, wenn man sich diejenigen altenglischen Wörter vor Augen hält, die durch die skandinavischen verdrängt wurden: *thrive* verdrängte *þēon* (ge-deihen), *die – steorfan* (sterben), *cast – weorpan* (werfen), *take – niman* (nehmen), *want – þurfan* (be-dürfen), *egg – ey* (Ei), *root – wyrt* (Wurz-el). Verdrängung bedeutet dabei, wie die Beispiele zeigen, daß das altenglische Wort ganz verschwindet – wie bei *þurfan* oder *ey* – oder nur mit stark eingeschränkter Bedeutung – wie bei *starve*, „Hungers sterben", oder *numb*, „benommen" – weiterlebt. Gleichzeitig zeigen diese Beispiele, daß sprachliche Zeichen, wie z.B. Wörter, sich gegenseitig beeinflussen. Sie sollten deshalb nicht isoliert studiert werden, sondern im Zusammenhang mit ihren Nachbarn, mit denen zusammen sie eine Struktur (ein Gebilde, in dem sich alles gegenseitig beeinflußt) bilden.

Bis hier war der englische Wortschatz im wesentlichen germanisch geblieben. Dies änderte sich mit der normannischen Eroberung von 1066, die als Sprache des Hofes, der Verwaltung und der Oberschichten einen französischen Dialekt mitbrachte, der sich auf englischem Boden zum sogenannten Anglonormannischen entwickelte. Auch unter den auf die Normannenkönige folgenden Plantagenets (Gründer der Dynastie und wichtigster englischer König des Hochmittelalters Henry II, 1154–1189) blieben die engen familiären, kulturellen und sprachlichen Bande mit Frankreich bestehen. Als das Französische im 14. und 15. Jahrhundert dem Englischen wiederum den Platz der Schrift- und Gemeinsprache räumte, hatte es zahlreiche Spuren hinterlassen. Vor allem der Wortschatz von Hof, Staat, Militär, Recht, Kirche und Kunst war nun weitgehend französisch: *sovereign, crown, state, country, power, minister, parliament, council, prince, peer, duke, marquis – courteous, noble, fine, honour – peace, war, battle, arms, officer – justice, just, suit, sue, plea, cause, accuse, crime, property* – *religion, service, trinity, virgin, angel, saint, friar, preach, pray, lesson, save, tempt, order, virtue, vice, chaste, pity, discipline* – *art, beauty, colour, design, figure, ornament, paint, arch, tower, vault, column, palace* usf.

Der Einstrom französischer Wörter ist zwar vor 1400 am stärksten, geht aber bis heute weiter. Die meisten dieser Wörter, mit Ausnahme einiger späterer Erwerbungen, denen man die fremde Herkunft lautlich noch anmerkt ([ʃ] statt [tʃ] und die „französische" Endbetonung in *champagne* und *machine*), haben sich im Englischen völlig heimisch gemacht. Sie haben die englischen Laute, sind verhältnismäßig kurz und fügen sich auch leicht mit germanischen Elementen zusammen; so tritt eine germanische Endung zum romanischen Stamm in *courtship*, romanische Vorsilbe und Endung zum germanischen Stamm in *endearment*; zu *proud* wird das Substantiv *pride* in germanischer Weise durch Umlaut gebildet; endlich zeigt das auf französisch *estriver* zurückgehende Verb *strive* sogar das typisch germanische Merkmal der starken Flexion: *strive, strove, striven*, auch *catch* (*chasser*) folgt einem germanischen Muster (*catch* – *caught* wie *bring* – *brought* oder *think* – *thought*).

Trotz dieser Anpassung haben aber die französischen Wörter das Englische wesentlich verändert und ihm seinen germanischen Charakter und die Verwandtschaft mit den übrigen germanischen Sprachen weitgehend entzogen. Sie haben viele einheimische Wörter verdrängt, die Fähigkeit, aus heimischen Elementen neue Wörter zu bilden, stark geschwächt, die Akzentverhältnisse verändert und den Boden vorbereitet für die folgenschwere Invasion von gelehrten Wörtern lateinischen und griechischen Ursprungs, die kurz darauf mit dem Humanismus einsetzte und bis in die Gegenwart fortgewirkt hat.

Anschlußpunkt war die formale Ähnlichkeit. In manchen Fällen kann man den Wörtern überhaupt nicht ansehen, ob sie aus dem Französischen oder aus dem Lateinischen übernommen sind, so bei *diverse, grave, solid, position, infernal, importation*. Die Zusammengehörigkeit wurde denn auch mehr oder weniger deutlich empfunden. Oft wurde sogar das früher übernommene französische Wort als eine korrupte Form des entsprechenden lateinischen aufgefaßt und durch dieses ersetzt, so *egal* durch *equal*, *parfit* durch *perfect*, ähnlich *avise* durch *advise* und *dout* durch *doubt*. Bei den drei ersten Beispielen wurde nicht nur die Schreibung, sondern auch die Aussprache „relatinisiert", bei *doubt* nur die Schreibung: Das <b> wird nicht ausgesprochen. Der verwandtschaftlichen Stützung der lateinischen Wörter durch die französischen ist es hauptsächlich zuzuschreiben, daß das lateinische Element ungehemmter als in andern germanischen Sprachen einströmte und innerhalb des

Englischen ein beinahe unheimliches Eigenleben entwickelte, indem man für spätere Bezeichnungen vorwiegend zum lateinischen Sprachmaterial griff (unter dem Begriff „lateinisch", „Latinismen" seien in der Folge auch die griechischen Wörter im Englischen mitverstanden, die ja meist den Weg über das Lateinische genommen haben). Das Englische kennt also nicht nur die alten internationalen Latinismen wie *philosophy, science, technical, ignorance, fragment, eventual* usw. und die Neubildungen, die im Zuge des wissenschaftlich-technischen Fortschritts seit dem 18. Jahrhundert entstanden, wie *positivism, determinism, classicism, telegram, photography, vegetarian.*

Der Vergleich mit dem Deutschen zeigt dies sofort. Im Englischen existiert z.B. oft das lateinische Wort allein, im Deutschen ist es wohl da, hat aber ein einheimisches zur Seite: *botany – Botanik/Pflanzenkunde, zoology – Zoologie/Tierkunde, object – Objekt/Gegenstand, frequency – Frequenz/Häufigkeit, series – Serie/Reihe, tolerance – Toleranz/Duldsamkeit, friction – Friktion/Reibung, linguistics – Linguistik/Sprachwissenschaft* usf. In vielen Fällen kennt das Deutsche außerhalb der Fachsprachen überhaupt nur einen einheimischen Ausdruck, z.B. bei *väterlich, feindlich, mündlich, sprachlich, geistig* und anderen Adjektiven, gegenüber englisch *paternal, hostile, oral, linguistic, mental* usw. Die englische Neigung zum Latinismus ist bei den Ableitungen stärker als bei den Grundwörtern (vgl. hierüber § 10). Sie zeigt sich bei fast allen Wortarten: *presume – annehmen, exaggerate – übertreiben, repudiate – zurückweisen, reflect – nachdenken; oculist – Augenarzt, iconoclast – Bilderstürmer, hippopotamus – Nilpferd, appendix – Blinddarm* usf. Ein Vergleich der deutschen und englischen Bibelsprache zeigt den hohen Grad der Durchdringung: *Gleichnis – parable, Schriftgelehrte – scribes, Zöllner – publican, Jünger – disciple, ärgern – offend, lästern – blaspheme.* Auch bei neueren Wörtern stehen vielfach englische Latinismen den deutschen Eigenbildungen gegenüber: *factual (material) – Tatsachen(material), (western) alignment – Ausrichtung (nach dem Westen), subsidy – Zuschuß, vocational guidance – Berufsberatung, educationalist – Erzieher, instructional film – Lehrfilm, guided missile – ferngelenktes Geschoß, juvenile (delinquency) – Jugend(kriminalität), malnutrition – Unterernährung, taxable (income) – steuerpflichtiges (Einkommen), virgin (aluminium) – Roh(aluminium), counter-(intelligence) – Gegen(spionage), supersonic – Überschall-, addict – Süchtiger, explosives expert – Sprengmeister, Sprengstoffachmann, percussion – Schlagzeug, escalator – Rolltreppe.*

Im Vergleich mit dem Französischen und dem Lateinischen sind die noch verbleibenden fremden Einflüsse auf den modernen englischen

Wortschatz wenig bedeutend. Das Holländische hat etliche Ausdrücke aus dem Gebiet der Seefahrt (*yacht, schooner, deck*) und der Malerei (*easel, landscape, etch, sketch*) beigesteuert, das Italienische solche aus Kunst (*balcony, corridor, profile, sonnet, opera, concert*) und Geschäftsleben (*traffic, bank, bankrupt, risk*). Das Spanische und Arabische haben, wie in den anderen europäischen Sprachen, ebenfalls zur Bereicherung beigetragen (z.B. *algebra, ranch, macho*). Auch aus „exotischen" Sprachen innerhalb des britischen Weltreiches sind Wörter zugeströmt, z.B. aus Indien: *pundit, jungle, bungalow, juggernaut* (ursprünglich Bild und Wagen des Krischna, unter den sich das Volk warf, jetzt etwa: menschenverschlingende Institution wie Partei, Verwaltung, Bürokratie) oder *thug* (ursprünglich gewaltbereiter religiöser Fanatiker, jetzt etwa „Schläger", „Rüpel"). Aus dem Deutschen stammen einige mineralogische Ausdrücke wie *gneiss, cobalt, nickel*, ferner: *kindergarten, wanderlust, zeitgeist, Weltanschauung, kapellmeister*. Die neueren Übernahmen gehören meist dem politischen und militärischen Bereich an. Außer den Namen nationalsozialistischer Institutionen sind zu nennen: *blitz* (hauptsächlich in der Bedeutung „bombardieren", heute schon meist metaphorisch, wie in *advertising blitz*), *snorkel* (Luftrohr für Unterseeboote, später für Taucher) und *shock troops* (für „Stoßtruppen"). Deutscher Herkunft sind auch zahlreiche Ausdrücke der modernen Psychologie, doch sind sie meist nur als Begriff übernommen und in englische, meist latinisierende Formen gekleidet (Lehnprägungen), z.B. *inhibition* für *Hemmung, inferiority complex* für *Minderwertigkeitskomplex, transference* für *Übertragung, repression* für *Verdrängung, wishful thinking* für *Wunschdenken*. In deutscher Form erscheinen *gestalt* und *angst*.

Hinzuweisen ist endlich noch auf die bereits erwähnte zweite Schicht von französischen Wörtern, die im Gegensatz zur ersten nicht heimisch geworden ist, sondern mehr oder weniger den französischen Lautstand und die französische Orthographie behält: *à la mode, apéritif, fiancé, née* („geborene" bei Frauennamen), *penchant* („Neigung"), *tulle, chef* (‚Koch'), *café, soufflé* usf. Diese sind gesamthaft als Fremdwörter zu bezeichnen, im Gegensatz zu den angepaßten älteren Lehnwörtern.

Selbstverständlich sind die verschiedenen Gruppen von Lehnwörtern nicht säuberlich nacheinander ins Englische eingedrungen, wie hier dargestellt, sondern vielmehr durcheinander und in verschiedenen Schüben. Einen guten Überblick über den tatsächlichen Aufbau des englischen Wortschatzes im Laufe der Zeit geben das *Chronological English Dictionary* und die als Kommentar dazu wertvolle Arbeit von R. Wermser, *Statistische Studien zur Entwicklung des englischen Wortschatzes* (s. Bibliographie).

Von den eigenen Schöpfungen und den internen Bewegungen im englischen Wortschatz (Zuwachs aus Sondersprachen, aus dem Amerikanischen usw.) soll weiter unten (§§ 17, 23, 24) die Rede sein. Vorher stellt sich die Frage, welches die Folgen des einzigartigen Aufbaus des englischen Wortschatzes für den heutigen Sprachgebrauch sind.

Dadurch, daß sich das Englische zu seinem ursprünglichen auch einen guten Teil des Wortschatzes des Französischen und Lateinischen angeeignet hat, hat es sich einen ungewöhnlichen Reichtum an Wörtern erworben, ungeachtet der Tatsache, daß manche einheimischen Wörter, von den neuen verdrängt, auf der Strecke blieben. Die 1933 veröffentlichte erste Auflage des Oxford Dictionary enthielt ca. 252 000 Wörter (bzw. 415 000 inklusive Kombinationen) – eine Zahl, die in der zweiten Auflage aus dem Jahr 1989 auf 290 500 angewachsen war; das Vorwort von Websters amerikanischem Wörterbuch nennt die Zahl von 450 000 Wörtern. Die Bedeutung dieser Zahlen läßt sich ermessen, wenn man weiß, daß der sehr reiche Wortschatz Shakespeares auf 20 000 Wörter geschätzt wird. Die genaue Zahl 29 066 gibt M. Spevacks Shakespeare-Konkordanz, doch handelt es sich dort um graphische (= Schrift-) Einheiten, d.h. *love, loved, loves, loving* werden getrennt gezählt.

Betrachtet man den Gesamtwortschatz des Englischen, so überwiegt das romanische Element bei weitem. Die germanischen Wörter machen in den 80 000 Eintragungen des *Shorter Oxford Dictionary* nur 26 % aus, die romanischen und lateinisch-griechischen zusammen aber 64 %. Dieses Verhältnis bezieht sich aber nur auf die theoretisch zur Verfügung stehenden Wörter und nicht auf die Gebrauchshäufigkeit. Analysiert man eine Liste von ca. 4000 häufig gebrauchten englischen Wörtern, kehren sich die Verhältnisse um: 51 % germanische stehen 48 % romanisch-lateinischen Wörtern gegenüber, und das griechische Element spielt bei diesen Wörtern fast keine Rolle mehr. Diese Zahlen (erarbeitet in mehreren Forschungsvorhaben und zusammengefaßt in Scheler 1977, bes. Tabellen auf S. 72) sprechen eine deutliche Sprache: Die germanischen Wörter gehören fast alle dem Alltagswortschatz an, während viele der Latinismen selten und von manchen Sprechern fast nie verwendet werden.

Innerhalb des Wortschatzes zeigt sich der Reichtum als Häufigkeit von Synonympaaren (oder -gruppen). Für den gleichen Oberbegriff steht häufig ein germanisches und ein romanisches Wort, oft gar ein germanisches, ein französisches und ein lateinisches zur Verfügung. Natürlich sind diese Wörter nie vollkommen synonym, sondern sie haben subtile Bedeutungsverschiedenheiten entwickelt. Dies ist auch der Grund, weshalb in solchen Fällen nicht der eine Partner ausgestorben ist. In vielen Fällen also, wo das Deutsche nur ein Wort besitzt, verfügt das Englische über zwei, drei oder gar mehrere. Einige Beispiele: *Tier – animal/beast* (mehr wissenschaftlich/mehr volkstümlich), *Wagen – car/ cart/carriage/chariot* (sachliche Differenzierung), *Sicherheit – security/ safety* (abstrakter/konkreter), *retten – save/rescue* (Betonung des erreichten Zustandes/des Ausgangsortes), *groß* (in allen Kultursprachen außer Griechisch und Russisch nur ein Wort) – *great* (abstrakt)/*large* (oft mit Bezug auf einen Zweck)/*big* (eindrucksvoll groß), *Freiheit – liberty* (politisches Prinzip)/*freedom* (persönlich oder Freiheit von etwas), *Strahl – beam* (abgegrenzt wahrnehmbar)/*ray* (wirksam), *strahlend – beaming* (guter Laune)/*radiant* (bezaubernd oder im physikalischen Sinn), *Schlange – snake* (Normalwort)/*serpent* (Bibel und übertragen), *führen – lead* (mit Autorität)/*guide* (ohne Autoritätsanspruch), *Führung – lead* (erste Stelle)/*leadership* (Eigenschaften, Autorität)/ *guidance* (besondere Bedeutungen: pädagogische, religiöse Führung, Fernlenkung von Geschossen), *vergrößern – magnify* (durch Linsen usw.)/*enlarge* (Photographien)/*increase* (abstrakt), ferner: *raise/ aggrandize/enhance/expand, Einsamkeit – solitude* (eher positiv)/*loneliness* (eher negativ), *männlich – male* (Geschlecht)/*manly* (lobend)/*virile* (kraftvoll)/*masculine* (u.a. in der Grammatik und von Frauen), *kurz – short* (neutral)/*brief* (vom Ausdruck: konzentriert), *Kürze – shortness* (negativ: Knappheit)/*brevity* (neutral).

Wieder in anderen Fällen liegt der Unterschied mehr im Stil und in der Bevorzugung gewisser Text-Umgebungen: *begin* ist das normale, *commence* das gesuchte Wort, *adult* gehört der offiziellen, *grown-up* der Alltagssprache an. Die offiziellen (fremden) Ausdrücke sind meist eine Note kühler, das wird deutlich in *cordial* gegenüber dem heimischen *hearty.* Die englische Verwaltungssprache, das „Officialese", ergeht sich in Latinismen: *dehydrated egg* für *dried egg, resident alien* für *foreigner living in the country, pest controller* für *rat catcher* usf. Allgemein gilt, wo mehrere Wörter möglich sind, das lateinische als das gewähltere, und zwar nicht nur in der Wissenschaft und in der Sprache der Halbgebildeten. Durch die literarische Tradition (vor allem auch den Stil der Bibelübersetzung) hat die englische Latinität hohe dichterische Qualitäten angenommen. Dies muß besonders vom Deutschen her beachtet werden, weil im Deutschen während längerer Zeit (etwa bis zu Rilke) nur das heimische, nicht aber das Fremdwort dichtungsfähig war: *geschehen,* aber nicht *passieren* (nur bei Heine!), dasselbe bei: *Wesen –*

Essenz, Gewinn – Profit, Stelle – Passage, zurück – retour, anmutig – graziös, schöpferisch – kreativ, Augenblick – Moment.

Im umgekehrten Verhältnis stehen in Deutschland auch die Wörter der Amts- und Umgangssprache, indem die Umgangssprache zum fremden, die Amtssprache zum einheimischen Wort neigt: *Kino* gegen *Lichtspielhaus, Champagner* oder *Sekt* gegen *Schaumwein, Foto* gegen *Lichtbild, Auto* gegen *Kraftwagen, Telefon* gegen *Fernsprecher, Adresse* gegen *Anschrift* usw. Der Unterschied liegt also darin: Das Vorbild, das die Dichtung gesetzt hat und dem die Amtssprache nacheifert, liegt im Deutschen (genauer gesagt: in der Sprache Deutschlands, denn Österreich und die Schweiz stehen dem Fremdwort positiver gegenüber) im germanischen Wort, im Englischen im Latinismus. Eine Sprachform, die in Dichtung oder Prosa dem germanischen Element zustrebt, hat also im Englischen viel stärkere Widerstände zu überwinden. Andererseits gilt der häufige Gebrauch der romanischen Wörter (solange er nicht fehlerhaft ist) im Englischen nicht als Merkmal von Halbbildung oder sprachliches Imponiergehabe; nur die forcierte Verwendung von seltenen, „feinen" Ausdrücken für einfache Dinge mit dem offensichtlichen Zweck der sozialen Abhebung wird als „Genteelism" (vgl. Fowler, *Modern English Usage*) belächelt, z.B. *he assisted himself to soup* statt *he helped himself, edifice* für *building, peruse* für *read* usf.

Der Reichtum an Synonymen verschafft dem Englischen vielfältige Ausdrucksmöglichkeiten, die andere Sprachen vermissen lassen. Doch es ist offenbar, daß er in gewisser Beziehung auch ein Danaergeschenk ist. Die Meisterung der feinen Bedeutungsunterschiede ist für die literarisch Interessierten und die Gebildeten eine reizvolle Aufgabe, sie bedeutet aber eine große Schwierigkeit für diejenigen, die sich aus Bildungs- oder Zeitmangel nicht eingehend mit der Sprache beschäftigen können, in andern Worten, für die große Mehrheit der Sprecher. Die Schwierigkeit ist um so größer, als diese Bedeutungsunterschiede sozusagen regellos sind. Die Unterscheidung zwischen *manly, masculine, male, virile* ist eine andere als die zwischen *womanly, womanish, female, feminine.* Bei *short/brief* ist *short* das normale Wort, bei *shortness/brevity* hat *shortness* einen negativen Beiklang. Manche Unterschiede sind nicht sachliche, sondern stilistische. Zu diesen Schwierigkeiten kommen noch weitere (z.B. die mangelnde etymologische Stützung, unten § 10). Der richtige und präzise Wortgebrauch ist aus diesen Gründen für Engländer der neueren Zeit stets ein gewisses Problem geblieben. Für die Latinismen und ähnliche Wörter wird deshalb gern der Ausdruck „Hard Words" gebraucht: Es sind die „schwierigen Wörter" schlechthin. Auch wir werden diesen Begriff hier verwenden. Es muß aber deutlich gesagt werden, daß es sich nicht um einen festen wissenschaftlichen Terminus handelt, sondern um einen volkstümlichen Begriff, der schon darum nicht präzise abgegrenzt sein kann, weil er vom sprechenden Subjekt bestimmt ist: Was für Sprecher A ein Hard Word ist, ist für den Sprecher B, der mehr etymologische Kenntnisse hat, keines. Eine vorsichtige Definition müßte etwa lauten: Wörter, mit denen viele Sprecherinnen und Sprecher des Englischen Schwierigkeiten haben.

Das Problem als solches besteht zweifellos. Die frühe Geschichte der englischen Lexikographie läßt sich weitgehend aus dem Bemühen erklären, mit den Hard Words zurechtzukommen, wogegen etwa die deutschen Wörterbücher viel mehr auf das Sammeln und Erhalten von wertvollem und bedrohtem einheimischem Sprachgut abzielten. Einige Titel mögen dies erhärten: *A Table Alphabeticall, conteyning and teaching the true ... understanding of hard usuall English wordes, borrowed from the Hebrew, Greeke, Latine, or French &c.* (1604), *An English Expositour or Compleat Dictionary: Teaching The Interpretation of the hardest words, and most usefull terms of Art used in our Language* (1680), *Glossographia or A Dictionary, Interpreting all such Hard Words Whether Hebrew, Greek, Latin, Italian, Spanish, French, Teutonick, Belgick, British or Saxon; as are now used in our refined English Tongue* (1656), *The New World of English Words or A Generall Dictionary, containing the Terms, Etymologies & Definitions of hard words, as they are derived from other Languages* (1658), *An Universal Etymological English Dictionary: Comprehending ... A Brief and clear Explication of all difficult Words* (1721), *The Complete English Dictionary, Explaining most of those Hard Words, Which are found in the Best English Writers* (^{2}1764) und andere. Auch Samuel Johnson betrachtete es als eine der wesentlichen Aufgaben seines berühmten Wörterbuches (1755), falschen Wortgebrauch zu verhindern.

Lexikographie war also in England nicht die Angelegenheit einiger antiquarisch interessierter Liebhaber, sondern eine elementare Notwendigkeit innerhalb der ganzen Sprachgemeinschaft; es ist deshalb kein Zufall, daß die englische Lexikographie, die sich auf eine reiche Tradition stützen konnte, zu einem wichtigen und auch international vorbildlichen Zweig der englischen Sprachwissenschaft geworden ist. Ähnliches gilt von der Synonymforschung und -erläuterung, die im englischen Gebiet ebenfalls sehr verbreitet und beachtet ist.

Es kann also kein Zweifel bestehen, daß die Hard Words, wie sie hier genannt werden sollen, eine besondere Schwierigkeit bedeuten. Bevor die ausgedehnten Folgen dieser Schwierigkeit dargestellt werden, sei im nächsten Abschnitt die Frage erhoben, worin sie genau besteht.

Literatur zum englischen Wortschatz: Manfred Scheler, Der englische Wortschatz (Schmidt, Berlin 1977; eine umfassende und materialreiche Einführung in die gegenwärtige Struktur des englischen Wortschatzes und die Ursachen seiner geschichtlichen Entwicklung).

Grundlegende Wörterbücher: James A.H. Murray und Henry Bradley, The Oxford English Dictionary (Clarendon, Oxford 1933; ursprünglich von 1884 bis 1928 als New English Dictionary on Historical Principles erschienen, wurde das meist kurz OED genannte Werk unter diesem Titel 1933 in zehn Bänden (teilweise Doppelbände) nachgedruckt, durch Supplements fortgeführt und erschien 1989 in einer überarbeiteten 2. Auflage sowohl als Buchausgabe in 20 Bänden als auch als CD-ROM. Die elektronische Publikation eröffnet völlig neue Zugriffe auf das reiche Material. Man kann sich zum Beispiel alle Wörter aus einer bestimmten Sprache ansehen oder alle Wörter bzw. Wortbedeutungen, die innerhalb eines bestimmten Zeitraums, z.B. zwischen 1800 und 1900, erstmals im Englischen belegt sind. Der Wert des OED liegt neben seiner Akribie darin, daß es zu jedem Wort und jeder Bedeutung Belege gibt und das erste bzw. letzte Auftreten jeder einzelnen Bedeutung zeitlich genau festzulegen sucht); Webster's Third New International Dictionary of the English Language (Merriam-Webster, Springfield, Mass. 1961; das größte Wörterbuch zum amerikanischen Englisch: beschreibt und belegt im Gegensatz zum OED nur die heute noch wichtigen Bedeutungen).

Weitere Literatur zur Geschichte des englischen Wortschatzes und englischen Wörterbüchern: Otto Jespersen, Growth and Structure of the English Language (10. Aufl., Blackwell, Oxford 1982; wohl immer noch die scharfsinnigste Darstellung, diskutiert die Folgen und den Wert der sprachlichen Veränderungen); A.C. Baugh und Thomas Cable, A History of the English Language (4. Aufl., Routledge, London 1993; auch für Anfänger empfehlenswertes sprachgeschichtliches Überblickswerk, in dem Fragen der Wortgeschichte und des kulturellen Kontexts der sprachlichen Entwicklung breiter Raum eingeräumt wird); Geoffrey Hughes, Words in Time: A Social History of the English Vocabulary (Blackwell, Oxford 1988); Ewald Standop, Englische Wörterbücher unter der Lupe (Niemeyer, Tübingen 1985; wie der Titel erwarten läßt, eine detaillierte Übersicht über das Angebot an englischen Wörterbüchern; besonders nützlich, wenn man vor der Entscheidung steht, welche Wörterbücher man für die eigene Bibliothek anschaffen soll); Raymond Williams, Keywords: A Vocabulary of Culture and Society (2. Aufl., Fontana, London 1983; hier wird wie bei Hughes der Versuch unternommen, die faszinierenden Parallelen zwischen kulturgeschichtlichen Entwicklungen, Sprachkontakten und der Entwicklung von Wortbedeutungen aufzuzeigen).

Thomas Finkenstaedt, Ernst Leisi und Dieter Wolff, A Chronological English Dictionary (Winter, Heidelberg 1970; 80.000 Wörter, geordnet einmal nicht nach dem Alphabet, sondern nach ihrem ersten Erscheinen im Englischen); Thomas Finkenstaedt und Dieter Wolff, Ordered Profusion (Winter, Heidelberg 1973; zu den statistischen Aspekten der Lexikographie); Richard Wermser, Statistische Studien zur Entwicklung des englischen Wortschatzes (Francke, Bern 1976; übersichtliche Auswertung des Chronological English Dictionary).

Wer sich mit den Entwicklungen der letzten dreißig Jahre genauer befassen will, kann folgende N e o l o g i s m e n w ö r t e r b ü c h e r , also Wörterbücher mit Wortneubildungen und neuesten Entlehnungen aus anderen Sprachen, konsultieren: Robert K. Barnhart, Sol Steinmetz und Clarence L. Barnhart, Hrsg., The Third Barnhart Dictionary of New English (n.p. H.W. Wilson 1990); Sara Tulloch, Hrsg., The Oxford Dictionary of New Words: A Popular Guide to Words in the News (OUP, Oxford 1991); Jay A. Pfeffer, German Loanwords in English (CUP, Cambridge 1994; vollständigste Liste der deutschen Entlehnungen im Englischen).

10. **Weitere Folgen: Dissoziation.** Die Problematik der Latinismen im Englischen liegt nicht nur darin, daß sie die Zahl der Wörter gewaltig vermehrt und zu subtilen Bedeutungsunterscheidungen geführt haben, sondern ganz besonders auch darin, daß sie außerdem eine im Englischen ohnedies bedeutsame Entwicklung gefördert haben, der wir den Namen Dissoziation geben. Der Begriff sei kurz erläutert. Die deutschen Wörter *mündlich* und *Dreifuß* stehen formal nicht allein, sondern sie sind leicht mit andern Wörtern in Beziehung zu bringen, mit denen sie formal und bedeutungsmäßig verwandt sind: *mündlich* mit *Mund*, *Dreifuß* mit *drei* und *Fuß*; diese Wörter sind also unter sich gewissermaßen vergesellschaftet (konsoziiert). Anders verhält es sich mit den englischen Entsprechungen *oral* und *tripod*. Diese beiden haben keine Verwandtschaftsbeziehung, die zugleich Laut und Bedeutung einschließt: Die bloß lautlich Verwandten (*or* = oder, *tripe* = Kaldaunen u.a.) haben sinnmäßig nichts mit ihnen zu tun, die sinnmäßig verwandten (*mouth* oder *stool*) klingen vollkommen verschieden. Die Wörter *oral* und *tripod* gehören also nicht einer etymologischen (laut- und sinnverwandten) Familie an, sondern sie stehen allein, gleichsam asozial da. Eine Entwicklung, die in die Richtung geht, die Wörter asozial zu machen, sowie den durch sie erreichten Zustand nennen wir im folgenden Dissoziation.

Zur altenglischen Zeit war der Wortschatz noch weitgehend konsoziiert. Die Verwandtschaft der Wörter wurde durch Ableitungssilben, durch Wortzusammensetzung, durch Umlaut und andere Mittel ausgedrückt, z.B. *faran* (fahren), *fær* (Fahrzeug), *faru* (Fahrt), *faroð* (Strömung), *ofer-faran* (überfahren), *faroðrīdend* (Strömungsreiter, Seefahrer) usf., so daß große und in ihrem Verhältnis leicht durchschaubare Familien bestanden. Selbst neue Begriffe aus dem kirchlichen und wissenschaftlichen Bereich wurden oft nicht durch ein fremdes Wort wiedergegeben, sondern durch eine einheimische Bildung, die sich als neue Verwandte den bestehenden Familien einfügte: *bōceras* (Schriftgelehrte) zu *bōc* (Buch) für heutiges *scribes*, *tungol-witegan* (Sternweise) zu *tungol* (Stern) für heutiges *Magi* (die Heiligen Drei Könige). Ein schönes Beispiel auf wissenschaftlichem Gebiet ist die Grammatik des Ælfric († 1020): zu *stæf* (Buchstabe, Laut) bildet er *stæfgefēg* (Lautgefüge) für *syllaba*, spricht von *clyppiendlīce stafas* (schallende Laute) für *vocales*, *samodswēgende stafas* (zusammen-klingende Laute) für *consonantes*, *twyfeald swēg* (zwiefältiger Laut) für *diphthongus* usf. Für Grammatik selbst prägte er den Begriff *stæfcræft*. Allgemein besaß das Altenglische eine Fähigkeit zur selbständigen Wortbildung und eine Widerstandskraft gegen Fremdwörter, wie sie unter den gegenwärtigen Kultursprachen vielleicht nur das Isländische und das Chinesische aufweisen.

Seit dem Altenglischen bis heute hat sich das Englische durchaus im Sinne einer radikalen Dissoziation des Wortschatzes entwickelt. Eine große Zahl der fremden Wörter steht völlig isoliert da, so *appendix* gegen *Blind-darm*, *hippopotamus* gegen *Nil-pferd*, *perambulator* gegen *Kinder-wagen*, *galaxy* gegen *Milch-straße*, *diminish* gegen *ab-nehmen*, *syringe* gegen (medizinische) *Spritze*, *cemetery* gegen *Fried-hof*, *nausea* gegen *Brech-reiz*, *synopsis* gegen *Über-sicht*, *plenipotentiary* gegen *Bevoll-mächtig-t-er* usw. Die in § 9 genannten Neubildungen fordern ebenfalls zu solchen Vergleichen heraus. Hält man gar, wie dies Grove (S. 41 f.) getan hat, einer ganzen deutschen Wortfamilie (z.B. den Ableitungen von *nehmen* oder *groß*) die englischen Entsprechungen gegenüber, so sieht man noch deutlicher, wie der Konsoziation auf der einen die Dissoziation auf der andern Seite gegenübersteht. Vor allem wurden, wie schon erwähnt, die Adjektive von den Substantiven abgespalten: *son – filial* (Sohnes-), *mouth – buccal* (cavity), *oral* (examination), *net – reticulate* (netzförmig), *wedge – cuneiform* (keilförmig), *food – nutritious, nourishing* (nahrhaft), *holy – saint – sanctity* (heilig, Heiliger, Heiligkeit), *smell – olfactory* (organ etc.), *word – verbal* usf.; auch die Adjektive zu Eigennamen stehen oft weit entfernt: *Oxford – Oxonian, Cambridge – Cantabrigian, Manchester – Mancunian.*

Hierzu kommt nun noch die bereits (§ 6) erwähnte Dissoziation im einheimischen Wortschatz, die rein lautliche Ursachen hat: Ursprünglich durchsichtige Beziehungen wie die von *foul* und *filth*, *thumb* und *thimble*

(Fingerhut) sind undurchsichtig geworden, und ursprüngliche Komposita, die sich nach beiden Seiten auf Verwandte stützten, wie *gār-lēac* (Speer-Lauch), *scīr-gerēfa* (Shire-Beamter), *gōd-spell* (frohe Botschaft), sind heute „ex-compounds" (Simplicia): *garlic, sheriff, gospel,* die nach keiner Seite hin eine Beziehung vermuten lassen. Mit der Übernahme der französischen und lateinischen Wörter hat ja das Englische überhaupt einen großen Teil seiner früheren wortbildenden Elemente wie Vor- und Nachsilben eingebüßt, da es die fremden Begriffe auch in der fremden Form übernahm, wogegen das Deutsche in vielen Fällen zur Lehnübersetzung, d.h. zur parallelen Bildung mit einheimischen Mitteln griff, so in: *Durch-messer* für *diametros* (englisch *diameter*), *Ur-bild* für *arche-typus*, *Viel-weiberei* für *poly-gamia*, *Recht-schreibung* für *orthographia* usf. Alle diese deutschen Wörter sind mit anderen verwandt und haben überdies das Prinzip der Wortbildung mit einheimischen Mitteln am Leben erhalten und gefördert.

Angesichts des weitreichenden Verlustes der einheimischen Wortbildungsmittel ist es verständlich, daß man die englischen Wortfamilien, wo solche überhaupt bestehen, eher im französisch-lateinischen Sprachmaterial suchen wird als im germanischen. Tatsächlich gibt es hier noch eine große Anzahl, etwa: *consist, resist, persist, insist; conceive – conception, perceive – perception, receive – reception*; *apt* (passend), *adapt, adaptable, adaptability, inadaptability.* Deshalb ist aber das Englische in bezug auf die Konsoziation noch lange nicht mit dem Latein zu vergleichen. Erstens haben sich die Glieder der Familien innerhalb des Englischen vielfach auseinanderentwickelt. So sind heute *pathos* (Pathos), *pathetic* (kläglich) und die Vorsilbe *patho-* (krankhaft) bedeutungsmäßig fast unverwandt, ebenso *vulgar* (vulgär) und *vulgarize* („vulgär machen", meist aber bloß „popularisieren").

Hierzu kommt nun noch eine andere, grundsätzlich wichtige Tatsache. Die lateinischen Familien sind meist nicht in ihrer Gesamtheit ins Englische gedrungen. Ihre Glieder kamen als sporadische Einzelgänger herüber, und, was das Wichtigste ist, gerade die Grundwörter, von denen die ganze Familie abgeleitet ist und auf die sich der Zusammenhang stützt, fehlen im Englischen. Dies zeigt sich namentlich bei den Adjektiven; es gibt: *oral*, aber nicht **os*, dasselbe gilt für *vulgar* (**vulgus*), *filial* (**filius*), *olfactory* (**olfact*, Verb), *nutritious* (**nutrite*, Verb). Auch bei den Verben fehlen die gemeinsamen Ausgangsformen; es gibt *refer, confer, prefer, transfer* usf., aber nicht **fer*; *receive, perceive, conceive,* aber nicht **ceive*; *insist, consist, resist, desist, persist*, aber nicht **sist*. Daß gerade die Grundwörter zu den lateinischen Adjektiven und Verben nicht aufgenommen wurden, ist durchaus verständlich. Sie drücken meist einfache, alltägliche Begriffe aus, die kaum durch einen Latinismus verdrängt werden konnten: Mund, Volk, Sohn, tragen, nehmen, stellen usf. Auch bestand für die Humanisten keine Notwendigkeit, im Bereich dieser Begriffe nach scharfgeprägten Neubildungen zu suchen.

Man muß also sagen, daß für den Engländer, wenn er nicht Latein kann, Wörter wie *resist* und *persist* fast Simplicia (Moneme) sind, die sich nicht weiter auflösen lassen, und daß sie für ihn weniger verwandt sind als etwa deutsch *abstellen* und *einstellen*. Die Grundform, das Bindeglied (in unserm Fall *sistere*), das diese Wörter durchsichtig macht und sie als Familie erscheinen läßt, liegt außerhalb des Englischen, im Lateinischen. So ist denn die Beschäftigung mit den klassischen Sprachen, die einstmals die Ursache der englischen Latinismen war, heute eine Folge derselben, d.h. eine Notwendigkeit für diejenigen, die die Wortfamilien der eigenen Sprache in ihrer Ganzheit besitzen und durchschauen wollen, kurz, sie hat für die Beherrschung der Muttersprache größere Bedeutung als etwa im Deutschen.

Eine weitere Ursache der Dissoziation besteht in dem Schicksal der Abkürzung, das manchen lateinischen (und anderen) Wörtern widerfahren ist. Während Jonathan Swift im 18. Jahrhundert die Kurzformen (heute: „Clippings") noch als geschmacklose Verstümmelungen brandmarkte, sind die Widerstände in der Folge immer geringer geworden; so fällt es heute kaum jemandem ein, Wörter wie *pram* (für *perambulator*), *bus* (für *omnibus*), *navvy* (Erdarbeiter für *navigator*), *pub* (für *public house*), *mob* (für *mobile vulgus*, erregbare Menge), oder gar *sport* (für *dis-port*) aus dem Englischen entfernen zu wollen. Diese und neuere wie *lab*(*oratorium*), *exam*(*ination*), *gym*(*nasium*), *memo*(*randum*) oder *modem* (aus *modulator-demodulator*) sind heute so „gut" wie irgendwelche anderen Wörter; nur ist freilich zu sagen, daß sie völlig allein stehen und weder einer englischen noch einer lateinischen Wortfamilie angehören.

Es sei bereits hier angedeutet, daß die Dissoziation, obwohl sie im Englischen einen hohen Grad erreicht hat, das tatsächliche Funktionieren der Sprache nicht so sehr gefährdet, wie man annehmen könnte. Das Englische hat nämlich in dem Maße, wie die meisten seiner Wörter zu Simplicia wurden und die Beziehungen zueinander verloren, die Wortbildung aus dem Wort in den Wortverband verlegt. Es bestehen heute unzählige feste Fügungen wie *take up, take in, take on, take to* usf., die sich durch ihr gemeinsames Element zu neuen etymologischen Familien verbunden haben (vgl. hierüber §§ 14 und 17). Sofern wir freilich das Einzelwort ins Auge fassen, erscheint die Dissoziation weiter fortgeschritten als in den meisten Kultursprachen mit Ausnahme des Chinesischen, wo die Wortbildung ebenfalls vorwiegend im Wortverband erfolgt. Der Vergleich hat bereits gezeigt, daß das Deutsche im Gegensatz zum Englischen weitgehend konsoziiert geblieben ist. Ähnliches gilt auch vom Italienischen. Im Französischen hat die Dissoziation vor allem das Verhältnis zwischen Substantiv und Adjektiv gelockert, indem das erste oft die französische, das zweite die lateinische Form (oder auch umgekehrt) zeigt; doch stehen sich *père – paternel, poitrine – pectoral* grundsätzlich noch immer wesentlich näher als *father – paternal, breast – pectoral*. Allerdings gibt es auch im Französischen viele entfremdete Paare wie *aveugle – cécité, cheval – équestre* usf., so daß es nicht leicht ist, zu entscheiden, ob der Grad der Dissoziation hier oder im Englischen höher sei. Gewiß ist nur, daß das Englische und das Französische zu den wesentlich dissoziierten, das Deutsche und Italienische zu den konsoziierten unter den modernen Sprachen gezählt werden können.

Diese Dissoziation ist es nun vor allem, die die Latinismen im Englischen zu dem macht, als was sie gelten, nämlich zu Hard Words. Der richtige Sprachgebrauch ist uns nicht als Instinkt mitgegeben worden, sondern wir haben alle Wörter, auch die unserer eigenen Sprache, früher oder später einmal zu erlernen, d.h., die Wortformen mit den Bedeutungen in richtige Beziehung zu bringen. Dies ist nicht, wie man glauben könnte, bei allen Wörtern gleich schwer. Abgesehen davon, ob das Wort lautlich und begrifflich einfach oder kompliziert ist, fällt (wie es die Genfer Linguistenschule nennt) die Motivierung des Wortes ins Gewicht. Am leichtesten lernen sich wohl diejenigen Wörter, deren Form direkt am Bezeichneten orientiert ist, etwa die onomatopoetischen Wörter wie *Wauwau, moo-cow, tick-tock*, die gerade darum in der Kinderstube so häufig zu hören sind. Die Mehrzahl der Wörter ist freilich formal nicht so eng mit der Sache verbunden, nicht absolut motiviert: *dog* oder *Hund* zeigen in ihrer Lautform keine Beziehung zu dem bezeichneten Tier. Aber viele unter ihnen sind wenigstens relativ, d.h. aneinander motiviert, d.h., sie stützen sich gegenseitig. Wenn dem deutschen Kind das Wort *Flußpferd* zum erstenmal begegnet, kennt es schon *Fluß* und *Pferd*; durch diese Verwandten gestützt, wird auch das neue Wort vertraut und läßt sich ohne große Belastung des Gedächtnisses behalten. Ähnliches gilt für *Nilpferd, nijlpaard* (holländisch), *flodhäst* (schwedisch) und *flodhest* (norwegisch und dänisch), aber es gilt nicht für das englische Wort *hippopotamus*. Dieses ist im Gegensatz zu den andern nicht relativ motiviert, sondern gänzlich ungestützt; es muß aus dem Nichts erlernt und ohne Hilfe im Gedächtnis behalten werden. Als Erschwerungen treten noch hinzu: die Begriffe, für die Hard Words stehen, sind oft ohnehin schwieriger, gelehrter Natur, die Abgrenzungen von den Bedeutungsnachbarn geschehen in subtiler und oft regelloser

Weise, und endlich ist in vielen Fällen schon die Schreibung und die Aussprache (z.B. bei *hegemony, phthisis*) ein Problem für sich. Über die Aussprache einzelner Wörter besteht auch unter Gebildeten keine Einigkeit, weil sie ihre Existenz meist nur in Schriftwerken führen (sogenannte *eye words*, z.B. *metallurgy/ metallurgist*, die wahlweise auf der ersten oder zweiten Silbe betont werden, oder die Wortfamilie *metamere/ metamerism/ metameric*, zoologische Fachbegriffe zur Bezeichnung mehrerer gleichartiger Körpersegmente).

Es gibt innerhalb der englischen Literatur verschiedene Zeugnisse, die die Auseinandersetzung des Kindes mit den Hard Words illustrieren; vielleicht die besten von ihnen stammen von zwei sonst weit verschiedenen Autoren, denen aber eine ungewöhnliche kritische Distanz zur Sprache gemeinsam ist, nämlich von Lewis Carroll und James Joyce. Mit *Alice in Wonderland* durchlaufen wir die verschiedensten Stadien von schlichter und zufriedener Ignoranz („Alice had no idea what *latitude* was, or *longitude* either, but thought they were nice grand words to say") über Zweifel („I shall fall right through the earth. ... the people that walk with their heads downwards ... The *Antipathies*, I think – ... it didn't sound at all the right word") zum Stolz über das bemeisterte Wort („they are the *jurors* ... She thought, and rightly too, that very few little girls of her age knew the meaning of it at all"). Das Urbedürfnis nach Stützung des unbekannten Wortes durch bekannte bricht sich Bahn in der eigenmächtigen Worterklärung: „we called him *Tortoise* because he *taught us*", „they're called *lessons* ... because they *lessen* from day to day".

Diese Art der Worterklärung auf eigene Faust, mit der oft auch eine formelle Anpassung einhergeht, führt gelegentlich zur sogenannten Volksetymologie. Sie spielt aus begreiflichen Gründen im Englischen eine ziemlich große Rolle. Durch sie werden bei manchen Sprechern *cucumber* zu *cowcumber, asparagus* zu *sparrowgrass*; manche solche Formen sind sogar in der Schriftsprache fixiert worden, so *beakiron* („Schnabeleisen", Amboß) aus *bi-corne* (Zweispitz), *Charterhouse* aus *Chartreuse*, *bully beef* (Büchsenfleisch) aus französisch *bœuf bouilli*, *crayfish* aus *écrevisse* (seinerseits aus althochdeutsch *krebiz*, Krebs), *causeway* aus *chaussée*.

Eine ganz andere Art des kindlichen Wort-Erlebnisses ist bei James Joyce geschildert („The Two Sisters", in: *Dubliners*): „Every night ... I said softly to myself the word *paralysis*. It had always sounded strangely in my ears like the word *gnomon* in the Euclid and the word *simony* in the Catechism. But now it sounded like the name of some maleficent and sinful being. It filled me with fear, and yet I longed to be nearer to it." Der Knabe ist wohl Joyce selber, der später das Wort in vielfältiger Weise zu bannen, nicht zuletzt durch onomatopoetische Mittel direkt an der Sache zu motivieren suchte. Warum haben gewisse Wörter dieses unheimliche magische Eigenleben, wie nachher auch *apologize* in *A Portrait of the Artist as a Young Man*? Weil es ungestützte, dissoziierte Wörter sind. Das etymologisch verknüpfte Wort, was immer es bedeuten mag, ist vertraut und eingegliedert, durchschaubar und geheimnislos. Das ungestützte aber wird zum Zauberwort, von dem ein Reiz und Schauder zugleich ausgeht: *Orplid, Ulmon* (Mörike), *Carmilhan* (Hauff, „Die Höhle von Steenfoll"), *Fingur* (Morgenstern). Das Englische ist offensichtlich viel reicher an solchen Zauberwörtern als etwa das Deutsche, und damit sind auch die Voraussetzungen für die schöpferische Behandlung der Sprache ganz andere. Freilich muß erst noch entschieden werden, ob nicht die Zauberwörter an Macht verlieren, je mehr sie durch ihre Zahl von der Ausnahme zur Regel werden; dies scheint zum mindesten wahrscheinlich.

Auf einige weitere, gleichlaufende Unterschiede zwischen dem Englischen und Deutschen sei noch kurz hingewiesen. Durch die Latinität hat das Englische den Zusammenhang mit der lebendigen antiken Allegorie-Tradition bewahrt, der im Deutschen verlorengegangen ist: *Fame* und *Justice* sind gleichzeitig Figuren und abstrakte Begriffe, wogegen man sich im Deutschen zwischen den Personen *Fama* und *Justitia* und den Begriffen *Ruhm* und *Recht* entscheiden muß. Ferner erlaubt das ungestützte Wort in gewissen Fällen Metaphernbildungen, die beim gestützten unmöglich sind. Das Wort *galaxy* drückt vor allem das Scheinen und Flimmern der Sterngruppen aus und wird darum übertragen angewendet auf eine Gruppe von schönen Frauen, hervorragenden Persönlichkeiten und hohen goldgeschmückten Offizieren (*the whole galaxy!*); die deutsche Entsprechung *Milchstraße* aber, sowie englisch *milky way*, die sich etymologisch auf verwandte Wörter abstützen, sind zu sehr mit *Milch* und *Straße* assoziiert, als daß sie zum Ausgangspunkt einer solchen Metapher gemacht werden könnten. An demselben Wort ist übrigens zu sehen, wie ein ungestütztes Wort unter Umständen dem wissenschaftlichen Fortschritt leichter zu folgen vermag. Man weiß seit einigen Jahrzehnten, daß unsere „Milchstraße" nicht die einzige ist und daß sie, wie die andern, in Wirklichkeit eine linsenförmige Struktur hat, die nur von innen betrachtet scheinbar als Band oder „Straße" erscheint. Das Wort *galaxy* nun läßt sich für jedes dieser Systeme ohne weiteres anwenden, *Milchstraße* beschränkt sich infolge seiner Anschaulichkeit auf unser System und auf unsere subjektive Perspektive. Die Astronomie spricht deshalb gern von *Milchstraßensystemen* oder häufiger in

Anlehnung an das Englische von *Galax(i)en*. Ähnlich verhält es sich mit *opacity* gegen *Undurchsichtigkeit*; das erste ist nicht an die Bedeutung „sehen" gebunden und kann darum ohne weiteres auch für unsichtbare Strahlen wie Infrarot verwendet werden, wo man im Deutschen auf *Undurchgängigkeit* oder *Opazität* ausweichen muß. Ein weiterer Vorteil des dissoziierten Wortes besteht darin, daß es nicht falsche etymologische Vorstellungen hervorruft. Bei *Nilpferd* mag ein deutsches Kind an ein Pferd denken, bei *Seehund* an einen Vierbeiner, bei *Sauerstoff* an Zitronengeschmack; *hippopotamus, seal* und *oxygen* erwecken durch ihre Form keine irrigen Begleitvorstellungen.

Wirkt sich die Dissoziation in diesen Fällen günstig aus, so mangelt andererseits dem dissoziierten Wort oft die Plastik und Gegenständlichkeit. Zwar ist es nicht so, daß man aus der Etymologie ohne weiteres die wahre Bedeutung eines Wortes erschließen kann: *Ge-müse* ist heute ein Wort für sich und hat mit *Mus* nichts mehr zu tun. Im Deutschen läßt sich aber trotzdem durch etymologische Wiederbelebung manches Wort vor drohender Sinnentleerung retten. Wenn bei einem Wort der Bezug zum Grundwort und damit die Gegenständlichkeit verlorengegangen ist, wird es vielfach durch ein etymologisch durchsichtigeres ersetzt: *bedeutend* (das den Zusammenhang mit *bedeuten* verloren hat und nur noch *wichtig* heißt) durch *bedeutsam, wesentlich* (das nur noch *sehr wichtig* bedeutet) durch *wesenhaft*. Philosophen und Literarhistoriker wenden, um den etymologischen Bezug anzudeuten und damit das Wort aufzufrischen, gern den Bindestrich an: *Er-innerung, ent-rückt, Vorwurf*. Und eine der größten Möglichkeiten der deutschen Dichtersprache liegt darin, daß manche Wörter in der Schwebe zwischen der abgeschliffenen heutigen und der etymologisch belebten Bedeutung bleiben; hierin ist Rilke ein Meister: „singe die Liebenden; lange noch nicht unsterblich genug ist ihr *berühmtes* Gefühl" (Duineser Elegie 1); „Feigenbaum, seit wie lange schon ists mir *bedeutend*, wie du die Blüte beinah ganz überschlägst" (Elegie 6); „*Bestürz* mich, Musik, mit rhythmischem Zürnen" (1913/14). Dieser schöne Kunstgriff ist allein der Dichtung einer konsoziierten Sprache vorbehalten; die englischen Dichter sind nicht weniger groß, aber sie sind andere Wege gegangen. Allgemein wird es hier deutlich, daß der Begriff des dichterisch Schönen in einer dissoziierten Sprache ein anderer sein muß als in einer konsoziierten.

Zur Konsoziation im Altenglischen: H. Gneuss, Lehnbildungen und Lehnbedeutungen im Altenglischen (Schmidt, Berlin 1955).

Zur Dissoziation und ihren Folgen: V. Grove, The Language Bar (2. Aufl., Routledge & Kegan Paul, London 1949); Hans-Martin Gauger,

Durchsichtige Wörter: Zur Theorie der Wortbildung (Winter, Heidelberg 1971; das Werk enthält unter anderem spanische, französische und deutsche Beispiele).

11. Soziale Folgen der Hard Words. Die Hard Words tragen offenbar ihren Namen zu Recht, da sie ungestützt und deshalb schwer erlernbar sind und auch, einmal gelernt, dem Gedächtnis viel leichter wieder entschlüpfen als ein abgeleitetes Wort, das sich selbst erklärt. Es ist deshalb natürlich, daß ungeschulte Leute in ihrem Gebrauch oft nicht sicher sind und sie leicht verwechseln. So wird *epitaph* aus *epithet, oracular* aus *vernacular, illiterate* aus *illegitimate, missile* aus *missive* usf. Solche Verwechslungen werden heute „Malapropisms" genannt, nach Mrs. Malaprop (einer Figur in Sheridans Komödie *The Rivals* aus dem Jahre 1775); sie sind eine unerschöpfliche Quelle der Komik und ein stehendes Attribut zahlreicher komischer Figuren der englischen Literatur. Schon Shakespeare gibt sie vielen seiner Clowns mit, etwa den Handwerkern im Sommernachtstraum (IV, 2): Quince: „He [Bottom] is a very paramour for a sweet voice." Flute: „You must say paragon: a paramour is, God bless us, a thing of nought." Nicht nur, wer sie falsch gebraucht, auch, wer aus Ehrgeiz und sozialem Aufstiegswillen zu viele Hard Words verwendet, gibt sich der Lächerlichkeit preis. Ein gutes Beispiel hierfür ist Mr. Micawber, der dünkelhafte, verarmte und gutmütig-ungeschickte Möchtegernjurist aus Charles Dickens' Roman *David Copperfield*: „I am actuated by no mercenary considerations," sagt er (Kap. 23) und meint nur „I'm not in it for the money."

Wenn im Roman und im Theater die falsche oder übermäßige Verwendung der Hard Words zu den festen Zügen der komischen Figur gehört, so liegt hier nicht das eigentliche Problem. Ein solches zeigt sich eher dann, wenn mangelnde Kenntnisse in diesem Bereich im wirklichen Leben zur Ursache sozialer Diskriminierung werden. Es ist nicht zu leugnen, daß die Hard Words zu einem gewissen Grade das Monopol und Privileg der Gebildeten sind, die sich damit gesellschaftlich abheben und gegen die weniger geschulten Schichten abschließen. Zwar gilt auch im Deutschen der richtige Gebrauch der Fremdwörter als ein gesellschaftliches Erkennungszeichen; aber sie sind, wie sich schon gezeigt hat, im Vergleich zum Englischen weniger zahlreich, haben oft ebenso gute einheimische Entsprechungen und werden gerade von vielen Gebildeten vermieden oder sogar bekämpft. Im englischen Bereich wirken sie viel stärker als soziale Scheidewand, die sich zwischen den Absolventen der höheren Schulen und den „Ungebildeten" errichtet. Wer die Hard Words falsch gebraucht, ist der Komik anheimgegeben und kommt für manche Dinge „nicht in Frage".

Durch die persönliche Meidung der Hard Words ist aber noch nichts geholfen; denn sie kommen überall vor und wollen auch verstanden werden. So im Bericht über einen Rechtsfall: „The plaintiffs, by their motion, ask for an order restraining the bank in the terms of the injunction claimed in the writ." Oder in einer sehr kritischen Rezension der Memoiren Douglas Hurds, des langjährigen Außenministers der Regierungen Thatcher und Major: „Hurd's insouciance could of course simply have been based on fatuity" (*Private Eye* 940, 26 Dec. 1997, S. 25). Natürlich hätte der Rezensent auch schreiben können: „His carelessness could have been based on stupidity", „... on foolishness" oder „... on silliness", aber weder inhaltlich noch stilistisch wäre das ganz dasselbe gewesen. Von der Frage, wie das Originalzitat am besten auf Deutsch wiedergegeben werden könnte, wollen wir ganz absehen. Der latinisierende Stil ist durchaus nicht auf Sachtexte beschränkt, sondern findet sich, wie folgendes Beispiel aus einem Roman zeigt, auch in der Literatur: „His belief in celibacy, so reticent, so carefully concealed beneath his tolerance and culture, now came to the surface and expanded like some delicate flower." Es muß wohl gesagt werden, daß gewisse Schriftwerke (man denke etwa an die Gedichte Robert Brownings) und Zeitungen (die sogenannten *quality papers* oder *broadsheets* wie *Guardian, Times* oder *Daily Telegraph*) und damit auch viele Möglichkeiten der selbständigen Weiterbildung für denjenigen verschlossen sind, der die Hard Words nicht besitzt. Natürlich lassen sich die Hard Words mit zäher Energie und einem guten Gedächtnis auch ohne klassische Bildung aneignen; aber es kann kaum bezweifelt werden, daß sie die Ausgangslage für den Autodidakten und den sozial Emporstrebenden wesentlich verschlechtern.

Victor Grove hat in seinem Buch *The Language Bar* dieses sprachsoziologische Problem zum erstenmal im Zusammenhang dargestellt. Er kommt zum Schluß, daß die besondere Struktur des englischen Wortschatzes eine höhere Schranke zwischen der privilegierten Minderheit und der „ungebildeten" Mehrheit errichtet, als es Reichtum und Rang zu tun vermöchten. Für die Gegenwart mit ihrer sozialen Mobilität sind seine Formulierungen vielleicht etwas überspitzt; dagegen ist der Einfluß der spezifisch englischen Sprachsituation auf die geschichtliche Entwicklung wohl sehr bedeutsam gewesen, auch wenn das Aufweisen von direkten kausalen Bezügen schwerfällt.

Es ist bekannt, daß die englischen höheren Schulen, im besonderen die großen Public Schools (im Gegensatz zu ihrem Namen heute die elitären Privatschulen und Internate) und die alten Universitäten, nicht so sehr eine fachlich spezialisierte als vielmehr eine allgemeine Ausbildung erstrebten. Ein sehr wesentlicher Teil davon war der Unterricht in den klassischen Sprachen. *Grammar* in *Grammar School* bedeutete lateinische Grammatik; das Wort *glamour* (heute: Pracht und erotischer Zauber) ist eine Dialektform von *grammar*, die schon früh die Bedeutung *Zauber* angenommen hatte, was die fast magische Wertschätzung der lateinischen Grammatik aufs schönste dokumentiert. Da diese Schulen kraft ihres Bildungsziels nicht nur von Anwärtern auf einzelne Fächer besucht wurden, sondern von allen, denen dies sozial möglich war, drang die Latinität fast in alle Bereiche der Kultur und wurde dort durch den aus den Grammar Schools hervorgehenden Nachwuchs auch immer wieder gestärkt. Man muß sich vergegenwärtigen, daß die höheren Schulen in England staatlich und gesellschaftlich eine wesentlich wichtigere Funktion hatten als anderswo. Ihnen entstammten die wichtigsten Exponenten des sozialen und kulturellen Lebens, nämlich die Gelehrten, die höhere Beamtenschaft und, wenn auch weniger ausschließlich, die Unternehmer und leitenden Privatangestellten.

Während in anderen Ländern der bloß theoretisch interessierte Gelehrte, der weniger allgemein gebildete Unternehmer und der Beamte mit seiner besonderen Haltung in ganz verschiedene Richtungen strebten, so daß von einer geschlossenen nationalen Elite nicht die Rede sein konnte, gab in England die Public School (und die Universität) allen einen gemeinsamen Erlebnishintergrund und das Merkmal einer abgehobenen Sprache mit. Wohl ist die Sprache nicht der alleinige Grund für die Bildung einer integrierten, mehr oder weniger geeinten und abgegrenzten Elite. Die historische Ursache liegt auch darin, daß in anderen Ländern der absolute Monarch Beamte und Militärhierarchie gegeneinander ausspielte, was sich als Spaltung der Oberschichten lange auswirkte, wogegen in England ein stärkeres Bürgertum und ein geeinterer niederer Adel bestanden. Die Rolle der Sprache in der Erhaltung dieser einheitlichen Führungsschicht darf aber auch nicht unterschätzt werden. Bis vor wenigen Jahren war das dialektfreie Public School English die Aussspracheform, die allein gesellschaftlich anerkannt wurde, und noch heute stärkt die Alleinherrschaft über die Hard Words sicher das Zusammengehörigkeitsgefühl der gebildeten Schichten über alle Unterschiede der beruflichen und finanziellen Stellung hinweg. So haben sprachliche Umstände mitgeholfen, die Bildungs-, Verwaltungs- und Wirtschaftseliten Englands auf eine Weise zu integrieren, die dem Aufstieg des Landes – bis hin zur Errichtung des British Empire – sicher nicht abträglich war.

Im heutigen demokratischeren und sozial mobileren Zeitalter wird freilich das Bestehen einer privilegierten Schicht, wie immer es sich politisch auswirken mag, als Ungerechtigkeit empfunden. Im Zusammenhang damit begann man, auch die Hard Words als Problem zu sehen, als Zustand, der vom sozialen Standpunkt aus nicht ohne weiteres hingenommen werden kann (vgl. das Buch von Grove). Eine Lösung bestünde in der Schaffung oder Wiederbelebung einheimischer Wortformen für die Begriffe, die jetzt durch Latinismen belegt sind; die Tendenz dazu wird „Saxonism" genannt. Einige Vorschläge der Saxonisten wurden angenommen, so *foreword* (1842) für *preface, folklore* (1846) für *tradition*. Sie haben ihren Zweck aber nicht erreicht, denn das lateinische Wort wurde nicht ersetzt, sondern es wurde ihm vielmehr ein weiteres zur Seite gestellt (vgl. z.B. die Differenzierung zwischen *folklore* und *tradition*). Noch kühnere Neuerungen, wie etwa diejenigen von William Barnes (1806–86): *sky-sill* für *horizon, folkwain* für *omnibus, hearsomeness* für *obedience*, haben keinen Anklang gefunden.

Die wahrscheinlichste Entwicklung in der heutigen gesellschaftlichen Situation ist wohl ein Näherrücken der gehobenen Schriftnorm an den alltäglichen Sprachgebrauch und damit ein allmählicher Verlust einer Reihe von Hard Words und der mit ihnen verbundenen Bedeutungsnuancen. Diejenigen Hard Words, die das Ende verbreiteter klassischer Bildung in den englischsprachigen Ländern überlebt haben, werden vielleicht fester in den Wortschatz integriert – eine Entwicklung, die in manchen Fällen auch mit Bedeutungsveränderungen verbunden sein wird, die sie von ihren „klassischen" Wurzeln wegrücken lassen.

Über die Hard Words als soziales Problem: Victor Grove, The Language Bar (2. Aufl., Routledge & Kegan Paul, London 1949); G.L. Brook, „The Reform of the English Language" (in: Bulletin of the John Rylands Library 56, 1973/4, 297–316; zum „Saxonism" und dem fraglichen Erfolg von Sprachpflege, bes. bei den Reformern Swift und Barnes).

Synonymwörterbücher: Webster's Dictionary of Synonyms – With Antonyms and Analogous and Contrasted Words (Merriam-Webster, Springfield, Mass. 1968); Rudolf Meldau mit R.B. Whitling, Sinnverwandte Wörter der englischen Sprache (Heidelberg 1981; beste Synonymik für Deutschsprachige); Roget's Thesaurus of English Words and Phrases (^{1}1852, laufend neu aufgelegt; das Synonymwörterbuch, das von muttersprachlichen Sprechern am häufigsten konsultiert wird).

Die sogenannten Usage Handbooks, Anleitungen zum richtigen Sprachgebrauch, sind in der englischsprachigen Welt sehr populär. Neben Rechtschreibproblemen, Stilfragen und kontroversen Aspekten der Grammatik steht der korrekte Gebrauch der Hard Words im Mittelpunkt, denen im allgemeinen zahlreiche Einträge gewidmet sind. Einige bekannte Vertreter der Gattung sind: H.W. Fowler und Robert Burchfield, The New Fowler's Modern English Usage (3. Aufl., Clarendon, Oxford 1996; die Neubearbeitung von Fowlers erstmals 1926 erschienenem Werk, das in Großbritannien, zum Teil aber auch darüber hinaus, über Jahrzehnte den guten Ton in sprachlichen Fragen regelte); Laurence Urdang, Hrsg., A Dictionary of Misunderstood, Misused, Mispronounced Words (Nelson, London 1972); Eric Partridge, Usage and Abusage (2. Aufl., Penguin Books, Harmondsworth 1976); Kingsley Amis, The King's English: A Guide to Modern Usage (Harper Collins, London 1997; das Werk enthält die persönliche Meinung des bekannten englischen Romanschriftstellers zu Fragen des umstrittenen Sprachgebrauchs. Er urteilt und verurteilt mit der für ihn charakteristischen satirischen Verve; lehrreich und unterhaltsam); Webster's Dictionary of English Usage (Merriam-Webster, Springfield, Mass. 1989); Kenneth G. Wilson, The Columbia Guide to Standard American Usage (Columbia University Press, New York 1993; die beiden letztgenannten Werke beurteilen umstrittene Fragen des Sprachgebrauchs im Hinblick auf das amerikanische Englisch).

12. Auswirkung auf die Sprache: Bedeutungswandel der Hard Words. Es hat sich gezeigt, daß die Hard Words infolge ihrer Schwierigkeit zu mißbräuchlicher Verwendung, zu Malapropisms führen. Sind diese Malapropisms kräftige, gröbliche Mißgriffe, etwa, wenn Mrs. Malaprop selbst *allegory* sagt und *alligator* meint, so sind sie zwar erheiternd, bleiben aber für die Sprache selbst ohne Folgen. Anders liegt der Fall bei den feinen Fehlern, die etwa darin bestehen, ein bedeutungsmäßig sehr benachbartes Wort zu wählen, etwa *agnostic* statt *atheist*. Diese passieren oft unbeachtet, und wenn aus irgendeinem Grunde das falsche Wort Anklang findet, werden Widerstände gegen die neue Verwendung kaum erhoben, es sei denn von Sachkennern, die zugleich zur Unhöflichkeit neigen. Mehr und mehr beginnt sich der neue Wortgebrauch zu verfestigen, d.h., es tritt ein Bedeutungs- bzw. Bezeichnungswandel ein. Das ungestützte Wort, wenn es sich dazu in einem abstrakten und stark aufgegliederten Bedeutungsfeld befindet, neigt wohl in allen Sprachen besonders zum Bedeutungswandel.

Die Häufigkeit der Hard Words hat denn auch im Englischen eine besondere Häufigkeit des irrtümlichen Wortgebrauchs mit sich gebracht. Das *Oxford Dictionary* benützte in seinen Artikeln ein besonderes Zeichen für „erroneous use", das sehr oft erscheint, und schon Samuel Johnson hielt es für eine der wichtigsten Aufgaben seines Wörterbuches, den Wortgebrauch festzulegen. Diese Festlegung ist aber in vielen Fällen durchaus nicht gelungen, vielmehr wurde im Lauf der Sprachgeschichte der individuelle und irrtümliche oft zum allgemeinen und damit richtigen Gebrauch. In der Tat haben viele der lateinischen Wörter im heutigen Englisch eine ganz andere Bedeutung als in der Herkunftssprache oder auch in andern europäischen Sprachen. So haben sich entwikkelt: *sensible* von *fühlend* über *einsichtig* zu *vernünftig, pathetic* von *leidenschaftlich* zu *kläglich, profane* von *unheilig* über *lästerlich* zu *unflätig, antic* von *alt* über *seltsam* zu *possenhaft, superior* von *überlegen* teilweise zu *arrogant, attractive* von *anziehend* zu *hübsch, familiar* von *familiär* zu *vertraut* und *wohlbekannt, dismal* (*dies mali*) von *Unglückstag* zu *schaurig, emergency* von *Auftauchen* zu *Notfall, premises* von *oben Genannte* zu *Liegenschaft, realize* von *verwirklichen* teilweise zu *einsehen* und *merken* und *anticipate* schließlich von *vorwegnehmen* zu *erwarten*.

Auch das Auseinanderstreben der Singular- und Pluralbedeutungen in *physic* (*Arznei*) – *physics* (*Physik*), *order* (*Befehl*) – *orders* (*geistlicher Stand*), *air* – *airs* (*Allüren*), *spirit* – *spirits* gehört hierher. Die Bewegung ist heute keineswegs zum Abschluß gekommen. Zu den neuesten Verschiebungen, die bereits mehr oder weniger fest geworden sind, gehören *alibi* und *facility: alibi*, das lateinisch *anderswo* bedeutet und sich dann auf den Entlastungsbeweis, zur Zeit der Tat an einem anderen Ort gewesen zu sein, spezialisiert hat, wird heute oft in der erweiterten Bedeutung von *Entschuldigung* oder sogar *Ausrede* verwendet; *facility* hat sich von *Leichtigkeit* über *Erleichterung* zu einem sehr weiten Begriff für *Möglichkeit, Gelegenheit, Mittel* entwickelt: *provided you have travelling facilities* (*Gelegenheit*), *facilities for philological research* (*Mittel*), *power plant test facility* (*Anlage, Einrichtung*), *state correctional facility* (*Staatsgefängnis*). Interessant ist, daß die Bedeutung *Gelegenheit* für *facility* schon seit dem 16. Jahrhundert möglich ist: Entscheidend ist aber offenbar nicht das Vorhandensein, sondern das Überwiegen dieser Bedeutung, und dies fällt wohl erst in die jüngste Zeit. Sowohl von *alibi* wie von *facility* läßt sich mit Gewißheit sagen, daß sie sich nicht in der angegebenen Weise verändert hätten, wenn die Etymologie „anderswo" bzw. „Leichtigkeit" bekannt und lebendig gewesen wäre.

Diese Sonderentwicklung der lateinischen Wörter im Englischen ist an sich weder gut noch böse; nur muß sich, wer Englisch lernen will, von der Illusion freimachen, daß sich die lateinischen Bedeutungen oder die Bedeutungen der Fremdwörter seiner eigenen Sprache in allen Fällen auch im Englischen wiederfinden ließen. Englisches *fatal* und deutsches *fatal* haben zwar eine gemeinsame Wurzel, aber heute keine identische Bedeutung mehr: *a fatal accident* ist eben kein „fataler" oder „peinlicher" Unfall, sondern ein tödlicher; *a pathetic excuse* ist keine pathetisch vorgetragene Entschuldigung, sondern eine jämmerliche, und *the consequent treatment* ist nicht die konsequente Behandlung, sondern die an die vorherige anschließende. Hier begeben wir uns auf das weite Feld der *false friends*, der formähnlichen, aber bedeutungsverschiedenen Wörter in der Mutter- und Fremdsprache. Was das Englische und Deutsche betrifft, gibt es einige *false friends* im Bereich des germanischen Grundwortschatzes (etwa *become/ bekommen* oder *undertake/ unternehmen*), die meisten aber finden sich bei den Hard Words, die somit neben den oben behandelten Problemen noch eine zusätzliche Schwierigkeit für den fremdsprachigen Lerner bereithalten.

Über Bedeutungsveränderungen der Latinismen: Zu neueren Verschiebungen konsultiere man die entsprechenden Einträge in den oben genannten *Usage Handbooks* – also etwa unter einem Einzelwort wie *anticipate* oder bei Fowler/Burchfield (*Modern English Usage*) auch die allgemeinen zu Malapropisms, Slipshod Extensions, Popularized Technicalities, Pairs & Snares usw.; zu den *false friends* vgl. z.B.: Graham und Henriette Pascoe, Sprachfallen im Englischen: Wörterbuch der falschen Freunde (Hueber, München 1985).

13. Wirkung der Hard Words auf den übrigen Wortschatz. Die Wörterbücher und Statistiken zeigen, daß das Englische über einen größeren Wortreichtum verfügt als alle anderen Sprachen (vgl. oben § 9). Dem widerspricht die praktische Erfahrung eines jeden, der in England an durchschnittlichen Unterhaltungsgesprächen teilgenommen hat. Es scheint, daß in der englischen Umgangssprache, viel mehr als in der deutschen oder französischen, gewisse einfache Wörter endlos wiederkehren: *do, get, job, nice, put, say*, so daß aus ihnen fast die ganze Konversation bestritten werden kann. Romandialoge werden ohne Scheu eingeführt mit: *He said ..., she said ..., he said ..., she said*, was in vielen Übersetzungen wörtlich wiedergegeben ist, aber im Deutschen wesentlich primitiver klingt. Was praktisch im Englischen begegnet, ist also kein Wortreichtum, sondern eher eine Sparsamkeit, fast Knappheit an Wörtern.
Die Statistik bestätigt das Gefühl der Diskrepanz zwischen theoretischem Wortreichtum und praktischer Sparsamkeit. W. Nelson Francis und Henry Kučera, die in den sechziger Jahren das erste Computerkorpus[2] des modernen Englisch erstellten, konnten feststellen, daß in ihrem

---

[2] Ein Korpus ist eine zum Zwecke der sprachwissenschaftlichen Analyse zusammengestellte Sammlung von Texten oder Textausschnitten. Ab den sechziger Jahren erkannte man, daß die Suche nach Wörtern und Strukturen mit Hilfe des Computers sehr viel schneller und effizienter funktioniert.

etwa 1 Million Wörter umfassenden Textmaterial die 100 häufigsten Wörter insgesamt etwa eine halbe Million (genau 505 410) mal vorkamen, tausende weitere jedoch nur je ein einziges Mal. Unter den 100 häufigsten Wörtern befinden sich naturgemäß viele Wörter mit grammatischer Funktion (Pronomen, Artikel, Hilfsverben etc.), jedoch auch die folgenden lexikalischen Wörter: _say_ (Platz 33/2765 mal), _make_ (40/2312), _man_ (44/2210), _time_ (46/1901), _go_ (47/1844), _year_ (54/1661), _new_ (56/1635), _take_ (58/1575), _come, see, get, know, state, give, day, find, way, use, like, think, people, Mister, world, seem._ Die überwältigende Mehrzahl dieser Wörter ist germanischer Herkunft; einige wenige (_state, use, people_) kommen aus dem Französischen. Gelehrte Latinismen gibt es keine. Die meisten lateinisch-griechischen Wörter befinden sich in den niederen Häufigkeitsbereichen. _Sacral, sacrosanct_ etwa kommen je einmal vor, ebenso wie seltene Komposita oder Ableitungen einheimischen oder germanischen Ursprungs (_safe-cracking, sander, sacker, sabre-rattling_), Entlehnungen aus anderen Sprachen (_sang-froid_) oder viele Eigennamen.

Um einen abschließenden Eindruck davon zu geben, wie ungleich die Wörter in Texten verteilt sind, folgen hier noch die Angaben zu den fünf häufigsten in Francis/Kučeras Korpus:

the	69 975
_be_	39 175
_of_	36 432
and	28 872
_a_	23 073

In Korpora, die aus gesprochenen Texten bestehen, wären die Personalpronomina _I/me_ und _you_ wahrscheinlich in der Liste vertreten. Aber im Prinzip kommt man bei der Auswertung praktisch aller neueren Computerkorpora des Englischen zu ähnlichen Resultaten wie Francis und Kučera.

Wie immer man diese Statistiken interpretiert, eines dürfte klar hervorgehen, nämlich daß die Verwendungshäufigkeit der im Englischen zur Verfügung stehenden Wörter sehr unregelmäßig ist, indem eine Minderheit von Wörtern mehrheitlich benutzt wird. Dies gilt zwar in gewissem Maße für alle Sprachen, im Englischen aber ist die Tendenz besonders stark ausgeprägt.

Es liegt nahe, die ungleiche Verteilung der Häufigkeit aus der besonderen Struktur des englischen Wortschatzes, die praktische Wortknappheit aus dem theoretischen Wortreichtum zu interpretieren. Darüber hinaus sei im folgenden versucht, einige der wichtigsten Merkmale des heutigen Englisch ebenfalls mit den Hard Words in Beziehung zu bringen, nämlich die häufige Verwendung von Eigennamen für Allgemeinbegriffe, sowie die große Zahl der volkstümlich motivierten Wörter (*jellyfish*), der Allerweltswörter (*get, put*) und der Wortverbände (*put up with*). Dies kann allerdings, da die historischen Voruntersuchungen fehlen, nur im Sinne einer Hypothese geschehen, welche erst an den Einzelfällen nachzuprüfen ist.

Allgemein steht einer ausschließlichen Verwendung der Latinismen neben ihrer Schwierigkeit eine englische Eigenschaft entgegen, auf deren Gründe hier nicht weiter eingegangen sei, die aber zweifellos besteht, nämlich die Abneigung gegen Bildungsprotzerei (vgl. darüber Aldous Huxleys geistreichen Aufsatz „Foreheads Villainous Low" in *Music at Night*). Was z.B. am Malapropism belacht wird, ist nicht der Fehler, sondern die zu Fall gekommene Angeberei. Es ist also zu erwarten, daß in der gesprochenen Sprache, wo immer es möglich ist, prätentiöse Wörter vermieden werden.

Wodurch aber sollen die Hard Words, wenn man sie vermeiden will, ersetzt werden? Die Fälle, in denen ein gleich gutes einheimisches Wort zur Verfügung steht, sind kein Problem und berühren uns hier nicht. Bereits wurde aber darauf hingewiesen, daß die Zahl solcher einheimischer Entsprechungen verhältnismäßig gering ist, da das Englische für viele neue Bezeichnungen nicht wie das Deutsche zur Lehnübersetzung, sondern zum direkten Latinismus gegriffen und seine alten einheimischen Wortbildungsmöglichkeiten (Vor- und Nachsilben, Komposition) weitgehend verloren hat. Man hat deshalb nach neuen Möglichkeiten gesucht, und es ist zu neuen Bildungstypen und Umschichtungen im Wortschatz gekommen, die dem heutigen Englisch eine ganz besondere Prägung geben und als direkte Folgen der Hard Words anzusehen sind.

Zuerst sei hier auf eine Erscheinung hingewiesen, die zwar nicht ganz, aber doch zum Teil hierher gehört, nämlich die häufige Verwendung von Eigennamen für konkrete Allgemeinbegriffe. Das Wort *vacuum cleaner* (Staubsauger) ist eine gelehrte, zum Teil ungestützte Bildung, die dazu nicht sonderlich glücklich ist. Ein Vakuum ist abstrakt und kaum vorstellbar, und der Gegenstand gehört ja in das Reich des Haushalts und nicht des Physikers. Es ist natürlich, daß man sich vor diesem Worte scheut und es entweder zu *vac* abkürzt oder ersetzt; die Marke Hoover war sehr verbreitet, also war ein Staubsauger zeitweise einfach *a Hoover*; diese Bezeichnung hat sich heute – meist kleingeschrieben und als Nomen wie als Verb (*to hoover*) verbreitet – durchgesetzt. Ähnliche Beispiele gibt es zuhauf (*a band-aid* „Heftpflaster", *velcro* „Klettverschluß" usw.).

Bei *china* für *porcelain* könnte die Abneigung gegen das lange und schwierige Wort wohl mitgespielt haben, ebenso bei *bedlam* (nach dem Hospital of St. Mary of Bethlehem in London), das noch vor *madhouse* belegt ist und möglicherweise für eine schwierige Zusammensetzung mit *lunatic* einsprang. „Gestreckte" Eigennamen sind u.a.: *spencer* (Wams, oder auch dt. Spencer/Spenzer), *shrapnel, boycott, sandwich, macadam, maudlin* (sentimental), *hansom.* Vom Standpunkt anderer Sprachen mit ihren strengen und präzisen Bezeichnungen – man vergleiche französisch *aspirateur*, italienisch *aspiratore/aspirapolvere* – erscheinen diese englischen Neubildungen etwas „kindlich"; für den Engländer aber haben sie ihre Etymologie im Gebrauch rasch verloren und unterscheiden sich kaum noch von anderen Wörtern.

Scheinbar kindliche oder doch volkstümliche Züge zeigen auch manche Ersatzwörter, die nicht von Eigennamen abstammen. Ein schönes Beispiel dafür ist die eigentümliche Ausweitung des Fisch-Begriffes im Englischen, nämlich um *crayfish* (Krebs), *starfish* (Seestern) und *jellyfish* (Qualle). Während man im Deutschen schon das Wort *Walfisch* kaum auszusprechen wagt, ohne ausführlich zu beteuern, daß man sich der tatsächlichen zoologischen Verhältnisse bewußt sei, erlaubt sich der Englischsprechende fröhlich einen „Sternfisch" und einen „Sülzefisch". Die Gründe für die englischen Benennungen liegen nur zum Teil in einer angelsächsischen Geisteshaltung, deren Neigung zu naiver, aber „praktischer" Klassifikation der natürlichen Erscheinungen man gelegentlich aus solchen Wörtern beweisen wollte. Vielmehr liegt wohl auch hier eine Folge der Hard Words vor. Daß *crayfish* (auch *crawfish*) eine Volksetymologie aus *écrevisse/krebiz* ist, wurde bereits festgestellt; diese volkstümliche Bildung konnte sich um so eher halten, als daneben für den Allgemeinbegriff „Krebs" nur die gelehrten Wörter *cancer* (heute nur noch für die Krankheit und das Sternbild) und *crustacean* zur Verfügung standen. Heute ist das Feld so aufgeteilt, daß *crayfish* für den Süßwasserkrebs und die Languste steht, während man für die übrigen Meertiere zur konkreten Gattung *lobster, crab* (auch für das Sternbild), *shrimp* usw. greift; *crustacean* steht als gelehrte Bildung abseits.

Ähnlich verhält es sich mit der Bezeichnung der Qualle: Das zoologische Wort *medusa* (pl. *medusae*), das von den schlangenhaften lähmenden Tentakeln aus mythologische Verbindungen schlägt, setzte zuviel voraus und konnte nicht populär werden. Als Ersatz boten sich verschiedene Bildungen der Volkssprache an: *sea nettle, sea jelly, blubber* und endlich *jellyfish*, das sich heute in der Umgangssprache durchgesetzt hat. Wiederum ist anzunehmen, daß sich wissenschaftliche und präzise Sprecher/Schreiber an *medusa* hielten, so daß sich die populäre

Form abseits von der wissenschaftlichen Präzision erhalten hat. Für den Seestern gebraucht die Wissenschaft *asterias* (pl. *asteriae*); als volkstümliche Wörter existierten *seastar* und *starfish* wohl schon vor ihrem literarischen Auftauchen im 16. Jahrhundert; *seastar* war u.a. dadurch geschwächt, daß es gleichzeitig „Leitstern für Seefahrer" bedeutete. Allgemein ist also das Resultat dieser Entwicklung eine Divergenz zwischen dem zoologischen und dem praktischen „Fisch"-Begriff. Es ist nicht anzunehmen, daß die volkstümlichen *fish*-Komposita nachträgliche Ersatzbildungen für die Latinismen sind. Sehr wahrscheinlich waren sie zuerst da: Bis zu dem Zeitpunkt, da die moderne Zoologie das Genus pisces scharf definierte, konnte alles, was im Wasser schwimmt, als *fish* bezeichnet werden, sei es ein Krebs, eine Qualle usf. Die *merefixas* (Meerfische) im Beowulf (549) können „sitzen" (564), es sind Seeungetüme, aber keine Fische im modernen Sinn. Da die Hard Words nicht populär wurden, gelang es ihnen nicht, die volkstümlichen Begriffe durch zoologisch „richtige" zu ersetzen.

Neben diesen Erhaltungen gibt es aber auch tatsächliche Neubildungen, die indirekt auf die Hard Words zurückzuführen sind. Die Lichtempfindlichkeit eines photographischen Films wird bezeichnet, im Deutschen als *Empfindlichkeit*, französisch als *sensibilité*, italienisch als *sensibilità*, spanisch als *sensibilidad*, portugiesisch als *sensibilidade*. Englisch kann man zwar *sensitivity* verwenden. Normalerweise vermeidet man es aber und sagt einfach *speed*; ein empfindlicher Film ist ein *fast film*. Es ist also hier, wohl ebenfalls infolge des Hard Word, zu einer Umbenennung gekommen, die gleichzeitig anders motiviert ist, d.h. von einer anderen Anschauung des Bezeichneten ausgeht. Während die anderen Sprachen von der Auffassung ausgehen, daß der Film (wie ein empfindlicher Mensch) auf kleine Eindrücke stark reagiert, legt das Englische das Gewicht auf die Schnelligkeit der Reaktion. Dieses Beispiel wird allerdings dadurch weniger eindeutig, daß auch das Französische bei photographischem Material von *rapide* und *rapidité* sprechen kann; es bleibt noch zu klären, wo der Ursprung der Um-Motivierung liegt.

Eindeutiger ist der Fall von *sparking plug*, deutsch *Zündkerze*, französisch *bougie d'allumage*, italienisch *candela d'accensione*. Das deutsche, französische und italienische Wort ist an dem Begriff der *Zündung, allumage, accensione*, also am Zweck des Gegenstandes motiviert; das zweite Glied, *Kerze, bougie, candela* weist nochmals auf die Funktion hin. Das Englische weicht hiervon ab: Der Geburtsort des Explosionsmotors ist das Laboratorium; in dessen Atmosphäre entstand für den Begriff der Zündung das Hard Word *ignition*. Nachdem man längere

Zeit mit Flammen- und Glühkopfzündung experimentiert hatte, fand man endlich in der Funkenzündung die praktische Lösung, und der Explosionsmotor trat mit der Erfindung der Zündkerze in die Praxis hinaus, mit anderen Worten, aus dem Reich des Wissenschafters in dasjenige des Mechanikers. Hier kam kein gelehrtes Kompositum zu *ignition* in Frage, sondern nur eine leicht faßliche Prägung für den wichtigen Gegenstand; sie fand sich in *sparking plug* (amerikanisch *spark plug*). Dieses Wort ist ganz anders motiviert als seine deutsche, französische oder italienische Entsprechung. Es sieht ab von der Funktion des Gegenstandes, sondern richtet sich ganz nach dem sinnlich Auffälligen daran, nämlich dem Funken und der Form. In *plug* liegt freilich auch ein funktionelles Element; dieses bezieht sich aber auf das Hineinstöpseln oder -schrauben in den Zylinderkopf, d.h. auf die Tätigkeit des Monteurs und nicht auf die Funktion der Maschine. Während also ein Wort wie *Zündkerze* direkt an die teleologisch-funktionelle Benennungsweise der Wissenschaft anschließt, veranlaßte im Englischen das Hard Word eine Neubildung, die sich volkstümlich am rein phänomenologischen Aspekt des Gegenstandes motivierte. Ähnliche Fälle scheinen häufig zu sein; jedenfalls gelangt man bei der Lektüre und Übersetzung technischer Texte zu diesem Eindruck; vgl. *gas-poker – Koksanzünder; live wire, live shell – stromführender Draht, entsicherte Granate; headlights – Scheinwerfer; electric fire – Strahler.*

Durch diese Um-Motivierungen wurde der englische Wortschatz in vielen Punkten von dem anderer Sprachen abgehoben. Sie erklären aber noch nicht die Tatsache der Wortknappheit im gesprochenen Englisch. Hierzu müssen wir unmittelbar vom Synonymenreichtum des Englischen ausgehen. Um den Begriff von deutsch *nachdenken*, französisch *réfléchir* auszudrücken, stehen im Englischen theoretisch zur Verfügung: *reflect, ponder, reason, cogitate, consider, deliberate, contemplate, meditate, muse, ruminate.* Unter dieser subtil abzugrenzenden Menge kann der Schreibende in aller Ruhe das passende Wort auslesen; eine solche Überschau aber kann sich der Sprechende nicht gestatten. Die Qual der Wahl führt beim Sprechen oft zu einer Art von semantischem Kurzschluß. Es wird überhaupt keines dieser Wörter gewählt, sondern ein ganz einfaches, dessen Bedeutung dabei etwas gestreckt wird, nämlich *think. Laß mich mal nachdenken* heißt in der gesprochenen Sprache so gut wie immer *Let me think.*

Ähnliches geschieht, wenn der Sprecher den Begriff des *Glaubens, Meinens*, französisch *croire*, auszudrücken hat. Unter den Wörtern, die sich ihm anbieten: *think, hold, take, opine, suppose, assume, surmise, presume, believe, fancy* sticht ihm sogleich *think* als das einfachste ins

Auge; so wird denn in den meisten Fällen wiederum dieses gewählt: *ich glaube nicht*, heißt: *I don't think so.* So wurde der Begriff von *think* gegenüber demjenigen von *denken* um die Elemente des Überlegens und des für-wahr-Haltens erweitert. Sehr wahrscheinlich bestand die Möglichkeit zu solchen Verwendungen schon immer, wie denn auch deutsch *denken* in den Bedeutungen *nachdenken* und *glauben* nicht unbedingt falsch ist. Der Unterschied besteht darin, daß *think* heute in diesen Nebenbedeutungen nicht nur ein mögliches, sondern das meistverwendete Wort ist. In der altenglischen Zeit gab es neben *þencan* mindestens noch *wēnan, munan, hycgan, truwian*, die sich zwar in bezug auf ihre Funktion nicht ganz eindeutig erfassen lassen, sich aber immerhin noch verhältnismäßig übersichtlich auf das Begriffsfeld der Denkvorgänge verteilen. Mit dem Zustrom der romanischen Wörter geschieht folgendes: *hycgan, munan* und die Ableitungen wie *bithencen* sterben aus, *truwian* und *wēnan* werden archaisch und selten; die Fülle der lateinischen Neuerwerbungen ist schwer zu überblicken und zu handhaben. Dafür hat nur der Schreibende Zeit; der Sprechende aber stürzt sich im semantischen Kurzschluß auf das allein übriggebliebene *think* und füllt es bis zum Rande mit verschiedenen Funktionen. Eine gewisse Kompensation für die Verarmung des Lexikons ergibt sich allerdings auf der Ebene der Syntax: *I think* „ich glaube" gegenüber *I'm thinking* „ich bin am Nachdenken"; Erweiterung zu sogenannten *phrasal verbs – think up, think over, think through* etc. – oder durch Verwendungen in Funktionsverbgefügen – *have a good think, have a quick think.* All diese Strategien dienen einer Differenzierung der Bedeutung des Wortes *think* im jeweiligen Kontext (mehr davon unten, § 18).

Wir erwarten also, daß zahlreiche besonders einfache und volkstümliche Wörter infolge der Hard Words und des semantischen Kurzschlusses so schwer mit Funktionen beladen werden, daß sie Polysemie (Bedeutungsvielfalt) zeigen. Dies ist auch tatsächlich der Fall. Jedermann weiß, daß man beim Englischlernen auf die zahlreichen idiomatischen oder Spezialbedeutungen zu achten hat. An der Spitze steht wohl das „einfachste" aller Verben, das Wort *do*. In der Übersetzung muß es fast in jedem Falle anders wiedergegeben werden: *do it for me* – besorgen, erledigen, *to do well, badly* – es geht einem gut, schlecht, *they did themselves well* – ließen es sich wohlsein, *to do rooms* – aufräumen, fegen, *do one's hair* – (sich) frisieren, *do well* – Vorzügliches leisten, *do 100 miles an hour* – laufen, fahren, machen, *do sums* – rechnen, *do ballads* – durchnehmen, *do Rome* – besichtigen, *that will do* – reicht, genügt, schickt sich, *done* – erledigt, erschöpft usw.

Take kann sehr verschiedenes heißen; mit dem Deutschen verglichen trägt es nicht nur die Bedeutung von *nehmen*, sondern auch diejenige von vielen seiner Ableitungen: *annehmen* (*she is French, I take it*), *aufnehmen* (*how did he take the news?*), *unternehmen* (*to take a walk*), *einnehmen* (*to take medicine*), *mitnehmen* (*we took her to the pictures*), *wegnehmen* (*I won't take much of your time*) usf. *Pass* kann bedeuten *durchgehen, vorbeigehen, übertreffen, bestehen* (Examen), *reichen* (Salat), *zuwerfen* (Ball) und noch mehr; die vielen verschiedenen Bedeutungen von *get, go, run* und anderen Verben sind eine Crux für den Lernenden.

Von den Adjektiven ist unter vielen anderen *good* idiomatisch stark ausgeweitet: *be good* heißt *sei brav, they are very good, sie* (die Leute von der Reiseagentur) *machen ihre Sache gut, we are so good together, wir passen gut zusammen, for good, für immer.* Gestreckte Substantive sind u.a. *job*, das die Funktionen von *post, position, achievement, performance, labour, work, toil* übernehmen kann und deutsch mindestens mit *Stelle, Leistung* (*a splendid job*), *Arbeit, Mühe* (*it was quite a job*) wiedergegeben werden muß; ferner *glass*, welches die Hard Words *telescope, binoculars, spectacles, barometer* und dazu *mirror* ersetzt; endlich *set*, das je nach dem Begleitwort, in *set of lectures, set of teeth* (*dentures*), *toilet set, TV set*, verschieden zu übersetzen ist, und viele andere.

Mit Bezug auf das Einzelwort läßt sich also feststellen: Die Schwierigkeit und Differenzierung der Hard Words hat dazu geführt, daß man sie in der gesprochenen Sprache, wo man es eilig hat, oft vermeidet und an ihrer Stelle vorzugsweise ganz einfache einheimische oder heimisch gewordene Wörter verwendet. Daraus erklärt sich zunächst die große Häufigkeit einer kleinen Minorität von englischen Wörtern im Vergleich zur großen, selten gebrauchten Mehrheit. Dadurch, daß diese einheimischen Wörter für alle möglichen Funktionen, gleichsam als universale Hilfsmittel, einspringen mußten, ergibt sich die gewaltige Bedeutungserweiterung oder gar Überhäufung, die sie im Lauf der mittel- und neuenglischen Zeit erfahren haben. Aus ihren ursprünglichen konkreten und speziellen Bedeutungen, z.B. *give, take* = mit der Hand geben und nehmen, *get* = erlangen, *run* = rennen, *put* = stoßen, *set* = hinsetzen, *job* = bestimmtes Stück Arbeit, *glass* = das Material, haben sie sich zu ganz allgemeinen und universal verwendbaren Funktionselementen entwickelt. Dies gilt besonders für die Verben; die meistgebrauchten von ihnen, etwa *go, come, run, fall, turn, stand, get, take, look, put, set, lay*, haben ihre Bindung an ein bestimmtes Subjekt oder Objekt und damit die Assoziation an eine Tätigkeit bestimmter Form ganz verloren; sie sind heute nur noch elementare dynamische *operators*, die sich mit fast allem verbinden lassen und mit denen alle Arten von menschlichen und anderen Bewegungen wiedergegeben werden können.

Trägt die Erscheinung auf der einen Seite viel zur Erleichterung des sprachlichen Verkehrs und des Lernens (wenigstens für den Anfänger) bei, so hat sie andererseits auch ihre Probleme. Von einer Verarmung im Wortschatz kann man nicht reden; denn es besteht für jeden, der die Sprache bewußt und überlegt gebrauchen will, eine ungeheure Auswahl unter den differenzierteren Wörtern. Dagegen hat die Entwicklung zu einer Überlastung bzw. Vieldeutigkeit mancher Wörter geführt, die bekanntlich schon durch die Homophonie stark gefördert wird (vgl. oben § 7). Die Wortspiele (*puns*), aber auch die Mißverständnisse, welche Polysemie zur Ursache haben, sind wahrscheinlich noch zahlreicher als die durch Homophonie bedingten. In der Tat bedeutet ein Wort wie *do* oder *set* heute sozusagen „nichts" mehr. Es erhält seine Funktion erst durch die begleitenden Wörter oder durch die Situation, in der sich der Sprechakt abspielt. Das heißt: Die semantische Autonomie dieser vieldeutigen Wörter ist stark reduziert. Nicht von ungefähr taucht in der englisch-amerikanischen Sprachwissenschaft immer wieder die (irrige) Meinung auf, ein Wort habe an sich überhaupt keine Bedeutung; es erhalte Bedeutung erst in einem sprachlichen oder situationellen Kontext.

Wenn der Unterschied zwischen dem gehoben-schriftsprachlichen und ungezwungen mündlichen Stil so groß ist, ergibt sich für die Sprachforschung noch ein besonderes Problem. Eine fruchtbare Methode der modernen Wort- und Bedeutungsforschung bildet die von Jost Trier begründete Feldbeschreibung. Die meisten Wörter haben Bedeutungs-Nachbarn, durch die sie in ihrer eigenen Bedeutung beeinflußt werden. Z.B. gewinnt das Wort *befriedigend* in einem Zeugnis erst durch die Nachbarzensuren seine Bedeutung; je nachdem, ob nachher *genügend* oder gleich *ungenügend* kommt, wechselt es seinen Wert. Dies gilt besonders von abstrakten Wörtern, und man pflegt deshalb heutzutage vielfach ganze Wortfelder (Gruppen von bedeutungsverwandten Wörtern) zu untersuchen. Aus der Beschaffenheit (Differenzierung und Aufgliederung) dieser Felder hofft man interessante Erkenntnisse über die Denkkategorien und damit die Weltschau der einzelnen Sprachgemeinschaften zu gewinnen. So wird man etwa aus einem reichen und fein differenzierten Wortschatz auf das wache Interesse der Sprachgemeinschaft an dem betreffenden Gegenstand schließen. Nun herrscht aber, wie wir gesehen haben, in vielen Bereichen des englischen Wortschatzes geradezu eine „Zweifelderwirtschaft": auf der einen Seite ein vielfältig aufgegliedertes Kollektiv von Latinismen, auf der andern vielleicht nur ein einziges Allerweltswort. Was soll, um ein Beispiel herauszugreifen, als Feld des Nachdenkens gelten: das differenzierte Feld von *reflect, consider, reason, ponder, cogitate, deliberate, meditate* usw. oder das undifferenzierte von *think*? Beide haben ihre Berechtigung, das erste, weil die dazugehörigen Abgrenzungen und Kategorien für viele Engländer einen festen geistigen Besitz darstellen, das zweite, weil es das praktische und für viele Sprecher einzige Feld ist. Man darf also die Schichten nicht vermengen und muß auf jeden Fall deutlich machen, von welcher man spricht.

Wir halten nochmals fest: die einfachen oder Allerweltswörter haben in vielen Fällen so viele Bedeutungen aufgenommen, daß sie allein schon fast nichts mehr bedeuten. Sie gewinnen ihre Bedeutung erst in Wortverbindungen: *do* ist „nichts", aber *do sums* bedeutet *rechnen*; *set* ist „nichts", aber *set of teeth* bedeutet (*künstliches*) *Gebiß*. Wenn wir ein Wort definieren als das Zusammentreten einer Lautform mit einem Begriff, so trifft diese Definition nicht mehr auf *set* zu (denn wir können kaum auf die Frage *What is a set*? antworten), wohl aber auf *set of teeth*. Freilich kommt *set* auch isoliert vor, aber der Satz: *I have got a new set* sagt ohne Situation nicht mehr als deutsch: *Ich habe einen neuen*. Es ist also nicht *set*, das die Wortfunktion ausübt, sondern *set of teeth, TV-set*, nicht *do*, sondern *do sums, do my hair*. Dies ist, wie man weiß, eine für das Englische sehr typische Erscheinung. Oft dient als Begriffsträger nicht ein Wort, sondern ein Wortverband; das einzelne Wort ist in diesen Fällen nur mehr ein Teil eines Begriffsträgers; wie ein freies Wasserstoffatom führt es einzeln nur eine sehr labile Existenz und geht leicht Verbindungen ein, in denen es erst zur Wirkung kommt.

So ist denn die englische Neigung zum Wortverband (*lexicalized phrase*), wenn auch wohl nicht ausschließlich, ebenfalls eine Folge der Hard Words. Von diesen Verbänden sind manche nur lose und ad hoc gebildet: *to do Rome* (Rom besichtigen) ist zwar als Verband anzusehen, denn erst in diesem Zusammenhang ergibt *do* einen Sinn; an Stelle von *Rome* kann aber auch ein anderer Name treten. Andere Verbände sind fest: *to do sums, to do one's hair* hat keine Parallelen, in denen *to do* dieselbe Funktion hätte. Diese festen Wortverbände mit Wortfunktion werden als Kollokationen, Phraseologismen oder idiomatische Wendungen bezeichnet; sie sind äußerst zahlreich und bilden das Rückgrat der englischen Umgangssprache, werden aber im Unterricht auf dem Kontinent leider oft vernachlässigt. Hier soll nun an einigen Beispielen gezeigt werden, wie der Wortverband das Hard Word ersetzt. Für lateinisch *ascribere* besitzt das Englische keine Lehnübersetzung wie deutsch *zu-schreiben*, dagegen drei Latinismen: *attribute, ascribe, impute*. Das erste ist wohl das häufigste; die Johnsonsche Definition der beiden anderen „We usually *ascribe* good, but *impute* evil" gilt heute nur noch für das letztere, da *ascribe* auch für Schlechtes möglich ist. In der Umgangssprache wird keines dieser drei gewählt, sondern *put down to*: „I put it down to too much Beethoven" (Forster, *A Room with a View*). *Verbatim* wird durch *word for word* wiedergegeben, *accomplish* durch *bring about, continue* durch *keep on, tolerate* durch *put up with, surrender* durch *turn over, originate* durch *come about, appear* durch *turn up*. Durch Wortverbände werden u.a. viele Bewußtseinsvorgänge ausgedrückt, wohl um Zusammensetzungen mit dem schwierigen *consciousness* zu ersetzen: *to pass out*, das Bewußtsein verlieren, *to come to, to come round*, das Bewußtsein wiedergewinnen; ähnlich ersetzt *put out* das schwierige *disconcerted*.

Gerade die Einfachheit dieser Idiome bringt für die Lernenden eine gewisse Schwierigkeit; sie sind z.T. wieder dissoziiert und ungestützt, insofern als ihre Bedeutung aus den Teilen nicht erkenntlich wird: *to come to* oder *come round* ist aus der Kenntnis von *come, to* und *round* nicht zu erschließen. Sie müssen deshalb sorgfältig einzeln erlernt werden. Da dies bis heute noch nicht systematisch genug getan wird, sind in diesem Punkte grobe Übersetzungsfehler häufig, wie etwa „die Lilien im Tale" für *lilies of the valley* (Maiglöckchen) oder „sie ist eine gute Seglerin" für *she's a good sailor* (sie wird nicht seekrank).

Von anderen Sprachen aus machen diese einfachen Bildungen oft einen etwas primitiven, kindlichen Eindruck, wenn man sie sich wörtlich in die eigene Sprache übersetzt. Hierzu ist aber zu sagen, daß sich die „Kindlichkeit" einer Ausdrucksweise prinzipiell nur an den andern Ausdrücken der gleichen Sprache mißt; denn über den Wert eines Wortes entscheidet allein das Sprachgefühl der betreffenden Sprachgemeinschaft. Die gefühlsmäßige Bedeutung und der Wert von *make love* hat mit der Etymologie „Liebe machen" nichts zu tun. Wer glaubt, ein englischer Ausdruck wie *put out, take in* (hereinlegen), *do in* (um die Ecke bringen) sei infolge seiner simplen Etymologie ausdruckslos, braucht nur an deutsche Wörter wie *umlegen, aufgebracht, heruntermachen, durchsetzen, sich unterstehen* zu denken, um durch ihre Plastik und Ausdruckskraft sogleich eines Besseren belehrt zu werden. Selbst etymologisch ganz „leere" Verbände, wie etwa diejenigen aus *have* + Adverb können durchaus plastisch und lebendig sein, etwa *they are always having the roads up*, andauernd reißen sie die Straßen auf, oder *I must have a tooth out*, ich muß mir einen Zahn ziehen lassen.

Das Problem der Wortverbände liegt eher darin, daß auch sie in vielen Fällen bereits mit Bedeutung überlastet sind. Bei fast allen stehen sich mindestens eine Normalbedeutung (die sich aus den Bedeutungen der

Teile ablesen läßt) und eine idiomatische (aus der Etymologie nicht ablesbare) Bedeutung gegenüber, so *take in, hereinnehmen* aber auch *betrügen, put out, herausgenommen* und *aus der Fassung gebracht, be sick, krank sein*, aber auch *sich übergeben* (*he was sick into a paper bag*) usw. Die Grenze zwischen normaler und idiomatischer Bedeutung ist natürlich nicht immer scharf zu ziehen, ebensowenig diejenige zwischen den einzelnen Spezialbedeutungen. Aber es ist doch bezeichnend, daß das *Shorter Oxford English Dictionary* für *to go down* sieben verschiedene Bedeutungen ansetzt: a) descend, sink, b) be continued down to, c) be overthrown, d) be set down in writing, e) subside (of waves, wind), f) be swallowed, g) (fig.) find acceptance with; man beachte die Hard Words in diesen Definitionen. Für *to set up* werden im SOED 25 Bedeutungen angegeben, und sogar für die Erweiterung *to set up for* noch sechs.

Daß die Begriffsfelder innerhalb der Latinismen stärker und bei den in ihrer Bedeutung gestreckten einheimischen Wörtern schwächer unterteilt sind, als dies dem Durchschnitt der andern europäischen Sprachen entspricht, dürfte feststehen. Aber diese beiden Wortschichten machen noch nicht den ganzen englischen Wortschatz aus. Zwischen ihnen liegt noch eine große Schicht von kurzen, meist einheimischen, sehr speziellen und plastischen Wörtern; als Beispiele seien hier nur einige Verben genannt: *tilt, leer, thud, scowl, ruffle, stride, nag, saunter, sprawl, stroll, reel, pare, grasp, grab, rock, wobble, lollop, prod, plod, scud, slam, browse, flick, kick, nudge, squat, wag*. Diese Verben sind weit davon entfernt, bloße dynamische *operators* zu sein; vielmehr ist ihr Gebrauch auch an zahlreiche Bedingungen im Subjekt oder Objekt der Handlung gebunden. Diese Bedingungen sind in vielen Fällen andere als diejenigen der nächsten deutschen Entsprechungen. So heißt *kick* = stoßen (mit dem Fuß), *nudge* = stoßen (mit dem Ellbogen), *wag* = hin- und hergehen (von etwas Spitzem, Schwanz, Zunge), *prod* = stoßen (mit einem spitzen Gegenstand), *sprawl* = liegen oder kriechen (und dabei alle Viere von sich strecken). Alle diese Wörter sind nicht direkt übersetzbar. Eine Zusammenstellung solcher Wörter und Angabe der deutsch-englischen Unterschiede findet sich in E. Leisi, *Der Wortinhalt* und ausführlicher in M. Snell, *Verb-descriptivity in German and English*. Es leuchtet ein, daß die genaue Erfassung dieser Wortschicht für alle Lernenden sehr wichtig ist, schon darum, weil die Größe vieler moderner Prosaisten – es sei hier nur Katherine Mansfield genannt – in einer subtilen Verwendung dieser plastischen und anschaulichen Wörter liegt und weil der Gebrauch dieser Ausdrücke in gewisser Hinsicht als Überwindung der durch die Hard Words herbeigeführten Problematik gelten kann.

Statistiken über Worthäufigkeit: C.K Ogden, The System of Basic English (Hrsg. E.C. Graham, Harcourt, Brace & World, New York 1968 [^{1}1934]; Ogden wollte durch eine Vereinfachung des Wortschatzes, im wesentlichen durch Einschränkung auf die am häufigsten gebrauchten Wörter und ihre Kombinationen, die Verbreitung des Englischen als Weltsprache fördern); Nelson W. Francis und Henry Kučera, Computational Analysis of Present-Day American English (Brown University Press, Providence, RI 1970); Stig Johansson und Knut Hofland, Frequency Analysis of English Vocabulary and Grammar: Based on the LOB Corpus (Clarendon, Oxford 1989); Knut Hofland und Stig Johansson, Word Frequencies in British and American English (Norwegian Computing Centre for the Humanities, Bergen 1982).

III. Wortform und -bedeutung

14. **Wortbildungsmuster und Produktivität.** Die Frage: „Welche (äußere) Form hat ein Wort?" läßt sich auf zwei Ebenen beantworten. Erstens auf der Ebene der Phoneme; sie lautet dann: „Aus was für Phonemen kann ein Wort bestehen?" Die Beantwortung dieser Frage gehört in die Phonologie und wurde oben (§ 6) ansatzweise versucht.

Auf einer anderen, nächsthöheren Ebene spielt sich das ab, was man im engeren Sinne Wortbildung (*word formation*) nennt. Unter Wortbildung versteht man nicht das Zusammenwirken von einzelnen Phonemen, sondern von Morphemen (kleinsten bedeutungstragenden Einheiten). Ein Morphem ist z.B. englisch *re-* oder *-ness*, nicht aber *-serk*. Spaltet man *remake* (bzw. *sadness*) auf in *re-* und *make* (bzw. *sad* und *-ness*), ergeben die Bestandteile für sich einen Sinn. Teilt man aber *berserk* in *ber-* und *-serk* auf, ist dies nicht der Fall. Die Einschränkung des Begriffes Wortbildung auf die Morphemebene ist insofern gerechtfertigt, als die Bildung neuer Wörter tatsächlich fast immer aus bereits bestehenden Morphemen erfolgt. „Urschöpfungen" aus Einzellauten, z.B. *spoof, spiv, pizzazz*, sind, wie wir oben (§ 6) gesehen haben, äußerst selten, obwohl nur ein geringer Teil der vorhandenen Lautmöglichkeiten schon ausgenützt ist. Die Kreativität in der Wortbildung ist also im Prinzip morphemisch, nicht phonemisch; man kann sie deshalb als „Kreativität zweiter Ordnung" bezeichnen.

Ein erstes, grobes (aber nützliches) Einteilungsprinzip für Wortbildungen gewinnt man durch die Scheidung der Morpheme in unselbständige und selbständige (englisch: *bound* und *free*). Unselbständige, wie englisch *re-, -ness, -y*, können nicht allein, sondern nur in Verbindung mit anderen Elementen vorkommen, z.B. in *re-set, shallow-ness* oder *trend-y*. Die selbständigen Morpheme – in unseren Beispielen *set, shallow* und *trend* – können dagegen für sich stehen.

Da unselbständige Morpheme nie allein vorkommen, ergeben sich für die Wortbildung zwei traditionelle Grundprinzipien:

1. *Derivation* (selbständig + unselbständig), z.B. *tough-ness, re-turn*.
2. *Komposition* (selbständig + selbständig), z.B. *black-bird*.

Das Vorherrschen des einen oder andern Typus ist für eine Sprache charakteristisch. So läßt sich für das Deutsche, Französische und Englische folgende (weiter ergänzbare) Liste aufstellen:

Deutsch	Französisch	Englisch
Aschen-becher	*cendr-ier*	*ash tray*
Feuer-wehr-mann	*pomp-ier*	*fireman*
Seil-bahn	*funicul-aire*	*cable-car*
Schlaf-saal	*dort-oir*	*dormitory*
Wasch-becken	*lav-oir*	*wash basin*
Kirsch-baum	*ceris-ier*	*cherry tree*

Der deutschen Komposition steht hier und in vielen anderen Fällen eine französische Derivation gegenüber; das Französische ist, wie z.b. auch das Italienische, eine stark derivierende Sprache. Bei den Beispielen in unserer Liste geht das Englische mit einer Ausnahme in die Richtung des Deutschen, wobei aber die Festigkeit der Zusammensetzung schwer einzuschätzen ist. *Cable car* könnte ohne Bindestrich, *wash basin* ebenso gut mit Bindestrich erscheinen.

Man kommt in der kontrastiven Analyse der Wortbildung aber noch weiter, wenn man einen zusätzlichen Begriff einführt, nämlich den der Produktivität. Unter einem produktiven Wortbildungstypus verstehen wir einen, der noch heute lebendig ist, nach dem also, spontan und in nicht geringer Zahl, neue Wörter gebildet werden. Produktiv ist z.B. die deutsche Vorsilbe *be-*: Es gibt nicht nur die vorhandenen Wörter wie *beschmutzen, bemalen* etc., sondern auch beständig neue Bildungen wie (Klaviere) *besaiten*, (Schüler) *benoten*, (Firmen) *bestreiken*, (Räume) *beschallen*, (der Unterrichtsroutine entwöhnte Kinder vorsichtig wieder) *beschulen* usf., deren weitere Vermehrung kaum beschränkt ist. Unproduktiv, d.h. vorhanden, aber kaum für Neubildungen benutzt, ist dagegen die englische Vorsilbe *be-*. Sie kommt vor in eingesessenen Wörtern wie *behold, become* etc., aber viele weitere Bildungen wie z.B. *bepaint, belabour* oder *besmear* sind entweder altertümlich oder humoristisch, auf jeden Fall aber selten.

Aus einem bloßen Registrieren der Elemente würde sich ergeben, daß *be-* sowohl im Deutschen als auch im Englischen vorhanden ist. Man würde also kaum einen Unterschied bemerken. Sobald wir aber über das Feststellen des Vorhandenseins von Wortbildungselementen hinaus nach deren Produktivität fragen, sehen wir die Unterschiede und Charakteristika der Sprachen klarer.

Das Beispiel *be-* ist kein Einzelfall, sondern illustriert eine Tendenz. Die Entwicklung der englischen Wortbildung im Lauf der letzten 1000

Jahre ist durch einen starken Abbau der produktiven unselbständigen Morpheme gekennzeichnet. Von den vielen altenglischen Vorsilben sind die meisten verschwunden, nämlich *and-, at-, ed-, even-, from-, ge-, mid-, or-, oþ-, sam-, to- (zu-), to- (zer-), wan-, wiþer-, ymb-.* Erhalten sind noch *be-, mis-* und *un-,* etwa in *behold, misunderstand, unfair, unpack. Be-* und auch *mis-* sind kaum mehr produktiv. *Un-* erfüllt zwei Funktionen. Die Kombination *un- + Adjektiv* drückt das Gegenteil des Stammbegriffs aus und ist nach wie vor sehr produktiv: vgl. jüngere Neubildungen wie *uncool, unchic,* das zugegebenermaßen literarische *double-plus-ungood* im Newspeak von George Orwells *Nineteen-Eighty-Four* u.v.a.m. Die Kombination *un- + Verb* ergibt ein Verb, das die Rückgängigmachung der ursprünglichen Handlung bezeichnet; sehr selten kommt es jedoch zu Neubildungen nach diesem Muster: vgl. den Fachbegriff *uninstall* aus der Computersprache, die ja nicht zu Unrecht für ihre gelegentlich monströsen Wortschöpfungen berüchtigt ist.

Als Beispiel für das Aussterben einer ganzen Endungskategorie kann der Diminutiv gelten. Von den einheimischen Diminutivsuffixen (*-ock, -incel, -ling, -kin, -ie, -en, -k, -t, -le, -el*) sind alle entweder ausgestorben oder mit dem Wortstamm so verschmolzen, daß sie nicht mehr als besondere Elemente zu erkennen sind (*darling, bodkin*). Dies steht in scharfem Gegensatz zur ungebrochenen Produktivität der deutschen Diminutivendungen *-chen* und *-lein* (bzw. ihrer fast noch produktiveren dialektalen Entsprechungen). Eine Ausnahme bildet vielleicht *-ie,* das im Schottischen noch wirkliche Diminutivbedeutung hat (*housie, beastie*). Im südlichen England ist es in der Kindersprache häufig, dient aber daneben mehr als familiärer Ersatz eines zweiten Kompositionsgliedes (*bookie = bookmaker, undies = underclothes*) ohne eigentliche Diminutivbedeutung. Bei Neubildungen wie *Trekkie* (Anhänger der Fernsehserie *Star Trek,* bei uns als „Raumschiff Enterprise" bekannt), *junkie* oder *groupie* hat *-ie* schon fast die Bedeutung einer Personenbezeichnung: „jemand, der mit einer Sache (übermäßig intensiv) zu tun hat." Ausgestorben oder integriert sind auch die fremden Diminutivsuffixe: *-el, -rel, -in, -on, -ion, -ot, -et, -let.* In einigen Neubildungen lebendig ist noch *-ette,* doch ist dieses Suffix wiederum nicht eindeutig diminutivisch: *kitchenette* (Kochnische), *usherette* (Platzanweiserin im Kino), *slumberette* (Markenname: Schlafsessel im Flugzeug), *flannelette* (flanell-ähnlicher Stoff).

Von den Femininsuffixen *-en* und *-ess* ist das erste nicht mehr lebendig (nur in *vixen,* „Füchsin", erhalten); *-ess* wird zwar deutlich als Femininendung empfunden, aber nur selten spontan verwendet. Erste Wahl als Übersetzung für *Schriftstellerin* ist das unbezeichnete Femininum (*author*) oder die Formulierung mit einem prämodifizierenden Substantiv (*a woman writer*). *Authoress* ist selten und enthält sogar noch eine zusätzliche, leicht abwertende Note (wie auch *mistress, poetess*). Hier ist der Kontrast zum Deutschen wohl besonders augenfällig, denn in dieser Sprache ist die Femininableitung mit dem Suffix -*in* nach wie vor äußerst produktiv – so produktiv, daß -*in* sogar beim Rückbezug auf Dinge verwendet wird, die nur grammatisches weibliches Geschlecht aufweisen: „der Staat ist der Fürsprecher/die Kirche ist die Fürsprecherin dieser Menschen." An diesem Punkt hat ein struktureller Unterschied zwischen den zwei Sprachen eine direkte Auswirkung auf politische Strategien. Feministische Sprachplanung im Englischen heißt, auf der Eliminierung potentiell abwertender weiblicher Ableitungen zu bestehen und geschlechtsneutrale Formen zu verlangen; im Deutschen dagegen werden ähnliche Bestrebungen eher dahin gehen, auch die weiblichen Formen zu nennen: daher *all voters*, aber *die Wählerinnen und Wähler*.

Es ist bereits (§ 10) darauf hingewiesen worden, daß das Englische zwar viele lateinische Präfixe besitzt, u.a. *re-, pre-, de-, trans-, su(b)-, a(d)-*, daß diese aber, weil die Grundwörter (**fer, *ceive, *sist* etc.) fehlen, nicht als lebendige Bildungselemente empfunden werden. *Resist, prefer, conceive* sind also im Grunde genommen einfache Wörter; dies gilt auch für eine große Anzahl anderer Wörter. Eine Zählung im *Concise Oxford Dictionary* ergibt für die Wörter mit dem Präfix *pre-*, deren Stamm mit *a* bis *c* beginnt, folgendes: Das Grundwort fehlt bei *precedence, -cedent(-ed)*; das Grundwort existiert, ist aber bedeutungsmäßig nicht (mehr) verwandt bei *pre-amble, -bend, -carious, -cession*. Ein enges etymologisches Verhältnis besteht nur noch bei *pre-caution, precede*, also bei zwei Wörtern.

Diese Integration (Entwicklung zu einer nicht weiter teilbaren Einheit) hat nebst der bereits besprochenen Dissoziation zwei Folgen gehabt. Erstens hat man im Falle von *de-, re-* und *pre-* neben der unbetonten und integrierten eine gelängte und betontere Form geschaffen [di:, ri:, pri:], die selbständiger ist und den alten Präfixsinn behalten hat; so besteht neben *[rɪ]cover* (sich erholen) auch ein *[ri:]-cover* (wieder bedecken) usf. Diese „starken" Formen (*de-ice, pre-print, re-count* etc.) sind heute sehr zahlreich; der Bindestrich zeigt, daß das Wort lose, nicht fest zusammengefügt ist. Weniger bekannt ist, daß die Einschmelzung der lateinischen Vorsilben wenigstens zum Teil verantwortlich ist für die Schwierigkeit der englischen Präpositionen. Im Grunde genommen müßte die Präposition mit der Vorsilbe übereinstimmen, also etwa *depend from* (heute *on*), *averse from* (heute *to*). In der Tat haben ältere Grammatiker bis etwa zu Lindley Murray (1795) auf dieser Kongruenz bestanden. Die Erhaltung derselben war auf lange Sicht aber oft nicht möglich, da das Präfix bei der großen Mehrheit der Sprecher integriert und in seiner Bedeutung verdunkelt war. Deshalb gibt es heute eine Anzahl „falscher" Präpositionen: *persevere, persist in* (statt *through*), *prevail on* (statt *before*), *preside over* (statt *before*), *dispense with* (statt *from*), *respect for* (statt *to*), *disagree with* (statt *from*) usw., die die Erlernung des Englischen nicht eben erleichtern. Legt die lateinische Vorsilbe die eine Richtung nahe, hat sich im Englischen oft eine völlig entgegengesetzte Auffassung durchgesetzt.

Die Integration oder Verschmelzung der Bestandteile zu einer Einheit bemerken wir auch bei den ehemaligen Komposita, die heute nicht mehr als solche empfunden werden (vgl. *sheriff, lord, lady, gospel*, oben § 10). Negative Wortbildung, d.h. Wortbildung durch Verkürzung statt Addition von Lautmaterial, liegt vor bei den Stutzwörtern (*Clippings*) wie *mob, bike, pram* (aus *mobile vulgus, bicycle, perambulator*) und bei der häufigen Abkürzung des zweiten Kompositionsgliedes zu -er oder -ie: *smoker* (*smoking compartment*), *sleeper* (*sleeping car*), *fresher* (*freshman*), *rugger* (*rugby football*), *soccer* (*association football*), *bookie* (*bookmaker*), *hankie* (*handkerchief*), *nighty* (*night dress*), *movie* (*moving picture*), *telly* (*television*), *undies* (*underclothes*) usw.

In den Zusammenhang der Verkürzung gehört auch die im Englischen häufige Rückbildung oder *back formation*. Das Ende eines einfachen Wortes wird dabei fälschlicherweise als Suffix angesehen. Durch dessen Weglassung gewinnt man ein neues Wort. Das *s* am Ende von *cherries* (frz. *cerise*), *peas* (lat. *pisum*), *eaves* (Dachvorsprung) gehörte ursprünglich zum Stamm. Später wurde es als Pluralzeichen empfunden, und man hat für die ersten beiden den Singular durch Subtraktion gebildet. Die Volkssprache kennt darüber hinaus *Chinee* und *Portugee*. Ähnliches geschah mit dem Adjektiv *sideling* (auch *sidelong*); es wurde als Partizip eines Verbs *to sidle* aufgefaßt, das alsbald durch Abtrennung geschaffen wurde. Besonders häufig ist die Rückbildung bei Komposita, wo ihr eine Um-Analyse vorausgeht: *matchmaker* (Ehestifter), eigentlich gebildet aus *match* + -*maker*, wird umgedeutet als *matchmake* + -*er*; durch Weglassung des Suffixes entsteht sodann das Verb *to matchmake*. Um- und Rückbildungen dieser Art sind recht häufig: *to housekeep, to typewrite, to sleep-walk, to backbite* (schon 1300 belegt!).

Überblickt man die geschichtliche Entwicklung der äußeren Wortform im Englischen, so bemerkt man eine ziemlich einheitliche Tendenz, die sich mit dem Begriff Integration umschreiben läßt. Sehr häufig wird ein Wort, das früher aus mehreren abtrennbaren Morphemen bestand, zu einem nicht mehr weiter analysierbaren, integrierten Gebilde, zu einem einzigen Morphem. Dies heißt nun freilich nicht, daß es das traditionelle Wortbildungsprinzip, nach dem neue Wörter durch Zusammenfügen von Morphemen gebildet werden können, nicht mehr gibt. Daß die Komposition (Wortbildung aus selbständigen Morphemen) sehr lebendig ist, wurde bereits angedeutet. Aber auch die Derivation (Erweiterung von selbständigen Morphemen durch unselbständige) ist trotz der eben geschilderten starken Reduktion und Integration der unselbständigen Morpheme immer noch sehr lebendig. Zwar sind diese Morpheme zahlenmäßig viel geringer geworden, aber die wenigen übriggebliebenen haben oft einen hohen Grad von Produktivität, z.B. *de-, anti-, counter-, -ness, -ation, -ism* etc.

Zu den traditionellen Wortbildungsmitteln kommen mehr oder weniger neue, so seit dem Anfang der neuenglischen Periode das Prinzip der Konversion (vgl. § 15), oder in noch neuerer Zeit das Initialwort (z.B. *VIP = very important person*), das Akronym (z.B. *AIDS = acquired immune deficiency syndrome*; unterschieden vom Initialwort dadurch, daß die Buchstabenfolge als ein Wort ausgesprochen wird) sowie diverse Mischtypen (z.B. *footsie = Financial Times Stock Exchange Index*).

Um einen Überblick über die heute produktiven Typen zu gewinnen, wurde an Hand von Neuwörter-Dictionaries eine Zählung der von 1963 bis 1975 neu gebildeten englischen Wörter nach Typen durchgeführt. Sie beruht auf Stichproben und ist nicht umfassend, zeigt aber die Größenordnungen. Die einzelnen Typen erreichen folgende Prozentzahlen (Summe aller Neubildungen = 100 %).

1. Affixe	20 %	⎫
2. Combining Forms	17 %	⎬ Derivationen 37 % (= 1. + 2.)
3. Kompositionen	41 %	⎭
4. Verschmelzungen	4 %	
5. Kürzungen	5 %	
6. Konversion	5 %	
7. Initialwörter	5 %	
8. Wendungen	1 %	
9. Nichtmorphemische	1 %	

Dabei wurde unter den einzelnen Kategorien folgendes verstanden: 1. Traditionelle Vor- oder Nachsilben: *re*cycle, trend*iness*. 2. Neuere spezialisierte unselbständige Morpheme: *micro*engineering, *bio*-degradable, intellect*ocracy*. 3. Zusammengesetzte Wörter (zusammen oder getrennt geschrieben) *hovercraft, hot pants*. 4. Sogenannte *portmanteau words*: *ballute* n. (aus *ball*oon + parach*ute*), *infotainment* (aus *info*rmation und enter*tainment*). 5. *limo* (aus *limousine*). 6. Wechsel der Wortart ohne

Formänderung: *a knockoff* (aus *to knock off*). 7. Wörter aus Anfangs-
buchstaben: *BP* (aus *beautiful people*). 8. Über das Kompositum hin-
ausgehende Wortverbände: *home and dry* (adj. mit der Bedeutung
„gerettet", „außer Gefahr"). 9. Wörter, die sich nicht in Morpheme auflösen lassen: *pizzazz* („Schwung", „Pep").

Das Studium der Wortbildungstypen, besonders ihrer genaueren Abgrenzung und ihrer eventuell wechselnden Produktivität, gehört nach
wie vor zu den Aufgaben der Wortbildungsforschung. Über diese mehr
taxonomische (klassifizierende) Arbeit hinaus gehen die heutigen Richtungen besonders intensiv auf das Studium des Verhältnisses zwischen
Wortbildung und Bedeutung ein. Einmal geht es darum, scheinbare Unregelmäßigkeiten oder Widersprüche in der Funktion der einzelnen
Elemente (z.B. *bespectacled* = mit *spectacles, beheaded* = ohne *head*)
aufzulösen bzw. in Regeln zu fassen. Sodann sucht man noch besser als
zuvor, die sich selbst erklärenden Bildungen wie *cave-dweller* (= „one
that dwells in a cave") oder *Farbbeutelwerfer* (= „jemand, der Farbbeu-
tel wirft") von denen mit semantischer Veränderung (*playboy* ist nicht
„a boy that plays"; *Scheinwerfer* ist nicht „jemand, der Schein wirft") zu
trennen und die Bedeutungsveränderung des Ganzen gegenüber den Bedeutungen der Teile zu analysieren und zu begründen.

Eine weitere noch nicht schlüssig gelöste Frage betrifft die Begren-
zung in den Wortbildungsmöglichkeiten. Es gibt, auch bei sehr produktiven Wortbildungselementen, gewisse Grenzen in der Anwendung. So
gibt es im Englischen *churchgoer* und *moviegoer*, die als regelmäßige
Herleitungen aus (*somebody who*) *goes to church/ the movies* kenntlich
sind. Das einfache *goer* dagegen ist nur in der informellen Sprache verbreitet und hat die sehr enge und mit dem Verbum *go* nicht direkt zu-
sammenhängende Bedeutung „unternehmungslustiges Energiebündel".
Im Deutschen gibt es *Steher*, im Englischen jedoch nicht *stander*; bei
sitter ist es umgekehrt.

Beim Wort *Lerner* scheint es sich um eine Neuschöpfung aus jüngerer
Zeit zu handeln. Vor 40 Jahren gab es dieses Wort im Deutschen nicht,
heute ist es normal. Vielleicht hat es sich in den letzten Jahrzehnten unter englischem Einfluß etabliert.

Literatur zur englischen Wortbildung: H. Marchand, The
Categories and Types of Present-Day English Word-Formation (2. Aufl., Beck,
München 1969; eine materialreiche „klassische" Studie zum Thema); Martin
Lehnert, Rückläufiges Wörterbuch der englischen Gegenwartssprache (VEB
Enzyklopädie, Leipzig 1971; wer auf einen Blick alle Wörter mit einer be-
stimmten Endung angeführt sehen will, ist auf ein solches Werk angewiesen);

Valerie Adams, Introduction to Modern English Word-Formation (Longman, London 1973); Laurie Bauer, English Word Formation (CUP, Cambridge 1983).

Wörterbücher der neuen englischen Wörter: Sara Tulloch, Hrsg., The Oxford Dictionary of New Words: A Popular Guide to Words in the News (OUP, Oxford 1991); The Third Barnhart Dictionary of New English, Hrsg. Robert K. Barnhart, Sol Steinmetz, Clarence L. Barnhart. (n.p. H.W. Wilson 1990; zusammen mit dem vierteljährlich erscheinenden Barnhart Dictionary Companion erlaubt dieses Wörterbuch eine besonders aktuelle Erfassung lexikalischer Entwicklungen mit dem Schwerpunkt auf dem amerikanischen Englisch).

Eine weitere Möglichkeit, den aktuellen Entwicklungen im englischen Wortschatz auf der Spur zu bleiben, bieten elektronische Textdatenbanken. Viele englischsprachige Zeitungen erscheinen mittlerweile auch als CDs oder im World Wide Web. Wer zum Beispiel Wortneubildungen mit produktiven *combining forms* wie *bio-*, *techno-* oder *micro-* sucht, wird in kurzer Zeit vieles finden, was noch in keinem Wörterbuch verzeichnet ist.

15. Die Konversion. Die wichtigste Folge des Wegfalls vieler wortbildender Elemente besteht wohl in der Möglichkeit einer großen Zahl englischer Wörter, ohne formale Änderung von einer Wortart in eine andere überzutreten. Nachdem die altenglischen Verbalendungen und der Endungsvokal der Substantive weggefallen waren, war der formale Unterschied zwischen vielen Substantiven und Verben aufgehoben: *lufu* und *lufian* wurden beide zu *love*, *smoca* und *smocian* beide zu *smoke* und so fort. Mit der formalen Identität einzelner Wortpaare eröffnete sich die Möglichkeit zu einem lebhaften analogischen Hin und Her: Verben konnten ohne weiteres als Substantive gebraucht werden und umgekehrt. In sprachgeschichtlichen Arbeiten oder im *OED* ist der Zeitpunkt der Konversion, d.h. des ersten Auftretens in der neuen Funktion, für eine große Anzahl von Wörtern angegeben, wobei es sich unter anderem zeigt, daß Shakespeare besonders viele und kühne Umprägungen vorgenommen hat: die Verben *to belly, blanket, canopy, humour, pander, torture* aus den Substantiven und auf der andern Seite: die Substantive *burst, bump, converse, howl, resolve, shudder, vouch* aus den entsprechenden Verben.

Für die historische Betrachtungsweise ist der Ausdruck Konversion brauchbar, mindestens dann, wenn man sich dabei bewußt ist, daß die neue Funktion die alte durchaus nicht ausgelöscht hat, daß es sich also nicht eigentlich um eine Funktionsänderung, sondern um eine Funktions-Erweiterung handelt. Dagegen sollte „Konversion" bei der synchronischen Betrachtungsweise vermieden werden. Bei einigen Paaren besteht wohl noch ein Rangunterschied. So wird etwa *to thumb* (in: *to thumb a book*, „rasch durchblättern" oder *to thumb a lift*, „ein Auto durch Hochhalten des Daumens zum Anhalten und Mitnehmen veranlassen") als eine mehr oder weniger sekundäre Anwendung empfunden. Dieses Gefühl läßt sich einigermaßen objektivieren, denn das Verbum *to thumb* ist erstens viel seltener als das Substantiv, und zweitens definiert man das Verbum mit Hilfe des Substantivs, nicht jedoch umgekehrt das Substantiv durch den Rückgriff auf das Verb. Aber gerade bei den meistgebrauchten Wörtern wie *change, rest, cure, love, cry, turn, start, stop, set*, bei denen keine Priorität der einen oder andern Funktion sichtbar wird, und bei tausend anderen ist der Gebrauch in beiden Funktionen so verbreitet, daß von einer Konversion der Wortart im Augenblick der Verwendung nicht die Rede sein kann. Bei vielen englischen Wörtern ist die Wortart also neutral oder latent. Sie ergibt sich erst in einem gegebenen Text: Die Kategorie der Wortart ist im Englischen also weithin nur noch eine funktionelle und keine formale mehr. Vom synchronen Standpunkt aus haben wir es also nicht mit Konversion, sondern mit grammatischer Homonymie oder Nullderivation (*zero-derivation*) zu tun (also einem Ableitungsprozeß, für dessen Erklärung ein nicht sicht- und hörbares sogenanntes Nullmorphem angenommen wird).

Dies heißt allerdings nicht, daß die englischen Wörter, wie viele chinesische, überhaupt keiner Wortart von Hause aus angehörten und fast beliebig verwendet werden könnten. Vielmehr gibt es in der funktionellen Vielseitigkeit verschiedene Grade. Die Spitze hält *like* mit sechs möglichen Funktionen, von denen allerdings eine archaisch und eine umgangssprachlich ist: Substantiv in *I never saw his like*, Adjektiv in *in like fashion*, Adverb (archaisch) in *like warlike as the wolf* (Shakespeare), Präposition in *eat your porridge like a good girl*, Konjunktion (vor kurzem noch bekämpft, jetzt meist akzeptiert) in *why don't you work like other men do?*, Verb in *do you like sago-pudding?* Eine in der gesprochenen Sprache häufig anzutreffende zusätzliche Form ist *like* als Diskurspartikel oder Füllwort: *I was like standing in the phonebooth and talking to my girlfriend like for hours at a time.* Die Imitation dieses Gebrauchs sei dem fremdsprachigen Lerner nicht empfohlen.

Andere sehr vielseitige Wörter sind z.B. *round* (Sb., Adj., Adv., Präp., Verb), *down* (desgleichen), *after* (Adj., Adv., Präp., Konj.), *home* (Sb., Adj., Adv., Verb). Eine große Anzahl von Wörtern wie *water, air, book, fire, drink, pen, mouth, finger* usw. besitzt drei Funktionsmöglichkeiten: Substantiv, „Quasi-Adjektiv" (vor anderen Substantiven: *water works, pen friend, fire alarm*) und Verb. Sehr wahrscheinlich besitzen nur die

wenigsten gebräuchlichen Wörter weniger als zwei Funktionsmöglichkeiten.

Zwischen welchen Wortarten tritt die grammatische Homonymie vorzugsweise auf? Sehr häufig ist die formale Identität von Substantiv und
Verb, z.B. in *lift, love, change, rest, smoke, will, cry, turn, light, tip,
water, breakfast, nail, hand, finger, motor, book, try, watch, set, wonder,
work, fire* usw. Beinahe jedes gebräuchliche Substantiv ist latent auch
ein Verb, dabei ist der verbale Sinn nicht einheitlich, sondern kann in
verschiedener Beziehung zum Substantiv stehen: *to nail*, mit einem Na-
gel befestigen, *to weed*, das Unkraut beseitigen, *to staff* mit Personal
versehen, *to lord it*, den Herrn spielen; recht häufig ist der Typus: *but
me no buts* („keine Widerrede!"), *grace me no grace nor uncle me no
uncle* (Richard II: „ich verbiete dir diese Anreden"). Die Kreativität
heutiger Bühnenautoren ist – zumindest in diesem Bereich – keineswegs
geringer. Tim Rice, der die Texte für Sir Andrew Lloyd-Webbers Musical *Evita* verfaßt hat, legt der Heldin folgenden Reim in den Mund: *if
you adore me, then Christian-Dior me.*

Umgekehrt kann fast jedes Verb substantivisch gebraucht werden; in
einigen Fällen gewinnt es dabei einen speziellen Sinn wie etwa in *fare*,
Fahrgeld oder Kost. In der überwiegenden Anzahl der Fälle aber bedeutet es einen bestimmten abgeschlossenen Akt von der Art des durch
das Verb bezeichneten Vorgangs, *a push*, ein Stoß, *a go*, ein Versuch
oder eine Anstrengung usw. Es ist für das Englische typisch, daß solche
bestimmten, abgeschlossenen Akte sehr häufig nicht durch das einfache
Verb ausgedrückt werden, sondern durch das konvertierte Verbalsubstantiv, dem ein rein dynamischer, sehr allgemeiner *operator* vorausgeht, also: *dreh es mal: give it a turn, schau sie dir tüchtig an: have a
good stare at her, rate mal: make a guess, wein dich tüchtig aus: have a
good cry.* Die Gewohnheit, in solchen Fällen das Verb durch einen
Verb-Substantiv-Verband zu ersetzen, ist so stark, daß sie sich auch dort
durchgesetzt hat, wo theoretisch Mißverständnisse möglich wären. So
hört man oft für *I'll ring you up: I'll give you a ring.* Bisweilen wird das
Verbalsubstantiv auch durch ein anderes Verb als *make, have, give, take*
eingeführt; dann kann es zu einer Aufeinanderfolge von zwei Konversionen kommen wie in *to thumb a lift: thumb* ist (historisch gesehen) ein
verbalisiertes Substantiv, *lift* ein substantiviertes Verb. Diese Beispiele
zeigen, wie dünn die formale Scheidewand zwischen Substantiv und
Verb im Englischen schon geworden ist; sie wird noch weiter geschwächt durch die nichtfiniten Formen, welche zwischen Verb und
Substantiv stehen (vgl. § 18).

Die Konversion wird sogar zur Konkurrenz der transparenten und hochproduktiven Derivationsmorpheme, die im Englischen verblieben sind. Auch auf das Suffix *-er*, das den Träger einer Handlung bezeichnet, wird bei Neubildungen vielfach verzichtet; es besteht heute ein gut vertretener Typus des Nomen agentis, der formal mit dem Verb oder Nomen actionis identisch ist: *sweep* (*chimney sweep*), *flirt, tramp, help, toothpick, shoeblack, fraud, fake, snoop* (Schnüffler), *whip* (Einpeitscher), *cheat* (Schwindler).

Auch zwischen Substantiv und Adjektiv besteht heute keine feste Grenze mehr. Die Verwendung von Adjektiven als Substantive ist zwar kein allgemeiner Vorgang – in der Regel tritt an Stelle der Substantivierung die Konstruktion mit dem Stützwort *one*, z.B. *blue – a blue one*. Die Substantivierung durch reine Konversion, mit der dann auch die Annahme eines Genitivs und Plurals einhergeht, blieb auf Einzelfälle beschränkt. Alte Substantivierungen sind: *cold, light, right, half, secret, ideal* oder – meist im Plural – *blacks*, neuere Konversionen: *contemporaries, greens, the accused's identity*; dieser Typus scheint in neuester Zeit an Boden zu gewinnen: *the ten year olds, expendables, aerial* (Antenne), *antibiotic*.

Weit verbreitet ist aber die Adjektivfunktion des Substantivs. Freilich können nur wenige Substantive alle Eigenschaften des Adjektivs annehmen; so kommt die Steigerung nur selten vor (*thy choicest gifts; better, faster, fancier cars*), noch seltener die Adverbialisierung (*fancily dressed*). Um diesen Einschränkungen Rechnung zu tragen, gebraucht man gelegentlich den Terminus „Quasi-Adjektiv". Fast jedes Substantiv kann sich wie ein solches Quasi-Adjektiv verhalten. Substantive können vor ein weiteres Substantiv treten und es wie ein attributives Adjektiv bestimmen: *a gold watch, a London merchant*. Daneben kommen, wenn auch nicht in allen Fällen, andere adjektivische Züge vor: Trennung vom nachfolgenden Substantiv, so daß man deutlich sieht, daß es sich nicht um ein Kompositum handelt: *a Boston young lady*; parallele Verwendung mit eigentlichen Adjektiven: *political and party interests*; prädikative Verwendung und Bestimmung durch ein Adverb: *she is terribly high-church, a strictly business relationship, a middle-aged man thoroughly Oxford even in his mannerisms*; Substantivierung durch ein Suffix: *common-placeness*. Diese Adjektiveigenschaften treten aber kaum zugleich auf, vielmehr ist der adjektivische Gebrauch der meisten Substantive auf die attributive Stellung beschränkt. Die typisch englische Kombination: attributives Substantiv + Substantiv, also: *gold watch, ice cream, stone wall, street panic*, grenzt natürlich an das Kompositum, und so ist die Entscheidung, ob attributive Konstruktion (*steinerne*

Mauer) oder Kompositum (*Steinmauer*) vorliegt, in den meisten Fällen kaum möglich, da die formalen Kriterien (Bindestrich und Betonung) nicht eindeutig sind.

Dies heißt nichts anderes, als daß die Grenzen zwischen Substantiv und Adjektiv auch funktionell verwischt sind. Eine ausdrückliche Anerkennung der „Weichheit" solcher Grenzen ist deshalb wohl für die Charakterisierung der Sprache förderlicher als die Suche nach subtileren Kriterien. So wird uns dann ein Ausdruck wie *she's very North of England and very family too* als unüblich vorkommen, doch unser grammatisches Weltbild nicht über den Haufen werfen. *She's a family person* ist normal, und wenn der Sprecher *family* durch *very* modifiziert und den ganzen Ausdruck prädikativ verwendet, hat er eben die grammatischen Möglichkeiten, die das Englische bietet, bis zur Grenze ausgenützt.

Wie bereits angedeutet, ist auch die Wortart der Präposition von der des Adverbs formal nicht abzugrenzen, da viele Präpositionen ohne Formänderung auch Adverbien sein können, vgl. *to, about, round, over, before, after, in* usw. Man kann sagen, daß die Präposition durch die Weglassung des Objekts im Prinzip Adverbialfunktion gewinnt: *they showed me round the house* (Präposition), *they showed me round* (Adverb), *we passed by the monument* (Präposition), *we passed by* (Adverb). Der Unterschied liegt allenfalls in der Betonung, indem das Adverb betont, die Präposition unbetont ist (vgl. § 5); ob dieses Kriterium es rechtfertigt, zwei verschiedene Wortarten zu unterscheiden, steht zur Diskussion. Die eigenartige Neigung der heutigen englischen Präposition, sich stärker an das vorausgehende Verb als an das nachfolgende Substantiv anzuschließen, rückt sie durchaus in die Nähe des Adverbs.

Es sind also drei Grenzen unfest geworden: Substantiv/Verb, Substantiv/Adjektiv, Adverb/Präposition. Daneben gibt es aber noch andere, etwas weniger häufige Funktionserweiterungen. Manche Adjektive sind als Verben verwendbar: *to cool* (verdrängte *cēlan*, das nur noch archaisch als *to keel* erscheint), *to slim, to tidy, to black, to blind* usw. Verwandt ist die Konversion adjektivischer Partizipien (z.B. auf *-ate*) zu Infinitiven; sie liegt vor in *confiscate, complete, corrupt, select*. Daß diese als Partizipien ins Englische kamen und erst später zu Infinitiven wurden, sieht man am besten an Fällen wie *translate*, wo der lateinische Infinitiv einen anderen Stamm hat (*transferre*). Adverbien wurden zu Verben in den Verbindungen *to up anchor, to down tools* (die Arbeit niederlegen); Interjektionen zu Verben in: *to pooh-pooh* (geringschätzig über eine andere Meinung hinweggehen); Adverbien zu Substantiven: *the ups and downs*; Adverbien zu Adjektiven in: *the down arrow*; Verben zu Adjektiven, oft auf dem Umweg über das Verbalsubstantiv: *the* *go signal*; Pronomina zu Verben in: *to thou a person* und anderen gelegentlichen Bildungen. Über die „Konversion" ganzer Wortverbände vgl. § 16.

Historisch gesehen wurden grammatische Homonymie und Konversion produktiv, weil die deutlichen Wortart-Kennzeichen verloren gingen. Widerstände gegen die Konversion sind daher vor allem bei solchen Wörtern zu erwarten, die noch ein deutliches Substantiv-, Verb- oder Adjektivsuffix zeigen. Dies ist der Fall bei vielen Wörtern lateinischer Herkunft: *stupefy* und *expand* sind durch ihre Endungen als Verben festgelegt, *cursory, natural, botanical* als Adjektive, *debtor, celibacy, decoration* als Substantive. Aber auch einige germanische gehören in diese Gruppe, z.B. die Ableitungen auf -*ness*. Solche Wörter bilden daher ein Gerüst, auf das sich die Kategorie der Wortart stützen kann. Von einem absoluten „Konversionsverbot" kann freilich auch hier nicht die Rede sein. So bestehen heute die Verben *to doctor, tutor, motor, process, petition, proposition* usw.; daß solcher Gebrauch nicht neu ist, zeigen die kühnen Funktionsänderungen Shakespeares: *to history, to sentinel, a resolve*.

Der stilistische Wert der konvertierten Wörter ist unterschiedlich. Während die Konversion zwischen Verb und Substantiv stilistisch völlig neutral ist und sowohl im Alltag wie in der Poesie zuhause ist, bleibt der Gebrauch des Substantivs in Adjektivfunktion mehr oder weniger auf die prosaische Sprache beschränkt. Im Gegensatz zu den deutschen Komposita, die reiche poetische Möglichkeiten bieten (*Himmelsfreude, Waldeinsamkeit*), ist im Englischen die Kombination attributives Substantiv + Substantiv unpoetisch, besonders bei Abstrakta; *heaven bliss, wood solitude* wären in der Poesie unmöglich. Der traditionelle poetische Stil verlangt, wohl infolge der Schulung am lateinischen Vorbild, nach einem deutlicheren Ausdruck der Attribut-Beziehung, entweder durch den Genitiv: *at heaven's gate, life's little ironies*, oder durch eine adjektivische Endung: *heavenly bliss, earthly man* (irdisch oder sterblich; *earth man* würde heißen: aus Lehm oder in der Erde lebend). Die Bedingung des Adjektivsuffixes erfüllt sich natürlich vor allem bei den lateinischen Wörtern, z.B. *celestial bliss*; oft gibt es gar kein formal gekennzeichnetes germanisches Adjektiv (so zu *wood* in der Bedeutung *Wald*); in diesen Fällen würde in poetischem Stil nur das lateinische Adjektiv gewählt: *Waldeinsamkeit* könnte z.B. mit *sylvan solitude* übersetzt werden. Gebrauchen moderne Dichter die Substantiv + Substantiv-Kombination, so gehen sie meist absichtlich auf einen prosaischen Effekt aus.

Versucht man die Folgen der Konversion und grammatischen Homonymie zu überblicken, so sind die positiven Auswirkungen unbestreitbar. Die Möglichkeiten der Wortbildung sind gewaltig gewachsen; auch bleiben die Wörter nach dem Funktionswechsel so kurz wie zuvor. Mit dem Argument, daß man im Englischen vielfältige Bedeutungsnuancen mit sehr einfachen formalen Mitteln ausdrücken kann, hat der große Anglist Otto Jespersen sogar zu belegen versucht, daß das Englische unter allen europäischen Sprachen die modernste und am höchsten entwickelte sei. Man kann seine Parteinahme für das Englische wohl verstehen, galten doch vielen seiner sprachwissenschaftlichen Kollegen die alten indoeuropäischen Sprachen mit ihrer komplexen Flexionsmorphologie als die vollkommensten. Läßt man Emotionen beiseite, ist es allerdings wohl so, daß keine Sprache in Summe besser oder schlechter funktioniert als eine andere, und daß man durch Schulung seines Stilgefühls lernen muß, die gebotenen Möglichkeiten im Einzelfall optimal zu nutzen. Kürze kann, muß aber keinen Verlust an Genauigkeit bewirken; deutlich formale Markierung kann, muß aber keineswegs zu inhaltlicher Klarheit führen.

Dies gilt für die Konversion zwischen Verb und Substantiv (in beide Richtungen): *to carpet the living room* bzw. *a good read for a long journey* erfordern sicher geringeren Aufwand als *das Wohnzimmer mit einem Teppichboden ausstatten* bzw. *etwas für eine lange Reise, das man gut lesen kann*; die so gesparte artikulatorische Energie läßt sich möglicherweise in die eigentlichen Gesprächsinhalte umlenken. Eindrucksvolle Kürze ist auch die Folge der Verwendung des Substantivs als Attribut. Wortfolgen wie *power plant test facility* oder *local authority development plans* sind rasch und ohne Aufwand gebildet, wogegen man im Deutschen (und noch viel mehr in den romanischen Sprachen) sich erst überlegen muß, wie viele Elemente man zu einem echten Kompositum zusammendrängen darf und wie man die Restinformation in Form von Relativsätzen, Präpositionalphrasen oder Adjektiven unterbringt („Einrichtung, die Kraftwerke prüft"; „kommunale Entwicklungspläne" etc.).

Auf der anderen Seite wird man die Frage aufwerfen müssen, ob nicht die grammatische Homonymie, wie jede Homonymie, zu Mißverständnissen Anlaß geben kann, um so mehr als auch einige Flexionsendungen mehreren Wortarten gemeinsam sind. In der Tat sind Mißverständnisse möglich, besonders wenn in sehr konzentrierten Texten, die aus sich selbst und ohne Hilfe eines Situationszusammenhanges erklärt werden müssen, gleich mehrere neutrale Wortarten vorkommen. Dies gilt etwa für die ältere Poesie, wo die Wortart oft schon latent ist, wo aber noch

nicht alle Mittel zur Verhütung von Mißverständnissen (z.B. feste Wortstellung, graphische Unterscheidung zwischen Plural- und Genitiven-
dung) angewendet werden. Man vergleiche etwa zwei schwierige Stellen aus Sir Thomas Wyatts Gedicht „My lute awake": *As led to grave in
marble stone* (*led = lead* ist Substantiv, *grave* Verb); *Trow not alone
vnder the sone/ vnquit to cawse thy lovers playn* (*unquit* ist Adjektiv,
cause Verb, *plain* Verb = *complain*, hier zum Substantiv konvertiert); so
zu übersetzen: „So (wenig) wie Blei in Marmor einschneidet" und
„Glaube nicht, als einzige unter der Sonne deine Liebhaber ungestraft
zum Klagen bringen zu können". Oder bei Milton, *Paradise Lost* (I):
some glimpse of joy ...; which on his count'nance cast/ Like doubtful hue
(*like* ist Adverb = gleichermaßen). Auch in Shakespeares Werk sind un-
übliche Konversionen Fallen für den modernen Leser, so zum Beispiel
eine Zeile aus dem Sonett 2: „This fair child of mine/ shall sum my
count, and make my old excuse," wo *old* ein Substantiv („Alter") und
kein Adjektiv ist.

Heute sind solche Mißverständnisse viel weniger häufig, als man, von
anderen Sprachen herkommend, annehmen möchte. Das normale Satz-
schema ist dem kompetenten Sprecher so fest eingeprägt, daß er an bestimmter Stelle ein Verb, an einer anderen ebenso bestimmten ein Substantiv erwartet. *Water works wonders* wird sofort als Substantiv-Verb-
Substantiv erkannt, dieselbe Sequenz in *the inspector of the water works
wonders how it came about* dagegen sofort als Substantiv-Substantiv-
Verb (vgl. Jespersen; MEG, VI, 6.1). Tatsächlich behindert die Konversion das Verständnis praktisch nicht; die Grenze wird nur erreicht, wenn
zwecks äußerster Konzentration die Kopula und viele Artikel dahinfal-
len, wie dies etwa im Telegrammstil der Schlagzeilen geschieht. So
kann das Telegramm *Ship sails today* hergeleitet sein aus *a ship sails
today* oder aus *ship the sails today* (Imperativ).

Heinrich Straumann hat die Sprache der Zeitungsschlagzeilen (das
„headlinese") erstmals systematisch untersucht. Seinem Buch (*News-
paper Headlines*, London: Allen & Unwin, 1935) kann man entnehmen,
wo die Grenzen liegen. Das Resultat ist, daß auch in dieser erschwerten
Situation die Konversion das Verständnis kaum behindert (wenigstens
nicht für den Englischsprechenden), da der Sinnzusammenhang zum
Verständnis weit mehr beiträgt als das rein grammatische Konstruieren.
Theoretisch mißverständlich ist u.a. die Konstruktion Substantiv/Adjek-
tiv + Substantiv/Verb + *-s*, z.B. *LABOUR CALLS*, da sie entweder als
Substantiv + Verb (*the Labour Party is calling*) oder als Adjektiv + Substantiv (*the calls of the Labour Party*) aufgefaßt werden kann, sowie einige andere Konstruktionen.

In der Praxis werden die meisten dieser mehrdeutigen Strukturen durch den Sinn eindeutig: SEASIDE DRINKS BATTLE enthüllt sich sofort als: „Auseinandersetzung über den Ausschank von Getränken in Seebädern" (man beachte die Länge der Übersetzung), denn eine Küste kann nicht trinken und schon gar nicht einen Kampf. Ebenso ist GOLF-ER LIGHTNING COULD NOT KILL darum ein Relativsatz, weil es keinen Golfspielerblitz gibt. Freilich gibt es Schlagzeilen, die grammatikalisch offen bleiben, z.B. TWENTY WOUNDED (ist *wounded* = verletzt oder = Verletzte?). Die Entscheidung ist aber nur darum nicht möglich, weil zwischen den beiden zur Wahl stehenden Konstruktionen kein Sinnunterschied besteht; der Mitteilungsgehalt bleibt in beiden Fällen derselbe. Dies bedeutet aber auch, daß eine Entscheidung zugunsten der einen oder anderen Konstruktion für keinen Menschen nötig ist, außer vielleicht für den Grammatiker. Gerade dieser aber soll sie nicht erzwingen, sondern die Existenz doppeldeutiger oder „janusköpfiger" Elemente anerkennen.

Zur grammatischen Homonymie können auch gewisse Zusammenfälle innerhalb des Verbalsystems gerechnet werden. Hierher gehört der Wegfall einer besonderen Kausativform bzw. deren Ersatz durch das gewöhnliche Verb. Unter dem Kausativum versteht man ein von einem Grundverb abgeleitetes Verb mit der Bedeutung „den Vorgang des Grundverbs veranlassen". So ist *set* (*setzen*) das Kausativum zu *sit* (*sitzen*), weil es „sitzen machen" bedeutet. Ebenso verhalten sich *tränken* zu *trinken*, *fällen* zu *fallen* usf. Auch das Englische besitzt noch einige solcher alter, formal gekennzeichneter Kausativa, wie *drench* zu *drink*, *fell* zu *fall*, *lay* zu *lie*; heute ist aber diese Bildungsweise nicht mehr produktiv, und es ist vielmehr für das moderne Englisch charakteristisch, daß sehr viele Verben zugleich als ihre eigenen Kausativa verwendet werden können. Auch hier ist die traditionelle Wortbildung abgelöst durch eine Funktionsausdehnung ohne formale Veränderung. So bedeutet heute *to sink* nicht nur *sinken*, sondern auch (*ver*)*senken*, z.B. in *to sink a ship*.

Durch häufige kausative Verwendung fallen etwa die Verben *run, fly, walk, march, grow, swear* („vereidigen") auf. *To run* bedeutet in diesem Sinne z.B. *leiten, organisieren: who runs this firm*? Ein schönes Beispiel für die kausative Verwendung von *march* bietet der Abzählreim vom vornehmen Herzog von York: *The noble Duke of* York/ *He had ten thousand men/ He marched them up to the top of the hill/ And he marched them down again*. Weitere Beispiele sind: *to fly a kite* (einen Drachen steigen lassen), *to fly an aeroplane* (auch ins Deutsche eingedrungen: *ein Flugzeug fliegen*), *we shall walk you round the town; he is growing potatoes/ a beard; she led him* (= made him lead) *a hell of a life*. Diese Kausativbildung ohne Formveränderung ist sehr lebendig und schreitet beständig fort: *you're panicking the child; did you burp the baby?* (= „hast du das Kind sein Bäuerchen machen lassen?").

In der Volkssprache werden auch *sit, lie, learn* seit langem kausativ verwendet und ersetzen dann *set, lay* und *teach: I sit (lie) me down; that will learn you!* Anders als die oben genannten Beispiele gelten solche Formen in der Hochsprache aber als ungebildet.

Wenn die Erscheinung auch erst in neuerer Zeit zu voller Entwicklung gelangt ist, so gehen ihre Anfänge doch weit zurück. Die kausative Verwendung von *run* (ein Pferd rennen lassen) ist schon altenglisch belegt, und bei *drop* und *drown* hat heute niemand mehr das Gefühl, daß die Bedeutungen „fallen lassen", „ertränken" sekundäre Entwicklungen seien.

Geht es bei den Kausativbildungen darum, einem intransitiven Verb ein transitives an die Seite zu stellen, liegt bei den sogenannten Mediopassiva der umgekehrte Vorgang vor: Zu *ich öffne die Tür/ I open the door* gibt es *die Tür öffnet sich/ the door opens*. Wiederum zeigt sich, daß das Mediopassiv im Deutschen (durch das Reflexivpronomen *sich*) explizit markiert wird, während im Englischen Konversion vorliegt. Ähnliche Beispiele gibt es zuhauf: *these shirts don't iron well, the country's policemen bribe easily, nothing offered* (nichts bot sich an), *the word* murder *anagrams to* red rum („zum Wort *murder* läßt sich *red rum* als Anagramm bilden").

Literatur zur Konversion: Die Konversion wird in den oben bereits angegebenen Standardwerken zur englischen Wortbildung ausführlich behandelt. Pionierarbeit hat hier, wie so oft, der große dänische Grammatiker Otto Jespersen geleistet. Otto Jespersen, A Modern English Grammar on Historical Principles (7 Bde., Munksgaard, Kopenhagen 1909–49; hier: Bd. VI, Abschnitte 6 und 7, „The Naked Word" und „The Naked Word Continued").

16. **Der Wortverband als Wort**. Unter einem Wortverband verstehen wir hier eine syntaktisch eng verbundene Gruppe von Wörtern, die die gleiche Funktion hat wie normalerweise ein einzelnes Wort. „Wortverband", erstmals in der ersten Auflage dieses Buches verwendet, ist ein unkonventioneller Terminus. Im allgemeinen sucht die Linguistik zu scheiden und zu unterteilen, z.B. in Kompositum/ *compound* (*grassgreen*) einerseits und Fügung/ *phrase* (*write down*) andererseits. So scharfsinnig solche Unterteilungen im einzelnen sind (etwa bei Marchand), können sie doch gerade ein wichtiges Charakteristikum des

Englischen verschleiern, nämlich das fugenlose Übergehen von der festesten zur losesten Verbindung. Deshalb unser etwas vager Terminus.

Es ist bereits darauf hingewiesen worden, daß durch das Absterben der alten Wortbildungselemente das, was man unter Wortbildung versteht, weniger häufig im Wort geschieht, dafür häufiger im Wortverband. Das Englische ist deshalb besonders reich an Wortverbänden, die alle Stufen von gelegentlicher freier Anreihung bis zum festen, nur in der betreffenden Zusammensetzung verwendbaren Gebilde (*idiom*) umfassen. Typen solcher Wortverbände sind unter anderem: 1. Adjektiv (bzw. attributives Substantiv) + Substantiv: *great power, cannon ball, stone wall, gold watch, power plant*; 2. Funktionsverb (*verbal operator*) + Verbalsubstantiv: *have a look, give a ring, make a move, give a warning*; 3. Verb + Präposition/ Adverb (das sogenannte *phrasal verb*): *pass by, do in, blow up*; 4. Hilfsverb + Verb; hierzu gehören die *progressive form* (*he is singing*), die Negation und Frage mit *to do* (*does he smoke, she does not smoke*), die Bildung der Tempora mit *have, shall* und *will*, der Ausdruck vieler modaler und temporaler Inhalte durch Hilfsverben: *he may come* (dt. „kommt vielleicht"), *he kept kicking* (dt. „stieß andauernd"); 5. Adjektiv + *one: the blue one, the little ones*.

Es ließen sich leicht noch mehr solcher Typen aufstellen. Eine für das Englische besonders typische, aber schwer zu systematisierende Erscheinung sind etwa komplexe Attribute des Typs *an easy-to-use dictionary, a devil-may-care attitude, a military-style jacket, a winner-take-all strategy* usw. Es ist schwer festzulegen, wo die Grenzen dieses ungeheuer produktiven Musters sind: vgl. *a two-sandwiches-short-of-a-picknick kind of guy* („ein tolpatschiger Mensch"), *an everybody-out-for-themselves-and-devil-take-the-hindmost attitude*.

Es ist für manche neueren Sprachen, aber für das Englische ganz besonders, charakteristisch, daß diese Wortverbände sich fast ganz wie ein Wort verhalten, und zwar sowohl in bedeutungsmäßiger wie auch in formaler Beziehung. Bedeutungsmäßig entsprechen diese Wortverbände dann einem einzigen Wort (sind also *ein* Lexem), wenn sie für einen einzigen Begriff stehen, der nicht der Summe der Teile entspricht. Daß dies bei zahlreichen Verbänden der Fall ist, wurde schon oben gezeigt: *to come round* (das Bewußtsein erlangen) ist nicht das gleiche wie *come* und *round*, neben *take in* (hineinnehmen) gibt es ein *take in* (hereinlegen), das einen neuen Begriff verkörpert. Neben *great power* (große Kraft) gibt es *great power* (Großmacht), neben *bread, and butter* (Brot und Butter) gibt es *bread and butter* (Butterbrot). Die Frage, ob ein Wortverband einen oder zwei Begriffe verkörpert, ist allerdings nicht leicht zu lösen. Die grundsätzliche Schwierigkeit liegt darin, daß es außerhalb der Sprache keine festgelegten Begriffe gibt – die philosophischen und die „metasprachlichen" Hilfsbegriffe stammen letztlich auch aus einer bestimmten Einzelsprache.

Man kann sich dem Problem allerdings auf dem vergleichenden Wege nähern und sagen: Der Wortverband hat dann Wortfunktion, wenn er gleichwertig ist mit einem einzigen Wort in einer andern oder noch besser in der gleichen Sprache. Beginnen wir mit einem Beispiel: *good for you*. Ein Engländer, der frischen Salat ißt, kann sagen: *Ah, very good, and very good for you too! Good* bedeutet „wohlschmeckend", *good for you* „bekömmlich". Darin liegt auch der Grund für die Provokation, die mit einem Werbeslogan einer weltbekannten Brauerei verbunden ist: „Guinness is good for you" behauptet eben nicht einfach, daß dieses Bier auf irgendeine Weise gut für den ist, der es trinkt – zum Beispiel, weil es den Durst löscht oder die trockene Kehle benetzt -, sondern vielmehr, daß ein alkoholisches Getränk „gesund" ist. Der englische Wortverband *good for you* entspricht also einem deutschen Wort, wie dies im übrigen auch bei *great power* (Großmacht), *bread and butter* (Butterbrot), *lily of the valley* (Maiglöckchen) der Fall ist. Allerdings erweist sich der Vergleich nicht immer als verläßlich. Bei *stone wall, gold watch* (Steinmauer, steinerne Mauer; Golduhr, goldene Uhr) versagt dieses Kriterium; es ist auch keineswegs absolut, da z.B. vom Französischen aus manches wieder anders aussieht.

Überzeugender ist der Vergleich des Wortverbandes mit synonymen Einzelwörtern aus der gleichen Sprache, und hier wurde bereits festgestellt, daß englische Wortverbände in zahlreichen Fällen synonym sind mit Einzelwörtern lateinischer Herkunft: *bring about* (*accomplish*), *put up with* (*tolerate*), *turn over* (*surrender*), *come about* (*originate*), *keep on* (*continue*). Da das Englische an solchen und ähnlichen Verbänden nachgewiesenermaßen besonders reich ist, kann man also auch mit Gewißheit sagen, daß in dieser Sprache die traditionelle Wortfunktion besonders häufig durch Wortverbände ausgeübt wird.

Diese Tatsache ist nie bestritten worden; weniger bekannt ist, daß der Wortverband im Englischen auch formal dazu neigt, sich wie ein einzelnes Wort zu verhalten. Einige formale Züge, die den Wortverband als Wort charakterisieren, seien hier genannt:

1. Der Wortverband läßt sich vom Wort formal oft kaum abgrenzen: die Frage, ob ein zusammengesetztes Einzelwort oder ein Verband vorliegt, läßt sich oft kaum lösen (z.B. bei *stone wall*), da weder der Akzent noch die Orthographie eindeutige Lösungen ergeben. Symptomatisch ist im heutigen Englisch die Rolle des Bindestrichs, der einen Zustand der Unentschiedenheit offenbart. Man will sich weder für das Einzelwort

noch für die Wortgruppe entschließen und macht einen Kompromiß. Konsequenz ist hier nicht zu erwarten; in der Tat kommen bei zahlreichen Wörtern alle drei Schreibungen vor: Zusammenschreibung (*bathmat*), Bindestrich (*bath-mat*) und Getrenntschreibung (*bath mat*). Der Gebrauch des Bindestrichs läßt sich logisch kaum begründen, außer in Dreiergruppen, wo er die Hierarchie der Zusammengehörigkeit regelt: *infallible wrinkle-remover* gegen *superfluous-hair remover, he is well known* gegen *a well-known man*. Systematisch ist auch der Kontrast zwischen bindestrichloser Grundform und der entsprechenden Nullableitung: *French polish* (Schellackpolitur), *to French-polish* (mit Schellackpolitur einreiben); ähnlich *French kiss*, *to French-kiss*; *to blow up* (ein Foto vergrößern), *a blow-up*.

2. Der Wortverband kann ein Suffix zu sich nehmen, das nicht nur zum letzten Wort, sondern zum ganzen Gebilde gehört. Um die gesamthafte Suffigierung anzudeuten, wird dann häufig zwischen die Glieder der Bindestrich gesetzt, der sonst nicht steht, also: *to get at*, aber *get-atable* (zugänglich), *stand off*, aber *stand-offish* (reserviert), *old maid*, aber *old-maidish* (altjüngferlich), *fellow creature*, aber *fellow-creaturely* (menschlich mitfühlend). Die übliche Schreibung für eine ähnliche Bildung, (*an*) *unputdownable* (*book*), von *to put down*, ist allerdings ohne Bindestrich. Eine Modifikation des ganzen Verbandes liegt auch vor in dem Typus, den Jespersen Partial Adjunct nennt (MEG II, 12.3; vgl. auch 12.2 und VI, 14.38): *a sound sleeper, a natural historian* zerfallen funktionell nicht in *sound* + *sleeper* („vernünftiger Schläfer") oder *natural* + *historian* („natürlicher Geschichtsschreiber"), sondern in: *sleep sound* (oder *sound sleep*) + *er* und *natural-history* + *ian*. Das gleiche gilt für: *private schoolboy, free churchman, mounted artillery barracks*, Bildungen, die im Deutschen größtenteils unmöglich sind – man vergleiche etwa die unfreiwillig komische Verbindung *reitende Artilleriekaserne*. In gewisser Weise gedeihen auch die *back formations* auf demselben Untergrund: *to belly-land* oder *to gatecrash* sind nur möglich, weil der zugrundeliegende Ausdruck so umanalysiert wird, daß das Ableitungssuffix nicht mehr auf das letzte Wort des Kompositums (z.B. *belly* + *landing*), sondern auf den Wortverband als Ganzes bezogen wird (also – in unserer pseudomathematischen Notation (*belly* + *land*)*ing*). Belege für die Leichtigkeit, mit der Wortverbände zu Kernen von Derivationen werden, bieten auch die Gelegenheitsbildungen aus der Spontansprache, die man in keinem Wörterbuch verzeichnet findet, die die Produktivität der englischen Wortbildungsprozesse aber umso deutlicher illustrieren – man vergleiche das Wort *have-a-nice-dayism*, eine zugegebenermaßen nicht ganz ernsthafte Bildung, mit der ein ame-

rikanischer Bekannter des Zweitautors die Ideologie aggressiver Kundenfreundlichkeit in manchen Dienstleistungsbetrieben seines Heimatlandes kennzeichnet.

3. Der Wortverband kann als Ganzes einen Genitiv haben. Das Genitivzeichen wird in zunehmendem Maße nicht mehr an das Wort angefügt, zu dem es logisch gehört, sondern an das Ende der ganzen Gruppe: also heute *the King of England's power* gegen früher *the King's power of England*. Bei *somebody else* (z.B. *somebody else's hat*) ist dieser sogenannte *group genitive* sogar die einzige Möglichkeit der Genitivbildung im heutigen Englisch. Ganze Relativsatzgefüge können heute mit einem Genitiv versehen werden, z.B. *the lady who laced too tightly's name* (E. M. Forster, *Howards End*). Auf Grund solcher Formen beginnt man zu zweifeln, ob es sich beim Genitiv-*s* im heutigen Englisch überhaupt um eine Flexionsendung im traditionellen Sinn des Wortes handelt. Im Altenglischen trug noch jedes Wort einer Nominalphrase das Genitivzeichen (wie z.B. im Lateinischen und Deutschen): *ealra gōdra ealdra manna*; im Neuenglischen dagegen ist dieses an den Schluß (oder im Falle von *of* an den Anfang) gerückt und gilt für den ganzen Verband: *all good old men's*. Otto Jespersen hat diesen Prozeß mit dem mathematischen Ausklammern verglichen: $Ag + Bg + Cg + Dg$ wird zu $(A + B + C + D)g$. Er sieht darin den Ersatz eines bloß anreihenden durch ein unterordnendes und vereinfachendes Prinzip – seiner Meinung nach ein geistiger Fortschritt, der sich mit dem Ersatz des römischen Ziffernsystems durch das arabische vergleichen lassen darf.

4. Der Wortverband kann als Ganzes einen Plural haben. Was vom Genitiv gesagt wurde, gilt sinngemäß für den Plural. Wörter wie *handfuls*, früher *hands full*, bezeugen, daß mit der völligen Zusammenziehung zu einem Wort das Pluralzeichen an den Schluß verlegt wird; dies geschieht heute auch bei Übergangsstufen: *son-in-laws* beginnt sich erst zu etablieren (Standard: *sons-in-law*), dagegen ist *the in-laws* (die Schwiegerverwandtschaft) allgemein; auch *the Miss N.s* hat früheres *the Misses N.* bereits verdrängt.

5. Unbetonte Wörter im Wortverband erfahren die gleiche Reduktion wie unbetonte Silben im Wort. Dies gilt mehr oder weniger für alle Sprachen, aber im Englischen ist die Erscheinung ohne Zweifel besonders stark. Nicht nur gibt es von vielen Wörtern, z.B. Präpositionen wie *to* und *for*, besonders zu lernende Schwachtonformen (*weak forms*), auch die Schrift hat sich vielfach angepaßt: *don't, can't, shan't, I'll* usw.; *don* (aus *do on*) und *doff* (aus *do off*) werden seit mehreren Jahrhunderten als ein Wort geschrieben und empfunden. Auch sprechsprachliche Zusammenziehungen wie *gonna* (= *going to*), *gotta* (= *have got to*), *wanna*

(= *want to*), *lemme* (= *let me*) etc. finden sich auch schon recht häufig in geschriebenen Texten. Da die Schrift im allgemeinen sehr konservativ ist, sind diese Formen um so deutlichere Symptome der Entwicklung.

6. Der Wortverband kann als Ganzes konvertiert werden. Bei den substantivierten Verb-Adverb-Verbänden kommen alle drei Schreibweisen vor: *the turnover* (Umsatz), *her make-up, a good shake up*; am häufigsten ist die Schreibung mit Bindestrich: *a come-back, break-down, touch-down* (Aufsetzen des Flugzeuges), doch scheint die Schreibung in einem Wort zuzunehmen: *comeback, breakdown, meltdown, touchdown* kommen sehr oft vor. Die Konversion von Wortverbänden beschränkt sich allerdings nicht nur auf die *phrasal verbs*. Die Fügung *law and order* kann vor einem anderen Substantiv wie ein Adjektiv verwendet werden (vgl. *a (very) law-and-order politician*); aus den beiden aneinandergereihten Verben *kiss and tell* (etwa „eine sexuelle Affäre nach ihrem Ende in den Medien gewinnträchtig ausschlachten") wird ohne weiteres ein Substantiv oder pränominales Attribut: *politician exposed in kiss and tell (scandal);* ähnlich *stop-and-go traffic*.

7. Oft zeigt nur der ganze Wortverband, nicht aber seine Komponenten, ein bestimmtes grammatisches Verhalten. *To have a pain* und *to give a start* können nicht in der progressiven Form stehen, wohl aber *to have tea* und *to give lectures*. Für die Verben *to have* und *to give* (und manche andere) lassen sich also Aspektregeln nur angeben, wenn man sie als Teil eines Verbandes betrachtet. Dies gilt besonders auch für die Kopula *to be. Be hungry* kommt normalerweise nur in der *simple form* vor – *she is hungry* –, *be funny* jedoch auch in der Verlaufsform: *she is being funny*, was, wie oben schon angedeutet, nicht „sie ist witzig" heißt, sondern „sie verhält sich im Moment witzig". Ein Satz wie *we've got to put an end to that* hat zwei Passivvarianten: *an end has got to be put to that*, wenn wir jedes Wort einzeln nehmen, und *that's got to be put an end to*, wenn wir *put an end to* („stop") als einen Wortverband betrachten. Die zweite Lesart, und die mit ihr verbundenen Passivkonstruktionen, erscheint den meisten Sprechern als die natürlichere.

In dem Maße wie der Wortverband die Züge des Wortes annimmt, wird natürlich auch die Stellung des Einzelwortes verändert. Es wird weniger autonom und neigt dazu, Verbindungen einzugehen. Zwei Wörter, die eine besonders schwebende Stellung zwischen Selbständigkeit und Unselbständigkeit einnehmen, nämlich das „Stützwort" (*propword*) *one* und das Hilfsverb *do,* werden in den meisten modernen Grammatiken des Englischen in ihren Doppeleigenschaften gut dargestellt (vgl. wiederum die „klassische" Behandlung des Themas in Jespersen, MEG, II, 10 und V, 25.6). Aber auch eine ganz andere Wortart, die Präposition, hat im Englischen Merkmale entwickelt, die sie von den Präpositionen der meisten anderen europäischen Sprachen abrücken. In Sprachen mit reicher Flexion wie dem Deutschen, dem Lateinischen oder den slawischen Sprachen steht die Präposition, wie der Name schon sagt, meist vor dem Substantiv und „regiert" dessen Kasus. Es heißt *mit dem Auto, durch das Auto* und – mit spezifischer Bedeutungs-änderung – *auf dem Auto* oder *auf das Auto*. Mit dem fast vollständigen Verschwinden der Kasus im modernen Englisch hat sich die Verbindung zwischen dem Substantiv und der Präposition gelockert, die zwischen Präposition und vorangehendem Verb aber gefestigt. Es können deshalb verschiedene Präpositionen parallel verwendet werden: *we acknowledge receipt of and thank you for your letter*. Hier ist *your letter* sozusagen direktes Objekt der „Verben" *acknowledge receipt of* und *thank for*; eine Gruppe *of your letter* oder *for your letter* besteht nicht mehr. Diese Umordnung findet auch in der Schrift bereits ihren Ausdruck, indem bei solchen Parallelkonstruktionen, um sie klarer zu machen, nach der Prä-position oft ein Komma gesetzt wird: *we acknowledge receipt of, and thank you for, your letter*. Im Deutschen sind die Verhältnisse völlig an-ders: *wir bestätigen den Erhalt Ihres und danken Ihnen für Ihr Schrei-ben* ist unmöglich.

Symptomatisch für die neu entstandene enge Verbindung zwischen Präposition und vorangehendem Verb ist, daß die Präposition auch im Passiv beim Verb verbleibt: *the bed has been slept in, the inn is well spoken of* – oder, mit zwei Präpositionen am Satzende – *an idea she cannot be talked out of*. Es ist schon fast zum Gesellschaftsspiel gewor-den, zu sehen, wie viele Präpositionen man auf diese Weise am Satzen-de auftürmen kann. Möglich, wenn auch gewiß konstruiert und stili-stisch fragwürdig, sind Beispiele mit vier Präpositionen, wie das folgen-de: *what did you bring me that book to be read to out of for*? Auch wenn das Partizip zum Adjektiv wird, erfolgt im allgemeinen keine Trennung: *unheard-of, the longed-for sun*. Im Deutschen könnte man zwar, wie im Englischen, sagen: *ich höre von einer Nachricht, ich sehne mich nach der Sonne*; in den entsprechenden Adjektiven jedoch werden die Präpo-sitionen durch das Präfix *er-* ersetzt (*unerhört, heißersehnt*). Eine geläu-fige Erscheinung in diesem Zusammenhang ist die Schlußstellung der Präposition in Relativsätzen, welche vielfach, wenn auch nicht immer, auf die Beibehaltung des Verb-Präposition-Verbandes hinausläuft; auch sie richtet sich nach dem Grad der Verschmelzung, ist fakultativ bei lo-seren, obligatorisch bei festen Verbänden: *the place he was going to*, aber auch *the place to which he was going*; dagegen nur *a habit I will not put up with*. In Zweifelsfällen haftet der Anfangsstellung leicht etwas Gestelztes an. Ein Bürochef (nach der Anekdote sogar Winston Churchill) soll diese Gewohnheit bei einem Untergebenen ad absurdum geführt haben mit der Randbemerkung: *this is a kind of English up with which I will not put.*

Die Einheit von Verb und Präposition zeigt sich sehr oft auch in der Bedeutung, dadurch daß die beiden Teile auch semantisch zu einem neuen Begriff integriert werden: *look, look at, look for, look after* (aussehen, anschauen, suchen, sich kümmern um) sind vier verschiedene Verben, nicht vier Varianten des einen Verbums *look* – wie es etwa beim deutschen *schauen, hinschauen, wegschauen, anschauen* der Fall wäre.

Die Tendenz des Wortverbandes, sich wie ein Wort zu verhalten, und die Tendenz mancher Wörter, sich bald dem Wortverband als unselbständiges Element einzugliedern, bald wieder die alte Selbständigkeit zu zeigen, besteht also zweifellos. Die Aufgabe künftiger Arbeiten wird es sein, die verschiedenen Grade der Verfestigung noch überzeugender voneinander abzugrenzen und auch dem loseren Wortverband mehr Aufmerksamkeit zu widmen. Ein sehr notwendiger und erfolgreicher Vorstoß in dieser Richtung ist die sogenannte Kollokationsforschung. Sie untersucht die Möglichkeiten und Grenzen der Kollokation (des syntaktisch verbundenen Zusammen-Auftretens) von Wörtern.

Ein Beispiel soll das Problem der kollokationellen Restriktion verdeutlichen: *I haven't got a clue* („ich habe keinen Schimmer") mag ein Engländer sagen und, um seine Ahnungslosigkeit zu betonen, vielleicht sogar: *I haven't got the faintest/ slightest clue.* Warum *faint* und *slight*, nicht aber *vague* oder *pale* (wie im deutschen „keinen blassen Schimmer")? Umgekehrt läßt sich das deutsche *nicht die leiseste Ahnung* auch nicht wörtlich ins Englische übersetzen. Die Erklärung für solche Beschränkungen liegt nicht in der Grammatik – *pale* ist ein ebenso gutes Adjektiv wie *slight* – und auch nicht in der Logik – *vague clue* ist ebenso sinnvoll wie *faint clue.* Die Einschränkung ist einfach eine willkürliche, logisch nicht begründbare und deshalb für den fremdsprachigen Lerner lästige Konvention.

Der englische Lexikograph und Sprachwissenschafter John Sinclair hat darauf hingewiesen, daß neben dem grammatischen *open-choice*-Prinzip (etwa: „fülle die Satzstruktur mit Worten deiner Wahl") auch ein mächtiges *idiom principle* am Werk ist, das die grammatischen Möglichkeiten stark einschränkt. Für den fortgeschrittenen Lerner bedeutet das: Der Weg vom grammatisch korrekten zum natürlichen und richtigen Englisch ist lang – möglicherweise so lang wie die Zeit, die man für den Erwerb tausender mehr oder weniger systematischer Restriktionen benötigt.

17. **Die Bedeutung des Wortes und des Wortverbandes**. Mit den Bedeutungen befaßt sich die sprachwissenschaftliche Teildisziplin der Semantik. Wer die Bedeutung des einzelnen Wortes untersucht, kann entweder von einer gegebenen Wort*form* ausgehen und nach der bestehenden oder wechselnden Bedeutung dieser Form fragen (semasiologische Blickrichtung), oder er kann von einem Begriff ausgehen und danach fragen, wie er sprachlich ausgedrückt wird (onomasiologische Blickrichtung). Semasiologie (Bedeutungslehre) und Onomasiologie (Bezeichnungslehre, englisch meist *onomatology*) unterscheiden sich also nur durch die Umkehrung der Forschungsrichtung. Oft werden die beiden Richtungen kombiniert, indem man zuerst von einem weiten Hilfsbegriff ausgeht (z.b. Schönheit, Mimik, Frechheit etc.) und nach den innerhalb dieses „Feldes" befindlichen Wörtern fragt (onomasiologische Richtung), worauf man die Bedeutungen dieser Wörter im einzelnen untersucht (semasiologische Richtung). Das Resultat solcher Studien ist dann die Darstellung eines Wortfeldes, also die systematische Beschreibung eines begrenzten Ausschnitts des Gesamtwortschatzes einer Sprache.

Die Semantik, obwohl primär eine Untergattung der Linguistik, reicht über die Grenzen der Sprachwissenschaft hinaus. Unter anderem beschäftigt sie sich auch mit dem Verhältnis zwischen den Bedeutungen einer gegebenen Sprache und dem Denken bzw. der Weltsicht der Menschen, die diese Sprache als Muttersprache sprechen. Dies ist, je nach Standpunkt, eine philosophische, aber auch eine psychologische Fragestellung.

Das Verhältnis zwischen Sprachstruktur und Weltsicht wird seit langem diskutiert. Der romantische Sprachnationalismus, als einer dessen frühen Vertreter Johann Gottfried Herder angesehen werden kann, geht davon aus, daß sich in einer Sprache das Wesen des Volkes spiegelt, das sie spricht. Bis heute einflußreich ist die Anfang des 19. Jahrhunderts von Wilhelm von Humboldt in einer ganzen Reihe grundlegender Werke ausgearbeitete These, die Sprache sei nicht nur ein Mittel zum Ausdruck der schon vorhandenen Gedanken, vielmehr beeinflusse sie die Form dieser Gedanken, so daß zwei Menschen, die verschiedene Muttersprachen haben, auch in ihrem Denken differieren müßten. Diese These von der Formung der Weltsicht durch die jeweilige Sprache wird auch „sprachliches Relativitätsprinzip" genannt und hat sich in zwei Zweigen in das 20. Jahrhundert fortgepflanzt.

In Deutschland wurde sie in den Jahren kurz vor 1930 durch Leo Weisgerber aufgenommen und führte innerhalb der Anglistik (z.B. bei

Max Deutschbein und Walter Azzalino) zu der von uns so genannten „psychologischen Methode", die wir in § 1 zusammen mit anderen für die Gesamtbetrachtung einer Sprache in Frage kommenden Methoden kritisch betrachtet haben. Andererseits kam der Gedanke Humboldts über den Linguisten Steinthal und den Anthropologen Franz Boas nach Amerika und wurde dort von Edward Sapir und Benjamin Lee Whorf aufgegriffen und weiterentwickelt (besonders in dem berühmt gewordenen nachgelassenen Buch Whorfs: *Language, Thought, and Reality*, 1956). Boas, Sapir und Whorf gewannen ihre Erfahrungen vor allem durch die Beschäftigung mit den Sprachen und Kulturen der amerikanischen Ureinwohner. In dieser Gestalt kam der Gedanke wieder nach Europa und ist seither in der ganzen Welt, auch im deutschsprachigen Raum, unter dem Namen „Sapir-Whorf-Hypothese" bekannt. Die Sapir-Whorf-Hypothese ist also keine amerikanische „Erfindung", sondern eine via Amerika nach Europa zurückgekehrte europäische Idee des späten 18. und frühen 19. Jahrhunderts.

Für die Sapir-Whorf-Hypothese gilt in unserem Zusammenhang das gleiche wie für die „psychologische Methode". Ihre Bedeutung als Hypothese und ihre Anregungskraft sind gewaltig. Aber sie eignet sich nicht zur Charakterisierung *aller* Züge einer Sprache. Ein englisches Weltbild (wäre dies das Weltbild der Engländer? der Schotten? der Iren oder Amerikaner?) gibt es genauso wenig, wie es die eine homogene englische Sprache gibt. Vielmehr hat das Englische in Geschichte und Gegenwart – wie im übrigen jede andere Sprache auch – seinen Sprecherinnen und Sprechern erlaubt, viele und zum Teil auch widersprüchliche „Weltbilder" zu formulieren. Wo man in der Vergangenheit versucht hat, von Eigenheiten der englischen Sprache auf einen englischen Nationalcharakter zu schließen, waren die angewandten Methoden oft zu naiv. Man hat einzelne Strukturmerkmale des Englischen aus dem Zusammenhang gerissen und mit willkürlichen Inhalten aufgeladen. Die Tatsache, daß das Pronomen der 1. Person Singular im Englischen groß geschrieben wird, wurde als Beleg für einen merkantilen Egoismus der Kaufmannsnation angesehen. In der Tat handelt es sich aber um einen orthographiegeschichtlichen Zufall. Aus der Gegenüberstellung von *I like* und *mir gefällt* wurde dem Englischen eine Neigung zum aktiven Zugriff auf die Wirklichkeit nachgesagt (und dabei vergessen, daß (1) der Nominativ wiederum das Resultat einer grammatischen Reanalyse war, die notwendig wurde, als sich SVO zur dominanten Wortstellung in Aussagesätzen gemausert hatte, und (2) man auch im Englischen *X pleases/ suits/* etc. *me* sagen kann). Mit Hinweis auf den Ausdruck *make love to* wird über die angeblich unromantische Einstellung des Engländers zur Erotik spekuliert, obwohl dieses Beispiel nur eines von tausenden ähnlichen ist, in denen sich die Tendenz zur Konversion im Wortverband Bahn bricht. (Was wäre, nebenbei bemerkt, in diesem Zusammenhang aus dem Wort *Streicheleinheit* zu folgern, das sich wahrlich nur schwer in andere Sprachen übersetzen läßt?) Kurz und gut: Die wenigen ernstzunehmenden psychologischen Experimente zur Überprüfung des Zusammenhangs zwischen Sprache und Weltbild haben Ergebnisse gebracht, die nicht eindeutig zu interpretieren sind; in der Linguistik dominiert heute die Suche nach sprachlichen Universalien, d.h. den Strukturzügen, die allen Sprachen gemeinsam sind; und so scheint es fast, als könne man die Spekulationen im Rahmen der Sapir-Whorf-Hypothese als vorwissenschaftlich *ad acta* legen.

Andererseits gibt es im Englischen wie in allen anderen Sprachen Wörter, die sich nur äußerst schwer übersetzen lassen. Hier scheinen Begriffe vorzuliegen, die in erster Linie für Menschen Realität haben, die sich der englischen Sprache bedienen. Und auch in stark normierten Texten wie wissenschaftlichen Abhandlungen gibt es einen spezifisch englischen, deutschen oder französischen Stil. Wir wollen uns also der Frage nach dem Zusammenhang zwischen Sprache und Weltbild mit der nötigen Vorsicht dennoch annähern (und dabei nicht vergessen, daß das Deutsche eine ungünstige Vergleichsbasis ist, weil zwei Sprachen, die über ein Jahrtausend in Europa nebeneinander existiert haben, weniger Unterschiede zwischen ihren Weltbildern aufweisen werden als etwa das Englische und eine ostasiatische Sprache). Was wir suchen, sind Verallgemeinerungen auf mittlerer Ebene – also zwischen dem aus dem Zusammenhang gerissenen Einzelfall und einem (vergeblich gesuchten) sprachlichen Weltbild in seiner Gesamtheit.

Einige allgemeine Züge sind schon häufig festgestellt worden. So darf es als sicher gelten, daß seit der Zeit des Puritanismus der Euphemismus, d.h. der Ersatz von direkten durch indirekte Bezeichnungen aus Gründen der Ehrfurcht oder Schamhaftigkeit, im Englischen eine besonders starke Triebkraft der Sprachentwicklung gewesen ist. Besonders Ausdrücke aus dem Gebiet der Sexualität und der Leibesfunktionen wurden in den mittleren und oberen Volksschichten mit Tabu belegt und fortlaufend durch andere ersetzt; sogar so harmlose Wörter wie *leg, breast, stomach* wurden oft ängstlich vermieden. Amerikanisch *rock* für *stone, rooster* für *cock* gehen auf Euphemismen zurück, weil *cock* und *stones* als umgangssprachliche Bezeichnungen für Penis und Hoden bei Mensch und Tier geläufig waren. Bei *rock(s)* hat der Wortaustausch allerdings nichts genützt, wie sich der interessierte Leser durch Nachschlagen in einschlägigen Wörterbüchern des *slang* (s.v. [= *sub verbo*, eine gebräuchliche Abkürzung für „unter dem Eintrag für ..."] *hot rocks, get one's rocks off* usw.) überzeugen kann.

Oft bleibt es bei der Ersetzung eines Wortes durch einen Euphemismus nicht bei einem einzigen Wechsel, denn das neue, feinere Wort erscheint nach kurzer Zeit durch seinen Begriffsinhalt wieder anstößig und wird von neuem ersetzt. Während das Männerhemd seinen Namen *shirt* durch Jahrhunderte beibehalten hat, verfiel das Frauen-Taghemd (als „unterirdischer" und anstößiger Gegenstand) einer dauernden Umbenennung: *shirt, smock, sark, shift* und endlich *chemise*, bis die Sache selbst ausstarb. Von der Sache aus gesehen (onomasiologisch) ist also die Folge des Euphemismus ein rapider Namenswechsel, eine Inkonstanz des Ausdrucks; von der Wortform aus gesehen (semantisch) bewirkt er ein rasches Absinken in eine niedrigere Sphäre: Sinnverschlechterung oder Pejoration. Dies kommt, wie zu erwarten ist, oft vor, aber auch das Gegenteil, Sinnverbesserung oder Amelioration, scheint häufig zu sein, so daß eine allgemeine Formulierung und ein schlüssiger Vergleich mit andern Sprachen schwer fallen.

Heute ist die Wort-Tabuierung weitgehend aufgehoben, aber immer noch gibt es eine große Anzahl von Kraftwörtern, die nicht beliebig verwendet werden dürfen. Ihre Anwendungsregeln und die Kenntnis ihres Tabu-Grades sind für ausländische Lerner schwierig zu erlangen. Manche Lehrmaterialien tragen dem Problem daher auf einfallsreiche Weise Rechnung (z.B. Swans verbreitetes Standardwerk *Practical English Usage*, das sich eines Systems von 1 bis 5 „Baedekersternen" für den Grad der Derbheit der *Taboo-Words* bedient). Und eines muß gesagt werden: Auch wenn eines der euphemistisch so genannten *four letter words* hundertfach in Werken der modernen Literatur Verwendung findet, ist der Lerner gut beraten, zu überlegen, ob er es selber in den Mund nimmt und – etwa nach einem Kinobesuch – sagt *the movie was crap, a fucking waste of time,* wenn *the movie was rubbish, a definite waste of time* die dem Gesprächspartner vertraute oder angenehme Formulierung gewesen wäre.

In den letzten beiden Jahrzehnten haben insbesondere die Forschungen von Geoffrey Hughes unseren Blick dafür geschärft, wie sich der Lauf der kulturgeschichtlichen Entwicklung im Vokabular des heutigen Englisch spiegelt. Er zeigt – nicht an einer Handvoll willkürlich ausgewählter Beispiele, sondern im Zusammenhang -, wie die Säkularisierung der englischen Gesellschaft bei fast allen ursprünglich religiösen Termini zu Bedeutungserweiterung, oft verbunden mit einer Trivialisierung, geführt hat. Aus ursprünglich positivem *orthodox*, „rechtgläubig" wird negatives „stur, dogmatisch"; aus *pittance*, „Gabe aus Nächstenliebe" wird „lächerlich geringes Almosen"; aus *propaganda*, „eifrige Verbreitung des rechten Glaubens" wird „bösartige und manipulative Verbreitung einer falschen Ideologie", aus *adore*, „(Gott) anbeten" wird „(auf dümmliche Weise) für etwas/ jemanden schwärmen" und so weiter. Der Aufstieg der Geldwirtschaft im späten Mittelalter ändert die Bedeutung einer großen Zahl von Wörtern, indem sie zusätzliche, auf das Finanzielle bezogene Bedeutungen entwickeln. Aus *purchase* („sich als Beute aneignen") wird „kaufen"; aus *fee* (etymologisch verwandt mit „Vieh") wird „Geldgebühr", und aus *debt*, „moralische Verfehlung" wird „finanzielle Schuld". Für alle diese Entwicklungen lassen sich aber auch Beispiele aus dem Deutschen finden. Das kann angesichts der vielen Parallelen in der Kulturgeschichte der europäischen Völker ja auch nicht verwundern und bewahrt uns so vor voreiligen Schlüssen von Entwicklungen im englischen Vokabular auf eine angeblich dahinterstehende Geisteshaltung des englischen Volkes.

Nicht nur die Wortgeschichte, sondern auch die Ergebnisse der synchronischen Wortinhaltsforschung (der Disziplin, welche die zu einer bestimmten, z.B. der heutigen Zeit bestehenden Wortinhalte oder Begriffe auf ihre innere Struktur hin untersucht) mahnen zur Vorsicht bei all zu weitgehenden Verallgemeinerungen. Wie nicht anders zu erwarten, unterscheiden sich die terminologischen Felder des Deutschen und des Englischen in den Bereichen, in denen die Gesellschaften verschieden strukturiert sind, zum Beispiel im Rechtswesen. Hinter Ausdrücken wie *solicitor, barrister, equity, consideration, tort, murder, homicide, misdemeanour, felony* steht eine ganze Welt von Tradition. Die Unterscheidung zwischen *solicitor* und *barrister* (d.h. Anwälten, die in den unteren bzw. oberen gerichtlichen Instanzen die Interessen ihrer Mandanten vertreten) ist so spezifisch, daß sie sogar auf das britische Englisch beschränkt ist. Amerikaner machen die Unterscheidung nicht und sprechen eher von *attorney* oder – zunehmend mit abwertendem Unterton – von *lawyer*. *Lawyer* seinerseits ist im übrigen natürlich auch in Großbritannien verbreitet und umfaßt sowohl *solicitors* als auch *barristers*. Weitergehende psychologische oder philosophische Schlußfolgerungen wird man aus solchen Kontrasten jedoch nicht ziehen wollen.

Im Buch *Der Wortinhalt: Seine Struktur im Englischen und Deutschen* hat Ernst Leisi darüber hinaus aber auch gezeigt, daß sehr viele Wörter aus dem alltagssprachlichen Wortschatz des heutigen Englisch im Deutschen keine genaue Entsprechung haben. Dies gilt bereits für das Gebiet der Farben. Die englischen Begriffe schneiden aus dem optisch-physikalischen Spektrum ganz andere Einheiten heraus als die deutschen; dies wird schon bei der Bezeichnung der reinen Farbtöne deutlich (*purple* hat im Deutschen keine genaue Übersetzung), vollends aber, wenn man auch die Mischfarben oder Helligkeitsgrade berücksichtigt: *pink, crimson, russet, ruddy, auburn, tawny, amber, fallow, livid, tan, dun* enthalten alle eine Kombination von Farbnuance und Helligkeitsgrad, die in den deutschen Wörtern nicht wiederkehrt. Einzelsprachlich verschieden sind natürlich auch metaphorische Verwendungen (*blue* = „melancholisch", *blau* = „betrunken", *yellow* = „feige") und die Kollokationen, in denen sich die Farbadjektive typischerweise finden (*weiße Trauben* = *green grapes, Schwarzbrot* = *brown bread*). Ein anderes Gebiet mit großen einzelsprachlichen Unterschieden sind die Bezeichnungen für Intelligenz. *Wise* zum Beispiel ist nicht *weise*, sondern eher *klug*; *clever* heißt nicht *klug*, sondern geht gegen *schlau* hin. Am überraschendsten sind jedoch die drastischen Unterschiede bei den Verben, die zur Bezeichnung alltäglicher Handlungen zur Verfügung stehen – in einem Bereich also, wo sich die Dinge oder Vorgänge an sich nicht unterscheiden, die Verschiedenheit der Auffassung also wirklich primär sprachlich bedingt ist. Dies ist etwa der Fall bei den Verben des Werfens, wo sich *hurl, toss, fling, lob, flip* oder – in einem anderen grammatischen Satzmuster – *pelt* (*someone with*) nicht durch ein gleichwertiges deutsches Wort wiedergeben lassen, obwohl außerhalb der Sprache selbstverständlich kein Unterschied zwischen einem „englischen" und einem „deutschen" Werfen besteht. Was unser Ausgangsproblem, den möglichen Zusammenhang zwischen Sprache und Weltsicht, betrifft, wird gerade in solchen Beispielen einiges klar. Wer Englisch spricht, wird die genannten Wörter benützen, und wer Deutsch (oder eine andere Sprache) spricht, dem werden sie nicht fehlen. Denn das Ausdruckspotential einer Sprache bemißt sich nicht danach, ob sie für einen Begriff ein Wort hat oder nicht, sondern daran, ob ein Gedanke mit der Gesamtheit der zur Verfügung stehenden Mittel ausgedrückt werden kann oder nicht. Am Beispiel des Verbs *toss* („throw, especially in a careless or aimless way" – *Longmans Dictionary of Contemporary English*) läßt sich dies zeigen. *She placed/ dumped/ threw/ tossed/ flung/ hurled the book on the bed* sind Ausdrucksvarianten für sechs verschiedene Grade der Gewalttätigkeit, mit der die Handlung ausgeführt wird. Im Deutschen haben wir, wenn wir uns auf die verbalen Ausdrücke beschränken, *sie legte/ warf/ schmiß/ schleuderte das Buch aufs Bett*, und im Vergleich mit dem Englischen werden Nichtübereinstimmungen und Ausdruckslücken deutlich. Niemand aber hindert uns zu sagen *sie ließ das Buch auf das Bett fallen* und damit ungefähr die Bedeutung des englischen *dump* wiederzugeben.

Die Frage nach dem Zusammenhang zwischen Sprache und Weltbild ist also nicht sorgfältig genug gestellt. Zusammenhänge bestehen nicht zwischen Worten und Weltbildern, auch nicht zwischen Sprachstruktur und Denkstruktur, wohl aber zwischen der Art und Weise, wie wir unsere Sprachen gebrauchen, und unserem Denken, unseren Gefühlen und Wertvorstellungen. So mag es ein Weltbild von jugendlichen Aussteigern aus der Gesellschaft geben, von dem sich einzelne Aspekte im Slang der betreffenden Gruppe wiederfinden. Wenn man sehr vorsichtig entlang dieser Linie weiterdenkt, kann man sogar zu einzelnen Verallgemeinerungen kommen, die vielleicht die gesamte Sprachgemeinschaft betreffen. Man kann zum Beispiel mit einem gewissen Recht behaupten, daß die Wertschätzung für komplexe Nominalgruppen, lange und verschachtelte Sätze oder gewisse Formen des sprachlichen Ornaments im Englischen heutzutage weniger stark entwickelt ist als im Deutschen. Dies merkt man, wenn man sich folgende zwei Übersetzungen eines deutschen Satzes ansieht (das Beispiel stammt von Raphael Salkie, *Times Higher Education Supplement*, 31. 3. 1989):

In Verbindung mit einer zunehmenden Nachfragesättigung im Bereich der Massengüter löste der Verdrängungswettbewerb der sogenannten Billiglohnländer vor allem in den altindustriellen Branchen des verarbeitenden Gewerbes tiefgreifende Strukturkrisen aus, die schwere Beschäftigungskrisen nach sich zogen.

Linked with an increasing saturation of demand in the area of mass-produced goods, the competitive pressure from so-called low-wage countries led particularly in the old industrial branches of the manufacturing sector to profound structural crises, which drew serious employment crises in their wake.

The new competition from so-called low-wage countries coincided with increasingly saturated demand for mass-produced goods. This led to profound structural crises – and hence severe employment crises – particularly in old, established sectors such as manufacturing.

Nur die zweite Übersetzung liest sich wie richtiges Englisch, in der ersten scheint das deutsche Original noch allzu stark durch.

Solche vergleichenden stilistischen Studien haben großen Wert, insbesondere für Studierende der Anglistik oder angehende Übersetzerinnen und Übersetzer. Eine Kenntnis der stilistischen Normen der fremden Spache führt zum besseren Verständnis der fremden Kultur und bewahrt vor ungewollten Mißverständnissen. Gleichzeitig macht die Wandelbarkeit und Beschränktheit solcher Normen aber auch deutlich, daß Sprachen flexible und anpassungsfähige Werkzeuge des Denkens und Ausdrucks sind und keine rigiden Systeme, in denen Sprecher auf eine bestimmte Weltsicht beschränkt oder verpflichtet werden.

Ein Lebensbereich, der bei der Ausbildung der Alltagsmetaphorik des heutigen Englisch eine große Rolle gespielt hat, ist der Sport. Über 600 Redensarten der allgemeinen Sprache, denen man heute ihre Herkunft zum Teil gar nicht mehr ansieht, waren ursprünglich Fachausdrücke aus einzelnen Sportarten. Während Metaphern aus dem Boxsport in allen Teilen der englischsprachigen Welt verbreitet sind (*pull no punches, knock out*), beschränken sich solche aus dem Baseball (z.B. *get to first/ second base*) eher auf das Amerikanische und solche aus dem Cricket (*knock someone for six*) auf das Britische. Ein starker Einfluß ist ferner aus dem Sachgebiet der Seefahrt festzustellen (z.B. *she likes sailing close to the wind*, „...liebt das Risiko"; *everything was shipshape*, „alles war blitzsauber"; *take this on board*, „nimm dir das zu Herzen").

Eine fremde Sprache gut zu sprechen heißt auch, Anspielungen zu verstehen. In allen europäischen Sprachen gibt es Anspielungen auf die Bibel oder die klassische Antike. Zu den spezifisch englischen Quellen für Anspielungen und Zitate gehören auch die Werke Shakespeares, John Bunyans Erbauungsbuch *Pilgrim's Progress* und endlich auch *Alice's Adventures in Wonderland* und *Through the Looking-Glass* von Lewis Carroll. Gerade Carroll-Zitate wie *curiouser and curiouser; the time has come, the Walrus said* oder Anspielungen auf Charaktere wie den Mad Hatter, die Cheshire Cat oder Humpty Dumpty (mit seinem ebenfalls zum geflügelten Wort gewordenen Beitrag zur Semantik: „When I use a word, it means just what I choose it to mean") sind sehr geläufig. Aber auch die Kenntnis von anonymem Kulturgut (wie die Abzählverse der Kinder oder nachhaltig erfolgreiche Werbeslogans) werden in Gesprächen oft vorausgesetzt. Humpty Dumpty existierte im *nursery rhyme* schon, bevor er von Lewis Carroll zur literarischen Figur befördert wurde; von Old King Cole wissen alle, daß er „a merry old soul" war. Ausländern aber kommen Satzfetzen wie *Hey! rub-a-dub* aber wahrscheinlich mysteriös vor; sie wissen auch nicht, daß die Serie „the butcher, the baker, ..." mit „the candlestick-maker" zu vervollständigen ist. Wer nicht in England groß geworden ist, kennt eben nicht den entsprechenden Abzählvers aus *Mother Goose* („Rub-a-dub-dub /Three men in a tub /And who do you think they were? /...").

Liegt die Quelle nicht in einem literarischen Werk, sondern in einer aktuellen Situation oder Person, so spricht man von *slogan* oder *catch phrase*. „Heineken refreshes those parts other beers do not reach" war als Werbeslogan so erfolgreich, daß er Anlaß für eine ganze Reihe mehr oder weniger witziger Neubildungen gab (siehe z.B. Crystal, *Cambridge Encyclopedia of the English Language*, S. 389).

Unter den europäischen Nachbarn herrscht Einigkeit darüber, daß es so etwas wie einen „typisch englischen" Humor gebe. Es ist wahrscheinlich, daß es für diesen Humor auch ein sprachliches Substrat gibt. Die Formen und Strukturen einer Sprache legen gewisse Strategien nahe (vgl. z.B. *puns*, die auf Homophonie beruhen und daher im Englischen sehr leicht funktionieren), und auch die stilistischen Normen der Sprachverwendung können zum Angriffspunkt des Komikers werden – etwa, wenn Monty Python in einem ihrer bekanntesten Sketche („The Parrot") einen erzürnten Kunden sich wie folgt beschweren lassen: „I wish to complain about this parrot what I purchased not half an hour ago from this very boutique." Drei eher gespreizte Formulierungen (*wish to, purchase, this very boutique*) stehen zwei grammatischen Vulgarismen gegenüber (Relativpronomen *what, this* als „Artikel") – und das im selben Satz!

Als englisch gilt auch ein Hang zur Untertreibung, zum *understatement* oder – um in den Begriffen der antiken Rhetorik zu sprechen – zur Litotes. Es ist gesagt worden, wo andere Nationen *wie entzückend* oder *quelle horreur* sagen, neige der Engländer zu *rather nice* oder *rather a nuisance*; die dämpfende Wirkung des *understatement*, etwa bei der Kritik an gegnerischen Meinungen, charakterisiere die englische Debattierkunst. Doch erscheint auch das Gegenteil, Übertreibung (Hyperbel), häufig: *it's miles away* (drei Minuten), *gallons of milk* (zwei Tassen). Man muß sich Rechenschaft geben, daß Sprachstile je nach Alter, Geschlecht und Sozialstufe verschieden sind. Vieles, was für „den Engländer" schlechthin als typisch angesehen wurde und wird, gilt in Wirklichkeit nur für den älteren Mann der oberen Mittelklasse im Süden des Landes.

Literatur zur sprachwissenschaftlichen Semantik: David A. Cruse, Lexical Semantics (CUP, Cambridge 1986); John Lyons, Semantics (2 Bde., CUP, Cambridge 1977); John Lyons, Linguistic Semantics: An Introduction (CUP, Cambridge 1995; dieses Buch ist von den drei genannten am ehesten für „Einsteiger" geeignet).

Literatur speziell zur Semantik des Englischen: Geoffrey Hughes, Words in Time (Blackwell, Oxford 1988; das Buch geht neue Wege bei der Beschreibung des Bedeutungswandels; Hughes zeigt, wie kulturgeschichtliche Entwicklungen im Laufe der Zeit auf breiter Basis und auf systematische Weise zu Veränderungen im Wortschatz führen); Ernst Leisi, mit D. Weniger und W. Naef, Praxis der englischen Semantik (2. Aufl., Winter, Heidelberg

1984); Ernst Leisi, Der Wortinhalt: Seine Struktur im Englischen und Deutschen (5. Aufl., Winter, Heidelberg 1975; die beiden Bücher von Leisi bieten materialreiche Einführungen in die Thematik und kommen Studierenden der Anglistik durch ihre praktische Orientierung und die kontrastive Perspektive entgegen); C.S. Lewis, Studies in Words (2. Aufl., CUP, Cambridge 1967; Lewis, der auch als Literaturwissenschafter, Mittelalter-Forscher und Kinderbuchautor bekannt geworden ist, diskutiert die feinen Veränderungen in der Bedeutung englischer Wörter, die es uns oft so schwer machen, den Inhalt älterer literarischer Werke voll zu erfassen); John McH. Sinclair, Corpus, Concordance, Collocation (OUP, Oxford 1991; Sinclair zeigt, wie Computer-Korpora mit englischen Texten zur Erforschung der Kollokationen genützt werden können); Mary Snell, Verb-Descriptivity in German and English (Winter, Heidelberg 1983; eine kontrastive Analyse von ca. 1000 deutschen und englischen Verben).

Zur Diskussion: Leo Weisgerber, Vom Weltbild der deutschen Sprache (2. Aufl., Schwann, Düsseldorf 1953/54); Benjamin Lee Whorf, Language, Thought, and Reality: Selected Writings by Benjamin Lee Whorf (Hrsg. John B. Carroll , MIT Press, Cambridge, Mass. 1956).

Wörterbücher der Zitate, Sprichwörter etc.: The Penguin Dictionary of Modern Quotations (rev. ed. 1980); Oxford Dictionary of Quotations (^{4}1996); Oxford Dictionary of English Proverbs (^{8}1970); Ian Beck, The Oxford Nursery Book (OUP, Oxford 1995); Nigel Rees, A Dictionary of Catchphrases (Cassell, London 1995).

IV. Der grammatische Bau

18. **Gestärkte grammatische Kategorien**. Die beiden grammatischen Kapitel dieses Buches sind wie die übrigen mehr praktisch als theoretisch orientiert. Den dabei verwendeten Beschreibungsmethoden liegen folgende Überlegungen zugrunde: Unter Grammatik verstehen wir hier die Morpho-Syntax, d.h. (1) diejenigen morphologischen Prozesse, die nicht der Bildung neuer Wörter dienen, sondern die grammatische Funktion bestehender Wörter im Satz festlegen helfen (also vor allem die Flexionsendungen) und (2) die syntaktischen Regeln, die festlegen, wie Wörter zu Satzgliedern (*constituents*) und Satzglieder zu Sätzen (*clauses*) zusammengefügt werden können. In anderen Werken wird der Begriff „Grammatik" teils enger – synonym mit Syntax – teils weiter – zur Beschreibung der Sprachstruktur in ihrer Gesamtheit, z.B. unter Einschluß der lautlichen Ebene – gebraucht. Was in der Einleitung zu diesem Buch über die Sprachbeschreibung insgesamt gesagt wurde, gilt auch für die Grammatik. Völlige methodische Reinheit ist in der Praxis nicht zu erzielen, noch ist sie wünschenswert; an ihre Stelle muß deshalb eine fruchtbare Methodenverbindung treten. Wie ebenfalls bereits gesagt, gibt es keinen fixen oder besten Maßstab für sprachliche Beschreibung. Im folgenden werden diejenigen Aspekte der englischen Grammatik, die dem deutschsprachigen Leser keine Schwierigkeiten bereiten, kurz oder gar nicht behandelt, diejenigen, die Schwierigkeiten machen können, breiter.

Die Frage *Sprecher- oder Hörergrammatik?* wird selten mit der notwendigen Schärfe gestellt, und daraus ergibt sich ein gewisses Unbehagen bei der Benutzung mancher grammatischer Werke. Man sieht sie am klarsten, wenn man von dem heute oft benutzten Code-Modell der Sprache ausgeht, das – aufs äußerste vereinfacht – wie folgt aussieht: Eine zu übertragende Information (Feststellung, Frage, Aufforderung etc.) wird vom Sprecher/Schreiber *codiert*, d.h. über ein kompliziertes Regelsystem (Code) in eine übertragbare Form (Laute bzw. Buchstaben) gebracht. Auf diesem „Kanal" gelangt sie zum Hörer (Leser) und wird von ihm decodiert, indem er die Laute mit Hilfe desselben (genauer: nahezu desselben) Regelsystems in eine Information umsetzt, die der vom Sprecher intendierten idealerweise gleich, in Wirklichkeit höchstens ähnlich ist.

Obwohl für den Sprecher und den Hörer im Prinzip das gleiche Regelsystem gilt (theoretisch ist Gleichheit sogar die Voraussetzung für die Verständigung), muß doch eine Grammatik verschieden aussehen, je nachdem, ob sie auf den Sprecher oder auf den Hörer bezogen ist – ähnlich wie ein deutsch-englisches Wörterbuch anders aufgebaut sein muß als ein englisch-deutsches. Eine Sprechergrammatik wird im Prinzip von einer bestimmten zu übermittelnden Information (genauer: von typisierten Teilen einer solchen Information) ausgehen. Sie kann z.B. fragen: Der Sprecher will etwas über Zukünftiges aussagen; welche Möglichkeiten bestehen dafür im Code der englischen Sprache? Eine Hörergrammatik dagegen geht von bestimmten Typen sprachlicher Strukturen aus und fragt nach den Informationen, die daraus decodiert werden können. Sie kann zum Beispiel englische Strukturen mit den Hilfsverben *will* oder *shall* aufgreifen, analysieren und auf die darin enthaltenen Informationen (etwa in bezug auf Zeit oder Modalität) befragen.

Es besteht kein Zweifel, daß das Codieren, die sogenannte aktive Sprachbeherrschung, schwerer ist als das Decodieren, die sogenannte passive Sprachbeherrschung. Einen fremdsprachigen Text zu lesen und zu verstehen ist einfacher, als selbst einen zu verfassen. Das Decodieren gesprochener Texte (*listening comprehension*) hat sicher seine Sonderprobleme, doch liegen diese eher auf lautlichem Gebiet und weniger bei der eigentlichen Grammatik, wo die Fähigkeit des Codierens diejenige des Decodierens weitgehend automatisch mit sich bringt. Eine Sprechergrammatik wäre also (wenn man nicht von Anfang an zwei Grammatiken ins Auge faßt) die wünschenswertere.

Andererseits ist nun aber folgendes festzustellen: Nur die Hörergrammatik geht von objektiv beschreibbaren, mit den Sinnen erfaßbaren Tatbeständen aus. Die Sprechergrammatik müßte im Prinzip von der Information ausgehen, wie sie vor der Umsetzung in sprachliche Gestalt existiert. In dieser vorsprachlichen Phase aber besteht die Information aus vagen „Gedanken", „Gefühlen", „Absichten", die als solche kaum formulierbar sind; oft wird sogar bestritten, daß es Ideen ohne sprachliche Formulierung überhaupt gebe. Deshalb sind Grammatiken, die vom Uncodierten ausgehen und die Codierung beschreiben wollen, immer auf Widerstand gestoßen, von der (in § 1 erwähnten) psychologischen Methode (wichtigster anglistischer Vertreter: Max Deutschbein, um 1930) bis zur zeitgenössischen kognitiven Grammatik (z.B. Ronald Langacker), die mit einem System von angeblich vor jeder Sprache existierenden Beziehungsideen arbeitet und deren Umsetzung in die Codes der einzelnen Sprachen studiert. Auch praxisorientierte „kommunikative" Grammatiken für den fremdsprachlichen Unterricht (z.B. Leech/ Svartvik 1975) tun sich schwer, einen vertretbaren Kompromiß zwischen Sprecher- und Hörergrammatik zu finden. Praktische Hilfe beim Codieren von Inhalten und systematische Darstellung des strukturellen Inventars einer Sprache scheinen sich bis zu einem gewissen Grad gegenseitig auszuschließen.

Fortgeschrittene Lerner und Studierende tun auch gut daran, vor der Beschäftigung mit der Grammatik über die Natur der grammatischen Regeln nachzudenken. Echte grammatische Regeln sind ihrer Natur nach immer Verbote (Restriktionen); sie besagen, daß unter bestimmten Bedingungen der Gebrauch einer bestimmten grammatischen Konstruktion *nicht* erlaubt ist. Gebote dagegen, das heißt, Regeln, welche besagen, daß man in einer bestimmten Situation eine bestimmte grammatische Konstruktion gebrauchen *müsse*, sind so selten, daß sie vernachlässigbar sind (nur in bestimmten Formeln, bei Trauungen, Eiden etc. ist ein bestimmter sprachlicher Gebrauch vorgeschrieben). Natürlich *muß* eine grammatische Konstruktion, die bereits begonnen wurde, in der Regel auch zu Ende geführt werden. Für ganze Einheiten aber gilt: Die Freiheit und Kreativität der Sprache besteht darin, daß erlaubt ist, was nicht ausdrücklich (d.h. durch Restriktionen, die Teil des Systems sind) verboten ist.

Diese sprachliche Grundtatsache wird aber in der Unterrichtspraxis vielfach übersehen. Viele Grammatiken formulieren absichtlich oder unabsichtlich die Regeln als Gebote. Wenn z.B. in einer bestimmten Sprachsituation das Perfekt ausgeschlossen ist, schließen sie daraus, daß deshalb das Präteritum gebraucht werden müsse. Dies ist prinzipiell falsch. Natürlich ist, wenn die eine Form nicht möglich ist, die andere oft „das Gegebene". Aber aus dem Verbot der einen geht nicht automatisch das Gebot für die andere Form hervor. Man kann sich auch ganz anders ausdrücken, etwa mit einem historischen Präsens oder mit irgendeiner andern der fast beliebig vielen sprachlichen Möglichkeiten. In vielen Fällen ist es sogar so, daß sowohl das Präteritum als auch das Perfekt möglich sind und der Aussage nur eine jeweils etwas andere semantische Nuance verleihen.

So gesehen ist eine der üblichsten Übungsformen im Grammatikunterricht, nämlich die Einsetz-Übung im Lückentest, irreführend. Solche Übungssätze funktionieren nur, weil durch sorgfältige Abstimmung aller Teile des Satzes aufeinander alle Möglichkeiten mit Ausnahme der einen „richtigen" ausgeschlossen wurden – eine in der sprachlichen Wirklichkeit seltene Situation. Und selbst bei diesem Lückentest erfüllen wir nicht eigentlich ein „Gebot", sondern beachten nur alle Restriktionen.

Eine noch unerfüllte Aufgabe des fremdsprachlichen Unterrichts, besonders für Fortgeschrittene, besteht darin, den grammatischen Freiraum, d.h. die Abwesenheit von Geboten, nicht als Mangel, sondern als Positivum empfinden zu lassen.

Einige grundlegende Überlegungen sind auch zu den Themen „Fehler", „Regelverstoß" und „Ausnahme" nötig. Sie gehen in dieselbe Richtung und zeigen, daß die Grammatik dem Sprecher wesentlich mehr Freiheiten läßt, als man gemeinhin annehmen würde. Eine grammatische Regel in der wissenschaftlichen Grammatik ist eine Verallgemeinerung, die aus der genauen Analyse der sprachlichen Daten gewonnen wird; in der pädagogischen Grammatik ist sie eine nützliche Empfehlung an die Lerner. Auf keinen Fall ist sie ein Naturgesetz, das durch einige wenige Ausnahmen oder Gegenbeispiele außer Kraft gesetzt würde. Wenn wir in der Schule gelernt haben, daß es drei Typen von Konditionalsätzen gibt – nämlich *if* + Präsens, Hauptsatz Futur; *if* + Präteritum, Hauptsatz Konditional I; *if* + Plusquamperfekt, Hauptsatz Konditional II -, so war das eine pädagogisch nützliche Verallgemeinerung, die uns vielleicht davor bewahrte, unserem deutschen Sprachgefühl zu folgen und *would, will* allzu leichtfertig auch im *if*-Satz einzusetzen. Mit der Regel ist aber keineswegs gesagt, daß Sätze wie *if he would stop complaining, we would be glad* oder *if I had paid the bill in time, I wouldn't be in such a mess now* automatisch „falsch" wären. Das erste Beispiel ist eine gebräuchliche Variante zu *if he stopped complaining, we would be glad* und enthält lediglich eine zusätzliche Bedeutungsnuance – nämlich, daß er bereit *und willens* sein sollte, sein Gejammer sein zu lassen (dt. etwa „wenn er nur bereit wäre ..."). Das zweite Beispiel kombiniert ein Nichterfüllen der Bedingung in der Vergangenheit mit hypothetischen Folgen in der Gegenwart und ist daher, weil sinnvoll interpretierbar, natürlich auch grammatisch richtig.

Die gängigen grammatischen Regeln der Schulgrammatik sollten also kritisch betrachtet werden: Sie nützen Anfängern und Leichtfortgeschrittenen, weil sie ihnen die nötige Orientierung im verwirrenden Dschungel der fremdsprachlichen Ausdrucksmöglichkeiten geben. Für fortgeschrittene Lerner aber sollte es eine Herausforderung sein, die Bedingungen zu erkennen, unter denen der muttersprachliche Sprecher Grammatik Grammatik sein läßt, um die Wirkungskraft der Aussage zu erhalten. Ein Beispiel: „Keine adverbiale Angabe zwischen Verb und Objekt," heißt es zu Recht, und man sagt natürlich nicht: *I speak well English* oder *I read on the train my favourite daily paper*. Was aber ist mit *I speak well all those languages that I started learning before I was 10 years old* oder *People read on the train whatever is cheap, easy to carry and not much loss if you soil it?* Jeder sieht ein, daß in Anbetracht der monströsen Länge der Objekte (und der Kürze der adverbialen Angaben) das Wichtige hier seinen Platz am Satzende finden muß (vgl. dazu das *principle of end weight*, nach Quirk et al. 1985: 1355–76).

Schließlich ist auch in einer Grammatik des „heutigen Englisch" das Problem von *Synchronie und Diachronie* zur Sprache zu bringen. Die synchronische Linguistik beschreibt sprachliche Zustände, sieht die Sprache in bezug auf die Zeit statisch; die diachronische Linguistik dagegen beschreibt sie als Entwicklung, verfolgt sie, wie der Name sagt, durch die Zeit hindurch – eine Trennung der sprachwissenschaftlichen Beschreibungsverfahren, deren strikte Beachtung schon Ferdinand de Saussure forderte und deren Nützlichkeit nicht in Zweifel gezogen werden soll. Eine Beschreibung des heutigen Englisch ist selbstverständlich in erster Linie synchronisch: Wir wollen wissen, wie die Dinge jetzt stehen. Aus der soziolinguistischen Forschung wissen wir allerdings, daß synchrone Variation – Wahlmöglichkeit zwischen zwei oder mehr Strukturen zu einem bestimmten Zeitpunkt – sehr oft ein Spiegelbild diachroner Entwicklungen ist. Auch wenn man in einem Zeitpunkt verbleibt, stellt man fest, daß die ältere Generation in manchen Punkten anders spricht als die jüngere und daß die vorhandenen grammatischen Beschreibungen einer Sprache in einzelnen Bereichen durch die Praxis bereits überholt sind.

Wer blind gegenüber diachronen Entwicklungen ist (oder glaubt, dies auf Grund eines methodologischen Reinheitsgebots sein zu müssen), muß hier sehr oft von „freier Variation" sprechen. Wer aber die großen Linien in der historischen Entwicklung der englischen Grammatik kennt – etwa den Trend zum Austausch „synthetischer", auf Flexion basierender Strukturen durch „analytische", die auf der Verwendung von freien grammatischen Morphemen oder Wortstellungsregeln beruhen – wird es weniger schwer haben, den stilistischen Wert einer Struktur einzuschätzen oder Prognosen für die weitere Entwicklung zu machen. Dies läßt sich zum Beispiel bei den Steigerungsformen vieler zweisilbiger Adjektive wie *polite, common* oder *narrow* beobachten. Während bei einbzw. drei- und mehrsilbigen Adjektiven klare Verhältnisse herrschen, stehen *politer* und *more polite, commoner* und *more common* bzw. *narrower* und *more narrow* heute als Varianten nebeneinander. Wer weiß, daß die synthetische Steigerung (auf *-er/ -est*) schon seit dem Altenglischen existiert und die analytische (mit *more* und *most*) im Mittelenglischen dazutrat und sich seitdem ständig ausbreitet, erkennt, daß im heutigen Englisch hier vermutlich ein Sprachwandelsprozeß stattfindet und die Formen mit *-er/ -est* im Zweifel daher als die „altmodischeren", „gewählteren" oder „gestelzteren" gelten werden.

Speziell aus der Perspektive des vorliegenden Buches kommt noch ein weiterer Grund dazu, die Diachronie nicht zu vernachlässigen: Das frühe Englisch (z.B. das Altenglisch) ist dem Deutschen in vielen Punkten noch wesentlich näher (z.B. Nominalflexion, Funktionen der Verbalformen). Während sich die Grammatik des Deutschen seit dieser Zeit langsam entwickelte, wurde die englische Grammatik radikal umgebaut. So wird die historische Entwicklung seit dem Altenglischen im Prinzip zum Maß des heutigen deutsch-englischen Sprachkontrasts. Der natürliche Ansatzpunkt für eine diachron-kontrastive Beschreibung der Grammatik des heutigen Englisch aus dem Blickwinkel des Deutschen ist deshalb die Suche nach gestärkten und geschwächten Kategorien:

Von den grammatischen Kategorien, wie Zeitform (Tempus), Zahl (Numerus), Fall (Kasus) usf., die schon in der altenglischen Zeit vorhanden waren, sind viele ihrem Wesen nach gleich geblieben, so etwa die Steigerung des Adjektivs, die zwar heute neben den Endungen *-er* und *-est* auch durch die Wörter *more* und *most* bewirkt wird, aber als Funktion dieselbe geblieben ist. Andere aber sind im Laufe der Entwicklung geschwächt worden; so sind heute die Unterschiede zwischen den Kasus weitgehend aufgehoben, die Unterscheidung des Numerus besteht beim Adjektiv nicht mehr, und das grammatische Geschlecht, das im Altenglischen wie im Deutschen jedem Substantiv anhaftete und oft mit dem natürlichen Geschlecht gar nicht übereinstimmte, ist heute verschwunden. Andererseits gibt es Kategorien, die im Verlaufe der Entwicklung gestärkt worden sind, indem sie entweder neu entstanden sind oder einen strengeren Parallelismus zwischen Form und Funktion zeigen, der weniger Unregelmäßigkeiten erlaubt; zu diesen gestärkten Kategorien gehören besonders der Aspekt (die Unterscheidung zwischen progressiver und einfacher Form) und das Tempus des Verbs, aber auch die nichtfiniten Formen (das *gerund*, die Partizipien und Infinitive). Wir beginnen mit den gestärkten Kategorien.

(a) Der Aspekt

Eine auffallende und für den Lernenden schwierige Kategorie ist die des Aspekts. Unter diesem Terminus werden zwei kontrastierende Formen zusammengefaßt, die sogenannte einfache Form und die *progressive form* oder Verlaufsform. „Aspekt" bildet zu ihnen den notwendigen Oberbegriff, so wie es „Kasus" zu Nominativ, Genitiv etc. und „Numerus" zu Singular und Plural tut. Der Aspekt ist ein in der Sprachwissenschaft umstrittenes Thema. Es ist deshalb notwendig, daß man die eigene Meinung klar macht. Wir gehen hier von den folgenden drei Thesen aus:

1. Das englische Verb besitzt zwei und nur zwei Aspekte: die sogenannte einfache Form *I go* und die Verlaufsform *I am going* (bzw. ihre Entsprechungen in den anderen Tempora). (Manche Grammatiker sehen auch das *present perfect* als einen Aspekt an.)
2. Jede dieser beiden Formen hat eine bestimmte Grundfunktion, nicht – wie in manchen anderen Grammatiken angenommen – mehrere Funktionen.
3. Die beiden Formen bestimmen und beschränken sich gegenseitig in ihrer Funktion.

Wir gehen auf diese Punkte der Reihe nach ein. Es empfiehlt sich – und damit folgen wir der strukturalistischen Sprachauffassung – nur solche Kategorien als grammatische anzuerkennen, bei denen eine eindeutige Beziehung zwischen Form und Funktion besteht, genauer gesagt: Kategorien, bei denen *eine* bestimmte Formänderung *eine* bestimmte Inhaltsänderung bewirkt. Dies ist beim englischen Aspekt der Fall. Dem eindeutigen Formunterschied *I go – I am going* entspricht der eindeutige Funktionsunterschied: „Auffassung als Tatsache" – „Auffassung als Verlauf".

Mit diesen Wörtern – „Tatsache" und „Verlauf" – haben wir versucht, die beiden Funktionen auf eine möglichst kurze Formel zu bringen. *He walked* – so können wir sagen – faßt das Gehen als Tatsache auf, grenzt es vom Nichtgehen und von anderen Möglichkeiten der Bewegung ab. *He was walking* dagegen sieht den Vorgang als Verlauf und blickt in dessen Mitte hinein: Die Person hat bereits zu gehen begonnen und noch nicht aufgehört. Um den Unterschied der beiden Funktionen zu verdeutlichen, bedient man sich auch gern zeichnerischer Mittel. Die beste Darstellung ist hier vielleicht das eingeklammerte schräge Kreuz (x) für die einfache Form, und die beiderseits auslaufende Wellenlinie ····~~~··· für die Verlaufsform. Das schräge Kreuz als mathematisches Zeichen soll anzeigen, daß es sich um eine eher logische als sinnlich ausmalende Erfassung des Vorgangs handelt, die Klammer, daß der Vorgang nicht gegliedert, sondern von A bis Z zusammengefaßt erscheint. Im Gegensatz hierzu soll die Wellenlinie andeuten, daß die Verlaufsform dem Ereignis zeitliche Ausdehnung zuerkennt, es als Verlauf darstellt. Wie die Punkte am Anfang und am Ende andeuten, wird nur die Mitte des Vorgangs klar gesehen, Anfang und Ende dagegen verdunkelt oder – mit einem Ausdruck des Films – ausgeblendet.

So viel zum Grund-Unterschied der beiden Formen. Alle anderen Funktionen, die man ihnen auch zuschreibt, lassen sich daraus ableiten. Die einfache Form fragt, wie erwähnt, nur nach der Tatsächlichkeit eines Ereignisses, nach „wahr" oder „nicht wahr", aber nicht so sehr nach dessen Verlauf. Deshalb ist es für sie im Prinzip gleichgültig, ob ein Ereignis ein- oder mehrmals geschieht, und sie kann bekanntlich auch für mehrmalige Ereignisse, für Gewohnheiten stehen, z.B. *He gives lectures at the Technical High School.* Die Progressive Form ist dagegen mehr sinnlich als logisch. Sie dient dem Ausdruck der Imagination und Emotion: deshalb ihre gelegentliche Verwendung als Intensivum. Ferner betont sie die Unabgeschlossenheit des Vorgangs (*A was drowning when B rescued him*); was aber jetzt unabgeschlossen ist, wird vielleicht in der Zukunft abgeschlossen sein, daher die futurische Bedeutung in Sätzen wie *I am leaving tomorrow.* Alle diese und noch andere Nebenfunktionen sind also nur Folgen der einen Grundfunktion.

Weiter muß man sich stets vor Augen halten, daß sich die beiden Formen wie alle sprachlichen Nachbarn gegenseitig bestimmen und einschränken. Jede Form erklärt sich aus dem Gegensatz zur andern und muß auch im Hinblick auf die andere beurteilt werden. Wenn wir uns also an einer gegebenen Stelle die Verwendung der Verlaufsform nicht erklären können, muß unsere erste Frage sein: Was für eine Bedeutung hätte die andere Form an dieser Stelle? Dazu ein Beispiel: *I am not joking. There was no question of suicide.* Wenn ein Ereignis negiert ist, so kann man es sich schwer als Verlauf vorstellen; auch scheint es hier überhaupt mehr auf die Tatsache anzukommen. Weshalb also die Verlaufsform? Die Substitution der andern Form gibt die Antwort: *I do not joke* wäre zeitfrei und würde eine Gewohnheit bezeichnen; was der Sprechende sagen will, ist aber, daß er in diesem besonderen Fall keinen Scherz macht, daher die Verlaufsform.

Und noch etwas anderes: Wenn sich die beiden Formen in ihrem Funktionsumfang gegenseitig beschränken, so heißt das: nicht nur die Verlaufsform hat eine besondere Funktion, sondern auch die einfache Form. *He went* hat also eine speziellere Bedeutung als das deutsche „er ging". Es ist deshalb nicht richtig, die Form *he went* als etwas völlig Selbstverständliches zu überspringen und gleich zur Verlaufsform überzugehen, wie es viele Grammatiken tun. Vielmehr sollte ihre Funktion mit der gleichen Sorgfalt behandelt werden. Man betrachte z.B. die folgenden Sätze: *I looked across at the other table. Pedro Romero smiled.* Kontrastieren wir mit der andern Form. *I looked across at the other table. Pedro Romero was smiling.* Die Verlaufsform würde bedeuten, daß er schon vorher gelächelt hat; die einfache Form *he smiled* zeigt dagegen an, daß er erst auf meinen Blick hin lächelt, wahrscheinlich sogar wegen, *infolge* meines Blickes. Das heißt: wenn zwei Handlungen in der Einfachen Form als Tatsachen wiedergegeben werden, so ergibt sich eine Tendenz, ihr Verhältnis als kausal aufzufassen. Es ist nur eine Tendenz, aber sie ist da, wogegen sie im Deutschen fehlt. *Ich blickte hin. Er lächelte* drückt den Bezug nicht eindeutig aus. Um den zarten „Schatten" von Kausalität, der in der englischen Form liegt, wiederzugeben, müßte mindestens ein *und* eingefügt werden: *Ich blickte hinüber, und Pedro Romero lächelte.* Dies ist keine grammatische Haarspalterei, sondern sehr wichtig für die Beurteilung des Stils moderner englischer Prosaisten. Viele von ihnen lieben es, ihre Sätze ataktisch, ohne ausdrückliche Angabe der Beziehung aneinanderzureihen. Kurzsichtige oder allzu gewissenhafte Übersetzer machen es ihnen genau nach. Wir müssen aber wissen: Im Englischen orientiert uns der Aspekt über die Art der Beziehung und die kurzen Sätze der modernen Autoren (etwa Hemingways) sind lange nicht so nackt und hart, wie es in der Übersetzung scheint.

Wenn wir nunmehr danach fragen, wie die Verlaufsform anzuwenden ist, so können wir eine allgemeine Gebrauchsregel aus ihrer Geschichte ableiten. Die Verlaufsform ist relativ jung, sie stammt aus der Umgangssprache, von welcher die Impulse bis heute weitergehen. So hat die Verlaufsform noch im 19. und 20. Jahrhundert immer weitere Gebiete erobert und tut dies zum Teil noch jetzt. Die Verlaufsform von *to be* (*you are being polite*) und von *to have* (*his Lordship was having tea*) kamen erst im 19. Jahrhundert auf. Im 20. Jahrhundert hat sie sich besonders im Futurum stark ausgebreitet (*we'll be missing you*). Zu den ganz neuen Gebräuchen gehören Formen mit drei Hilfsverben (*... must be being considered, has been being considered*) oder die Verlaufsform bei modal gebrauchtem *have to* (*he is having to re-consider his position*). Heißt das für uns, daß wir die Verlaufsform so oft wie möglich gebrauchen sollen? Gerade nicht. Denn das sprachlich Konservative ist gesichert, das sprachlich Neue riskant. „Hyperkorrektur", das Bedürfnis, englischer sein zu wollen als Muttersprachler selbst und dabei über das Ziel hinauszuschießen, ist ein Kennzeichen gerade der Sprache fortgeschrittener Lerner.

Was gilt weiter, abgesehen von dieser Faustregel? Ein Verb bezeichnet im allgemeinen einen Vorgang. Jeder Vorgang ist aber gleichzeitig Tatsache und Verlauf, also sind wir im Prinzip frei, die eine oder andere Form zu wählen. Und wodurch wird diese Freiheit eingeschränkt? Es kann sich hier nicht darum handeln, eine vollständige Grammatik der Verlaufsform zu geben; nur auf zwei Punkte sei hingewiesen, die, obwohl sie wichtig sind, häufig übersehen werden: 1. Der Zusammenhang zwischen Aspekt und Grundbedeutung des Verbs und 2. Das Zusammenwirken der Aspekte, wenn zwei oder mehrere Verben gebraucht werden.

Es gibt eine Anzahl von Verben, bei denen die Verlaufsform ausgeschlossen ist: *contain, belong, like, mean* (im Sinne von bedeuten), *own, possess, resemble, seem, suffice* und *suit*. Grammatiken geben vollständige Listen. Quirk und seine Mitautoren sprechen von *stative verbs*, d.h. Verben, die im Gegensatz zu den meisten anderen konstante Relationen bzw. über längere Zeit stabile Zustände bezeichnen. Diese Grundbedeutungen sind natürlich mit der dynamischen, zeitliche Begrenztheit und wechselnde Intensität signalisierenden Verlaufsform unvereinbar. Betrachten wir als Beispiel *contain* und *possess*. Es gibt keine Tätigkeit des Enthaltens oder Besitzens. Diese Verben, überhaupt die ganze Gruppe, stehen nicht für Tätigkeiten oder Vorgänge, sondern für abstrakte, statische Beziehungen zwischen Wesen oder Dingen; ihre Inhalte nähern sich fast denjenigen von Präpositionen wie *in, near, under*.[1]

Ähnlich, wenn auch nicht so ausschließlich, verhalten sich die Verben der Sinneswahrnehmung. Das Erblicken, Vernehmen, Bemerken ist eine Art von „Einrasten", ein „click"; einen Verlauf oder bewußte Kontrolle gibt es hier nicht. Daher erscheinen *see, hear, notice, recognize*, auch *know*, selten in der Verlaufsform, es sei denn, daß eine Sonderbedeutung vorliegt (z.B. *to see* = to have an interview with). Wo es aber um bewußtes Zusehen oder Hinhören geht (z.B. bei *look* und *listen*), liegt eine echte Tätigkeit vor, und die Verlaufsform ist normal.

So wie die Bedeutung den Aspekt beeinflußt, kann auch umgekehrt der Aspekt die Bedeutung des Verbs beeinflussen und ändern. Mit seiner Hilfe können wir bei mehrdeutigen Verben die eine oder andere Bedeutung auswählen und so die Mehrdeutigkeit aufheben. *To think* bedeutet bekanntlich sowohl „nachdenken" wie „meinen". Nachdenken ist ein Prozeß, meinen das fixierte Resultat dieses Prozesses. Deshalb heißt *to be thinking* eher „nachdenken", *to think* eher „meinen"; d.h., der Wechsel des Aspekts im Englischen entspricht ungefähr dem Wechsel des ganzen Wortes im Deutschen. Dasselbe gilt für andere Verben, die

---

[1] Eine Nebenbedeutung von *contain*, „eindämmen", bezeichnet eine aktive Handlung. Sie ist deshalb ohne weiteres mit der Verlaufsform vereinbar: *While the US was containing Communism in Vietnam, the Soviets were expanding in Africa.* Tun wir der englischen Grammatik etwas Gewalt an, ließe sich sogar „progressives" *possess* denken: *the devil is possessing his victim's soul* („... ergreift von seiner Seele Besitz").

geistige Haltungen einerseits, geistige Vorgänge andererseits ausdrük-
ken. *To feel* bedeutet eher „der Meinung sein" (*the committee feels*), *to
be feeling* eher „empfinden" (z.B. ein körperliches Gefühl wie Kribbeln,
Übelkeit usf.). *To expect* bedeutet eher einen Willensakt (*England ex-
pects every man to do his duty*); *to be expecting* ein mehr passives Ent-
gegensehen (*to be expecting a baby*). *Miss* heißt eher „verpassen", *to be
missing* eher „vermissen"; *cry* eher „ausrufen", *to be crying* eher
„weinen". Selbstverständlich deckt sich der Aspektunterschied bei diesen Wörtern nicht immer mit einem bestimmten deutschen Wortunter-
schied, aber doch in vielen Fällen.

Sogar ein benachbartes Wort kann sich je nach dem Aspekt des Verbs
ändern. *Just* + Verlaufsform bedeutet meist: „gerade", „in diesem Augenblick" (*he was just entering* = „er trat eben ein, als das und das geschah"), *just* + faktuelle Form heißt eher: „nur", „lediglich" (*he just
entered* = „er trat einfach, ohne weiteres, ein").

Aspekt und Grundbedeutung sind also verknüpft: Gewisse Grundbedeutungen schließen die Verlaufsform aus, andererseits kann ein bestimmter Aspekt die Bedeutung bestimmen helfen.

Ein wichtiger, gleichfalls oft übersehener Punkt ist die Koordination
der Aspekte. In der Regel sprechen wir im Zusammenhang, d.h., wir ge-
brauchen meist mehrere Verben miteinander. Wie verhalten sich die
Dinge, wenn zwei oder mehrere Verben im Spiel sind? Offenbar lassen
sich hier vier Grundtypen der Kombination unterscheiden: 1. Faktuell +
Faktuell. 2. Progressiv + Progressiv. 3. Progressiv + Faktuell. 4. Faktuell
+ Progressiv. (Viele der folgenden Beispiele sind den Werken Katherine
Mansfields entnommen.)

Typus 1, *Faktuell + Faktuell*, wird vor allem dann verwendet, wenn
eine Reihe aufeinanderfolgender Vorgänge zu schildern ist: *He stared
wildly at the cup of tea for a moment, glanced round him, put it down on
the bed table, caught up his hat and stammered* ... Jede dieser Handlungen ist abgeschlossen, bevor die nächste beginnt; wir haben eine klar
geschiedene Aufeinanderfolge. Die Formel 1 kann auch bei Gleichzeitigkeit angewendet werden: *While the bath water ran, Reginald Peacock
tried his voice.* In diesem Fall werden die beiden Vorgänge als gleichwertig angesehen, keiner ist dem andern untergeordnet. Wie schon gesagt, haftet dieser Formel eine Neigung zur kausalen Verknüpfung an,
die aber durchaus nicht immer zum Ausdruck kommen muß.

Typus 2: *Progressiv + Progressiv.* Anfang und Ende sind hier bei
beiden Verben ausgeblendet, d.h., wir befinden uns zugleich in der
Mitte von zwei Vorgängen. Der Eindruck ist deshalb oft der einer gewissen Verwirrung. Etwa: *Everybody was laughing and talking, shaking*

hands, clinking glasses, stamping on the floor. Ein turbulentes Zugleich, wie es für das letzte Stadium eines fröhlichen Abends charakteristisch ist. Oder eine ähnliche Situation: Ein junges Mädchen kommt auf ihrem ersten Ball in den Garderobenraum: *Dark girls, fair girls, were patting their hair, tucking handkerchiefs down the front of their bodices, smoothing marble-white gloves. And because they were all laughing, it seemed* ... Wieder ist nichts vom andern zu trennen, keine Gestalt, nur ein Ineinander von Eindrücken. Impressionismus wäre das passende Wort, man könnte an die Pointillisten oder bei diesem Motiv an Degas denken.

Es gibt aber auch Fälle, wo unsere Formel nicht für Gleichzeitigkeit, sondern für ein Nacheinander gebraucht wird, angedeutet z.B. durch *and now: And now there were soldiers working on the railway line ... And now we were passing big wooden sheds.* Wieder gibt es keine rechte Grenze, die Eindrücke fließen ineinander über – filmtechnisch ausgedrückt: ein Überblenden. Neuere Schriftsteller gebrauchen deshalb dieses Muster gern zur Darstellung von Traumerlebnissen, seien es nun wirkliche oder Wachträume. Katherine Mansfield scheint sich dieses an sich recht einfache Verfahren erst im Laufe ihrer schriftstellerischen Tätigkeit erarbeitet zu haben. In der frühen Kurzgeschichte „The Tiredness of Rosabel" wird die Grenze von Traum und Wirklichkeit noch viel umständlicher signalisiert: *Suppose they changed places. Rosabel would drive home with him ... The firelight shone on her hair. Harry came across the room and caught her in his arms. (The real Rosabel ... crouched on the floor ...). Of course they rode in the park next morning ... They were married shortly afterwards. (The real Rosabel got up from the floor.)* In den Wörtern *suppose* und *The real Rosabel* liegt noch eine gewisse Härte; grob gesagt, man hört, wie die Autorin den Schalter von Traum zu Wirklichkeit umlegt. In einer späteren Geschichte „A Married Man's Story" sind diese auffälligen Signale fortgefallen: *... all at once I am arriving in a strange city ... I am brushing through deserted gardens, I am standing on the dark quayside, giving my ticket into the wet, red hand of a sailor ... walking along a deserted road ... and the trees are stirring, stirring.* Die Verlaufsform nach *all at once* ist ein Widerspruch, der sich nicht mehr mit der wachen Vernunft verträgt, und wirklich blendet von hier an alles ineinander über. Die raffiniert gehandhabte Grammatik ersetzt die kommentierende Erzählerin, die sich hier völlig zurückgezogen hat.

Typus 3: *Progressiv + Faktuell.* Er ist schon alt und wird – in der Alltagssprache wie in der Literatur – außerordentlich häufig gebraucht, etwa in Dickens' „Nicholas Nickleby": *While the foregoing conversa-*

tion was proceeding, Master Whackford, finding himself unnoticed ... had by little and little sidled up to the table and attacked the food ... and was, by that time, deep in the pie. Man ist versucht, den ersten Teil langsam und spannend, den zweiten Schlag auf Schlag zu lesen. Wir sehen, daß das Gewicht ungleich verteilt ist: Der erste Vorgang bildet nur eine dynamische Laufkulisse, vor oder hinter welcher das für die Handlung wichtige Ereignis stattfindet. Also Kulisse und Ereignis, „screen and flash". Viele volkstümliche Lieder z.B. beginnen mit einer Landschaftskulisse, etwa: *Early one morning, just as the sun was rising, I heard* (... *a maid sing in the valley below*) oder, mit Abendeffekt statt Morgeneffekt, *The pale moon was rising above the green mountain/ The sun was declining beneath the blue sea/ When I strayed with my love to the pure crystal fountain/ That stands in the beautiful vale of Tralee.*

Bedeutenden Schriftstellern aber gelingt es noch immer, die latente Dramatik dieser alten Formel aufzufrischen. In Katherine Mansfields „Daughters of the Late Colonel" liegt der alte Oberst im Sterben (es handelt sich um einen Rückblick, daher das Plusquamperfekt am Schluß): *He lay there, a dark, angry purple in the face, and never even looked at them when they came in. Then, as they were standing there, wondering what to do, he had suddenly opened one eye.* Der Anfang – *lay, never, looked* – sagt uns: zeitlos dauernd, keine Änderung abzusehen. Dann wechselt der Aspekt; *were standing* erscheint nun als bloße Vorbereitung, und in die wachsende Spannung fällt das Öffnen des Auges wie ein Schlag.

Die Kulisse kann auch absichtlich übertrieben werden. In Thackerays *Pendennis* türmt der Dichter eine Welt von kosmischen und anderen Kulissen auf, um einer Abschiedsszene das gehörige ironische Gewicht zu geben: *The sickle moon was blazing bright in the heavens then, the stars were glittering, the bell of the cathedral tolling nine, the Dean's guests ... were partaking of tea and buttered cakes in Mrs. Dean's drawing-room – when Pen took leave of Miss Costigan.*

Typus 4: *Faktuell + Progressiv.* Er zeigt uns an, daß zur Zeit des ersten Ereignisses das zweite bereits begonnen hat. Also etwa: *When they came out of the picture gallery, it was raining.* Dieser Typus hat in der neueren Prosa eine besondere, man könnte sagen, fast geistesgeschichtliche Bedeutung erlangt. Seit den siebziger Jahren des letzten Jahrhunderts hat sich in der englischen, überhaupt in der europäischen Prosa ein Vorgang abgespielt, den man als den Rückzug des Autors aus der Erzählung bezeichnen könnte. Vor dieser Zeit waltete der Erzähler als eine vom Helden getrennte Instanz. Er bemerkte oft mehr als der Held und erlaubte sich Kommentare wie: „Was unserem Helden aber entging, war, daß er vom Fenster aus beobachtet wurde." Die neueren Prosaisten – in der angelsächsischen Literatur vor allem seit Henry James – verzichten dagegen häufig auf die Institution eines unabhängigen Erzählers. Ihr Wahrnehmungszentrum – wenn man will: ihre Kamera – liegt jetzt meistens in einer der Figuren selbst, sei es im Helden oder in einem begleitenden Zeugen (weitere Erläuterungen und Beispiele in Leisi 1978).

Eines der Mittel, diese neue Perspektive anzuzeigen und deutlich zu machen, ist unser Typus vier. Die Verlaufsform blendet bekanntlich den Anfang des Ereignisses aus. Sie ist deshalb hervorragend geeignet, die subjektive Wahrnehmung einer Romanfigur wiederzugeben, welche in eine Szene erst Einblick bekommt, nachdem diese schon begonnen hat. So heißt es in dem modernen Märchen „Mary Poppins" von einer Heldin: *she danced ..., till she came to the flight of steps that led to the King's throne. Upon this the King was sitting, busily making a new set of laws. His secretary was writing them down in a little red note-book.* Die Formen *sat, made, wrote* hätten die Vorgänge von A bis Z zusammengefaßt und damit den Standpunkt eines unabhängigen Autors, der schon vorher da war, angezeigt. Die progressiven Formen dagegen sagen uns, daß wir den Anfang nicht mehr „mitbekommen"; wir blicken also mit der Heldin wie durch ein plötzlich geöffnetes Fenster in den schon begonnenen Vorgang hinein. Dieser Typus, das „Fenstermotiv" (Bernhard Fehr), kommt in vielen Situationen vor. In den nun folgenden Proben soll der eingeklammerte Doppelpunkt den Beginn der Wahrnehmung andeuten. Das „Fenster" kann ein wirkliches sein: *The window looked out on the flower beds. (:) An old gardener was sweeping the path brushing the leaves into a neat little heap.* Oder es öffnet sich eine Tür: *He pushed open the door of Dicky's slip of a room. (:) Dicky was standing in the middle of the floor in his nightshirt.*

Ein neues Blickfeld kann sich auch durch bloßes Ankommen an einem Ort auftun: *By that they had reached the hotel. (:) The manager was standing in the broad, brilliantly lighted porch.* Oder aber, der Held kann durch eine andere Person auf etwas aufmerksam gemacht werden: *„There's someone there", he pointed to the far bank. (:) Two figures were moving against the trees.*

Stets haben wir also zwei Hälften: einen Satzteil mit faktueller Form, der als Wahrnehmungsöffner fungiert, und einen in der Verlaufsform, der uns die am Anfang beschnittene subjektive Wahrnehmung des Helden miterleben läßt.

Nicht immer braucht der Held von jemand anderem aufmerksam gemacht zu werden. Er kann auch selber eines Ereignisses gewahr werden, wenn dieses schon begonnen hat. Im folgenden Beispiel steht die Heldin im Zwielicht auf einer belebten Straße still und läßt ihre Gedanken wandern: *„One ought to go home and have an extra-special tea."* But at the very instant of thinking this, a young girl, dark, thin, shadowy – where had she come from – was standing at Rosemary's elbow. Beim Erwachen aus der Träumerei ist das fremde Geschöpf schon eine Weile da. Oder in einer andern Situation: *She looked at him, smiling. Then she was in his arms and he was kissing her with a fine certainty that surprised him.* Hier mag das Moment der Wiederholung mitspielen; die Hauptsache ist aber doch, daß dem Helden seine eigene Handlung unvermutet kommt. Ehe er weiß, was geschieht, hat er den Anfang schon überstanden. Zu übersetzen: „und ehe er sichs versah, küßte er sie auch schon".

Fragen wir uns, was wir von den hier geschilderten Koordinationstypen behalten und selbst anwenden sollen. Der erste, Gleichwertigkeit oder Sukzession, wird sehr häufig gebraucht werden. Der dritte, die Kulisse mit Ereignis, ebenfalls, und auch der vierte Typus, Hereintreten in eine bereits begonnene Szene, wird sich, besonders beim Erzählen, oft ergeben. Bei dem zweiten dagegen – bei dem Überblendungs- und Traummuster – ist einige Zurückhaltung geboten, denn Unklarheit und Verwirrung kommen im allgemeinen von selbst und brauchen nicht erst durch künstliche Mittel herbeigeführt zu werden.

(b) Das Tempus

Zu den Kategorien, die im Laufe der englischen Sprachgeschichte gestärkt, d.h., zahlreicher an Formen und genauer im Ausdruck geworden sind, gehört auch das Tempus. Das Altenglische besaß streng genommen nur zwei Zeitformen, eine Gegenwarts- und eine Vergangenheitsform. Die Zukunft wurde – wie dies auch im heutigen Deutsch der Fall ist – meist durch die Präsensform ausgedrückt, die Vorvergangenheit durch das gewöhnliche Präteritum – wie Beowulf 28: *hī hyne þā ætbǣron ... swā hē selfa bæd* auf eindrucksvolle und vielleicht makabre Weise bestätigt: „Sie trugen ihn (den Toten) herzu, wie er sie selber bat (d.h. offensichtlich vorher gebeten hatte)". Das Neuenglische besitzt neben dem Präsens und dem Präteritum (*preterite, past tense*) ein Perfektum (*present perfect*), ein (wenn auch formal nicht einheitliches) Futurum und die beiden davon abgeleiteten Zeiten des Plusquamperfekts (*past perfect*) und des Futurum exactum (*future perfect*). Von den anderen modernen europäischen Sprachen unterscheidet sich das Englische weniger durch die Tatsache, daß diese neuerworbenen Tempora vorhanden sind, als durch die Strenge, mit der sie angewendet werden.

Während das Perfekt im Deutschen und Französischen vielfach mit anderen Formen wechseln kann – in der Umgangssprache tritt es im

Deutschen oft an die Stelle des Präteritums (*und dann bin ich über die Straße gegangen*), im Französischen an die des *passé défini* (*alors je suis allé*) –, ist das englische Perfekt eine Form mit streng geregelter, unverwechselbarer Funktion. Sowohl das Präteritum als das Perfektum stehen für einen Vorgang der Vergangenheit; der Unterschied liegt darin, daß ihn das Präteritum auf die Vergangenheit, das Perfektum auf die Gegenwart bezieht. Für das Perfektum unterscheidet man meist drei Funktionen, die aber alle aus der Grundfunktion „Bezug auf die Gegenwart" ableitbar sind. 1. Es steht für einen Zustand oder Vorgang, der in der Vergangenheit begonnen hat, aber gegenwärtig noch fortdauert: *how long have you been here?*, deutsch: *Wie lange sind Sie schon da?* (Continuative Perfect). 2. Das Perfektum steht für einen Vorgang, der zwar ganz der Vergangenheit angehört, dessen Wirkung aber in der Gegenwart fortdauert. So: *I have done shorthand*, ich habe Stenographie gelernt und kann sie jetzt, gegen *I did shorthand for quite some time*, ich habe einmal Stenographie getrieben, aber es bleibt offen, ob ich sie noch kann. 3. Es steht für einen Vorgang, der zwar ganz der Vergangenheit angehört, den man aber als ein zeitloses Faktum oder als „geistigen Besitz" erblickt. *I too have been young:* ich bin auch einmal jung gewesen (Perfect of Experience). Aus dem Bezug auf die Gegenwart ergibt sich, daß das Perfekt nie zusammen mit der Angabe eines Zeitpunktes in der Vergangenheit stehen kann. Wo ein solcher genannt oder auch nur impliziert ist, ist das Present Perfect ausgeschlossen: *last Thursday I was* ..., nie *last Thursday I have been*.

In manchen Situationen sind beide Formen möglich, und man kann nach Wahl den Bezug auf die Vergangenheit oder auf die Gegenwart betonen: *have you (ever) been to Rome?* („Waren Sie – schon irgendwann einmal – in Rom?") gegen *did you go to Rome?* („Waren Sie – damals/ auf jener Reise – in Rom?" – *have you slept well?* („Haben Sie gut geschlafen und sind Sie jetzt ausgeruht?") gegen *did you sleep well?* („Haben Sie – in der letzten Nacht/ damals – gut geschlafen?"). Im Deutschen wird die Funktion des Present Perfect, nämlich der Bezug von etwas zeitlos Vergangenem auf die Gegenwart, häufig durch das Adverb *schon* ausgedrückt: *have you met Mr. X?/ kennen Sie ihn schon?* – *how long have you been waiting?/ wie lange warten Sie schon? – have you ever travelled in a sleeper?/ sind Sie schon einmal Schlafwagen gefahren?* Deutschsprachige neigen deshalb dazu, auch die entsprechenden englischen Perfektsätze mit *already* zu versehen. Dies ist in vielen Fällen falsch, denn die Funktion des deutschen *schon* wird bereits durch das Present Perfect selbst hinreichend ausgeübt, und das Wort *already* hat nur die engere Bedeutung von *schon*, nämlich: *früher, als zu erwar-*

ten war. Der Satz *have you already been to Rome?* drückt deshalb eine gewisse Verwunderung aus; er wäre höchstens angebracht bei einem sehr jungen Menschen oder bei einem Menschen, der überraschenderweise, etwa in einer kurzen Zwischenzeit, bereits in Rom gewesen ist. Eine mögliche deutsche Übersetzung könnte sein: „Bist du wirklich schon in Rom gewesen?"

Das englische Perfekt ist neben der progressiven Form wohl die größte Schwierigkeit des englischen Verbs für Ausländer; innerhalb der englischen Sprache aber bedeutet es eine Bereicherung, indem es den Bezugspunkt genau festlegt und in vielen Fällen den Gebrauch von Adverbien erspart.

Mit dem englischen Futur verhält es sich in gewissem Sinne ähnlich wie mit dem Perfekt. Auch hier besteht eine strengere Regelung als im Deutschen und verschiedenen anderen Sprachen. Ursprünglich verwendeten die germanischen Sprachen für zukünftige Vorgänge einfach das Präsens; dies ist bei vielen in der Umgangssprache noch heute üblich: *Wir gehen nächsten Sommer nach Zermatt.* Das Englische hat hier eine strengere Scheidung entwickelt. Es duldet die Präsensform für Zukünftiges nur in seltenen Fällen, z.B. nach Konjunktionen wie *when, as soon as, until, till* oder *if* (*when we are married ..., wait till the rain stops*) oder wenn ein festes Programm vorliegt (*he leaves tomorrow*). Sobald dagegen die geringste Unsicherheit besteht, ist das Präsens nicht mehr gestattet; *I think it rains tomorrow* ist unmöglich.

Im Gegensatz zum Deutschen mit seiner einheitlichen Futurform (*werden* + Infinitiv) besitzt das Englische vier Futurformen, die sich in subtiler Weise unterscheiden, nämlich 1. das „eigentliche" Futurum: *I shall write, he will write* (wobei das Hilfsverb *will* im Vorrücken ist und mittlerweile auch in der 1. Person sehr gebräuchlich ist), 2. die Progressive Form des Futurums: *we'll be missing you*, 3. die Progressive Form des Präsens: *I am meeting Mr. X tonight*, 4. die Umschreibung mit *to be going: she is going to be married.* Zunächst muß festgestellt werden, daß keine dieser Formen allein für das Futurum steht: *will* in der ersten und *shall* in der zweiten und dritten Person haben noch ihre alte Funktion des Wollens bzw. Sollens (*I will not suffer this, thou shalt not kill*). Die Progressive Form (*he is coming*) kann natürlich auch präsentische Bedeutung haben, und in *going to* steckt oft noch die ursprüngliche Bedeutung der Fortbewegung (*we are going to meet him at the station*); sie ist nur dann völlig abwesend, wenn sie mit dem folgenden Verb im Widerspruch stünde: *you're not going to understand anything if you don't listen; aren't you going to stay?*

Die Unterscheidung der Futurformen nach ihren Funktionen ist nicht leicht, doch geht man nicht weit fehl, wenn man sie als symmetrisches Gegenstück zur Unterscheidung zwischen Präteritum und Perfektum sieht. Alle Futurformen stehen für einen zukünftigen Vorgang oder Zustand; dieser wird bei *shall* und *will* auf die Zukunft bezogen, bei der progressiven Form und bei *going to* auf die Gegenwart. Das *shall*- und *will*-Futurum ist also symmetrisch zum Präteritum, die anderen zum Perfekt – mit der Ausnahme allerdings, daß alle Futurformen zusammen mit einer futurischen Zeitangabe stehen können: *tomorrow we shall go; we are dining out tonight; what are you going to do tomorrow*? Sonst aber ist der Unterschied demjenigen zwischen den beiden Vergangenheitsformen sehr ähnlich. Das „eigentliche" Futurum stellt den zukünftigen Vorgang ohne Bezug auf die Gegenwart dar: *I shall write tomorrow; there will be time enough next week.* Die anderen dagegen erblicken die Zukunft mehr oder weniger in die Gegenwart gespiegelt, d.h. nicht als etwas schlechthin Zukünftiges, sondern etwas, was jetzt bevorsteht, was man jetzt vorbereitet, was man jetzt beabsichtigt oder was jetzt in Symptomen gegenwärtig ist. Dies wird bei beiden schon äußerlich durch die Form deutlich. Sowohl *I am dining out tonight* wie *I am going to see him* sind formal betrachtet ja Präsensformen.

Die Grenze ist oft gar nicht scharf zu ziehen. Wenn man die Vorbereitung, die Ankündigung oder andere „Symptome" schon zum Weggehen rechnet, wird man bei *I'm leaving* von einem Präsens sprechen. Wenn man erst das Verlassen des Hauses als „leaving" betrachtet, wird man die Form als Futurum ansehen. Freilich ist das Englische insofern freier, als es auch eine Zukunft, die sich in der Gegenwart nicht sichtbar äußert, mit dem progressiven Präsens bezeichnen kann (wo im Deutschen *am Speisen* usw. nicht mehr möglich ist): *we are dining out tonight.* Dies kann gesagt werden zu einer Zeit, da man noch keine äußeren Vorbereitungen trifft; eine innere Voraussetzung muß aber auch hier schon in der Gegenwart bestehen: daß man sich jetzt in Gedanken damit beschäftigt, daß die Sache jetzt als erfreulich, lästig, gefährlich oder sonst unter einem modalen Licht erscheint. Hieraus ergibt sich, daß in Fällen, wo beides möglich ist, das Futurum mit *shall/will* das nüchternere und neutralere ist, wogegen die Progressive Form gefühlsbetonter wirkt.

Das Futurum mit *I am going to* verhält sich beinahe gleich wie die Progressive Form. Auch hier überwiegt die Spiegelung in die Gegenwart, was man sehr schön durch rein präsentische Übersetzungen andeuten kann: *She is going to be married:* sie ist verlobt; *what is he going to do:* was hat er im Sinn; *what's going to happen:* was sollen wir tun.

Vielfach bezeichnet *going to* eine jetzt bestehende Absicht und kann dementsprechend mit *wollen* übersetzt werden. Dies wird besonders deutlich bei der Verneinung: *not going to* wird besonders gern gewählt, wenn jemand ausdrücklich verneint, daß er etwas Zukünftiges tun werde. *I shall not apologize* ist die kühle Feststellung eines ungewöhnlich beherrschten Menschen; jeder andere wird sagen: *I am not going to apologize: ich denke gar nicht daran, es fällt mir gar nicht ein, mich zu entschuldigen!* Auch diese deutschen Übersetzungen zeigen wieder das Hervortreten des präsentischen Elementes.

Viele Lehrbücher des Englischen sehen den Unterschied der Futurformen darin, daß *shall/will* für eine fernere Zukunft stehe, die Progressive Form und *going to* für eine unmittelbar bevorstehende. Diese uhrzeitlich-objektive Scheidung trifft nicht den Kern der Sache. Selbstverständlich ist es richtig, daß für etwas unmittelbar Bevorstehendes häufiger die Progressive Form oder *going to* gewählt wird als *shall/will*. Aber dies ist lediglich eine Folge der Tatsache, daß das Näherliegende häufiger in der Gestalt von Vorbereitung, Symptom, Befürchtung, Absicht usw. gegenwärtig erscheint als das Fernliegende. Der zeitlich meßbare, objektive Abstand von der Gegenwart ist an sich ohne Belang. Dies sieht man schon daran, daß *shall/will* ohne weiteres auf den morgigen Tag, *going to* ohne weiteres für das kommende Jahrzehnt verwendet werden kann: *He will come tomorrow; She is going to be a servant when she grows up* (K. Mansfield).

Das Resultat der Entwicklung des englischen Tempussystems ist also dies: Das heutige Englisch kann sowohl die Vergangenheit wie die Zukunft auf zweierlei Weise ausdrücken: Erstens als schlechthin vergangen bzw. zukünftig (Präteritum, *shall/will*), zweitens als vergangen bzw. zukünftig, aber zugleich gespiegelt in der Gegenwart (Perfektum, progressives Präsens, *going to*).

(c) Die Modalverben
Eine weitere gestärkte Kategorie sind die Modalverben, die sich im Deutschen wie im Englischen aus Vollverben entwickelt haben. Die englischen Modalverben sind dabei aber wesentlich weiter von ihren Ursprüngen abgerückt. Sie haben keine Flexionsendungen und sind auch nicht mehr „tempusfähig" (z.B. *must*). Selbst wo – wie bei *can/could, will/would* oder *may/might* – der Tempuskontrast formal noch existiert, ist der Bezug auf das Zeitliche weitgehend verlorengegangen. *Ich konnte den Zug gerade noch erwischen* ist eindeutig Präteritum; *I could just barely catch the train* dagegen drückt gegenwärtige Möglichkeit aus und sonst gar nichts. Wollte man die Bedeutung des

deutschen Satzes im Englischen wiedergeben, müßte es heißen *I was just barely able to catch the train.*

Im Gegensatz zum Deutschen können englische Modalverben auch nicht allein stehen (außer als *tags*, „Frageanhängsel", in Kurzantworten oder elliptischen Konstruktionen). Wie die Aspektformen und die neu hinzugekommenen zusammengesetzten Tempora des Englischen bestehen die modalen Verbalphrasen aus einem oder mehreren Hilfsverben und einer nichtfiniten Form eines Hauptverbs, also einem Infinitiv oder einem der beiden Partizipien. Damit sind wir bei einer weiteren gestärkten Kategorie im Verbalbereich angelangt. Infinitiv und Partizipien sind, zusammen mit dem Gerund, die nichtfiniten Formen des Verbs (*non-finite forms*).

(d) Die nichtfiniten Formen des Verbs

Das heutige Englisch zeichnet sich aus durch eine Fülle von Zusammensetzungen, die aus Hilfsverb + nichtfiniter Verbalform bestehen. Sehr oft entspricht ihnen im Deutschen eine Zusammensetzung von Adverb + flektiertem Verb. Dies zeigte sich bereits beim Aspekt und Tempus. Die Progressive Form wird oft durch *gerade*, das Perfektum durch *schon* wiedergegeben. Die Entsprechung gilt darüber hinaus für die Modalität, d.h., wenn ein Vorgang unter einem bestimmten Licht, vor allem mit Bezug auf seine Dauer, auf seine Wahrscheinlichkeit, oder mit bestimmten Gefühlen betrachtet wird. So für Angaben der Dauer oder Wiederholung: *the youngster kept kicking against the table* („schlug andauernd"), *she went on sighing* („seufzte weiter"), *she happened to meet him* („traf ihn zufällig"), *they would meet at the old cottage* („trafen sich gewöhnlich"). *Would* deutet manchmal noch zusätzlich darauf hin, daß die betreffende Handlung in der Natur oder im Charakter eines Menschen begründet ist, so im folgenden Gesprächsaustausch:

A: *He took it without asking.*
B: *He would, wouldn't he.* (dt. etwa „das sieht ihm ähnlich")

Im Gegensatz zu *will/would* stellt *used to* die Wiederholung ganz neutral dar: *they used to meet at the old cottage* enthält keinen Bezug auf Neigungen oder Machenschaften. Ebenso wie für die Dauer wird auch für das Aufhören eines Vorganges im Englischen lieber die nichtfinite, im Deutschen lieber die finite Konstruktion gewählt: *it has stopped raining/ es regnet nicht mehr* – die beiden Umkehrungen (*it rains no longer/ es hat aufgehört zu regnen*) sind zwar möglich, aber in der Umgangssprache ganz ungewöhnlich. In gleicher Form geschieht die

Bezeichnung der Möglichkeit: *she may come too/ vielleicht kommt sie auch.*

Zum Ausdruck der Wahrscheinlichkeit und der Gewißheit braucht das Englische oft kein Hilfsverb, sondern Adjektiv plus nichtfinite Form: *das Wetter wird wahrscheinlich schön/ the weather is likely to be fair; es gelingt ihr gewiß/ she is sure to succeed.* Auch für den Ausdruck des Gefühls in bezug auf einen Vorgang zieht das Englische häufig die nichtfinite Konstruktion vor: *I ought to go now/ ich gehe jetzt besser weg; she loves (hates) doing it/ sie tut es sehr gern (ungern); he insisted on doing it/ er wollte es durchaus; she prefers to stay/ sie bleibt lieber hier.* Alle diese Gegenüberstellungen zeigen deutlich den Vorzug, den das Englische der nichtfiniten Form (+ Hilfsverb oder Funktionsverb) gibt. Man kann sagen, daß der richtige Gebrauch solcher Konstruktionen einer der Prüfsteine ist, an dem sich tatsächliche und angebliche Beherrschung des Englischen scheiden.

Soweit zur Verwendung der nichtfiniten Formen in einfachen Sätzen. Aber auch in komplexen Sätzen, d.h. Sätzen, die aus einem Hauptsatz und mindestens einem Nebensatz bestehen, spielen Infinitive, Partizipien und das *gerund* im Englischen eine wichtige Rolle. Obwohl sich die Infinitive im Deutschen und im Englischen formal weitgehend entsprechen, kommt der englische Infinitiv in vielen Fällen auch dort vor, wo er im Deutschen nur schwer oder gar nicht möglich ist. So steht er, als nähere Bestimmung von Substantiv oder Adjektiv, in folgenden Wendungen: *things to come (kommende Dinge); a green hat and gloves to match (dazu passende Handschuhe); memories soon to be forgotten (welche bald vergessen werden); what an awful thing to say; after such kindness that would be a dismal thing to do* (Alice in Wonderland); *he was the first to come*, ferner als Quasi-Adverb nach Verben: *this led me to believe that (brachte mich dazu, zu glauben, daß); our batteries are made to last (sind auf lange Haltbarkeit konstruiert)*; vgl. Jespersen, MEG II, 15. 8, V, 15. Auffällig ist in den meisten Fällen wieder die Kürze dieser Konstruktionen.

Eine stilistische Besonderheit des Englischen ist auch der Infinitiv, der als Erweiterung einer Konjunktion, z.B. *that*, eingesetzt wird. *Sie schrieb, daß sie ihre Bewerbung zurückziehen wolle* – heißt es auf deutsch, auf Englisch aber viel eher: *she wrote **to say that** she would withdraw her application.* Ähnlich bei *I was looking **to see what** could be done* („schaute, was man tun konnte"), *we took a note **to make sure** no one would forget anything* („machten eine Notiz, damit niemand etwas vergessen würde"), *they gave several arguments **to prove that** the world was round* („Gründe dafür, daß die Erde rund sein müsse").

Auch der sogenannte Akkusativ mit Infinitiv (man bewahrt im allgemeinen diesen traditionellen und für das Englische offensichtlich ungeeigneten Ausdruck; besser wäre freilich: Objekt mit Infinitiv) ist wesentlich häufiger als im Deutschen. Er wird nicht nur nach Verben der sinnlichen Wahrnehmung, sondern auch vielen Verben des Sagens, Denkens, Wünschens und Hoffens verwendet: *I imagined/ assumed/ discovered/ felt/ thought/ proved him to be the right sort of person; they want/ wish/ would like/ expect/ prefer you to stay.* Diese Konstruktionen stellen Deutschsprechende vor eine Fülle von Problemen, weil sie vielfältigen Einschränkungen unterliegen. Das Passiv ist bei *he was imagined/ assumed/ discovered to be the right sort of person* ohne weiteres möglich, ebenso bei *expect* (*you are expected to stay*), nicht jedoch bei *want* und *like*. Nach *want* und seinen Synonymen wiederum ist jeder Infinitiv möglich, bei den Verben des Sagens und Denkens aber eher nur *to be* (*I want you to run faster than everybody else*, aber nicht *I believe you to run faster than everybody else*). *Hope* ist zwar eindeutig ein Verb des Hoffens, doch kommt es im „Akkusativ mit Infinitiv" trotzdem nicht vor, und so fort.

Eine neuere Ausdehnung der Konstruktion ist der Akkusativ + Infinitiv nach *for*. Ein Satz wie *there is time enough for you to think it over* wird heute nicht mehr aufgefaßt als *there is time enough for you / to think it over*, sondern als *there is time enough / for you to think it over* (vgl. MEG V, 18. 8 und 19). Die neue Auffassung zeigt sich bedeutungsmäßig besonders, wenn der „Akkusativ" für eine Sache steht: *I have given instructions for the money to be transferred* (das Geld kann keine Instruktionen empfangen). Sie zeigt sich vielfach auch in der Wortstellung: *the properest thing was for him to walk down to the parsonage* (schon bei Jane Austen, zit. MEG V, 19. 23).

Auch das Partizip wird viel häufiger gebraucht als im Deutschen. Das Partizip des Präsens ist das kurze und ideale Mittel zum Ausdruck der Gleichzeitigkeit (deutsch: *und, indem, wobei* usw.): *the clergyman, inwardly cursing the female sex, bowed and departed* (E. M. Forster, *A Room with a View*, wie die folgenden Beispiele dieses Abschnitts); *the chambermaid burst in upon him in his bath, exclaiming cheerfully, „Fa niente, sono vecchia"*. Ein Übergang zum absoluten Partizip ist die Konstruktion *with* (oder *without*) + Substantiv + Partizip: *the women sat with their hands folded* (nicht: *with folded hands*) und: *two little old ladies, who were sitting further up the table, with shawls hanging over the backs of the chairs, looked back*. Häufig ist sodann das eigentliche absolute Partizip, d.h. ein Partizip, das ein anderes Subjekt enthält als der Rest des Satzes: *one of the little old ladies ... asked if she might be allowed to sit where Mr. Beebe had sat. Permission granted, she began to chatter gently about Italy.* Absolute Partizipien sind nicht auf einzelne Wendungen beschränkt, wenn sie auch eher dem älteren und literarischen Stil angehören. Es steht fest, daß sie auf lateinischen Einfluß zurückgehen. Auch hier ist wieder die Ökonomie offensichtlich. In den meisten Fällen entspricht dem englischen Partizip in anderen Sprachen ein ganzer Nebensatz.

Neben Infinitiv und Partizipien besitzt das Englische eine dritte nichtfinite Form im sogenannten *gerund.* Dieses war ursprünglich ein vom Verbum abgeleitetes reines Substantiv, im Altenglischen ausgehend auf *-ung* oder *-ing*; z.B. *ācsung* (das Fragen), *fēding* (die Fütterung). Von den beiden Formen hat sich bekanntlich die *-ing*-Form durchgesetzt: *asking, feeding.* Grammatikalisch wird diese heute auf zwei Arten aufgefaßt: bisweilen als reines Substantiv (wie im Altenglischen), mit Artikel, Adjektiv und nachfolgendem *of*, z.B. *the proper training of the dogs.* Häufig aber erscheint sie in einer typisch neuenglischen, zwischen Substantiv und Verb schwankenden Funktion: *by properly training the dogs.* Hier wird sie durch ein Adverb bestimmt und hat ein direktes Objekt, erscheint also als Verb, andererseits aber folgt sie auf eine Präposition, hat also in dieser Hinsicht die Natur eines Substantivs. Diese artikellose nichtfinite Form wird heute außerordentlich viel gebraucht, namentlich nach Präpositionen; sie trägt wieder wesentlich zur Verkürzung der Sätze bei: *Lying to George* (Titel eines Kapitels); *stop being so tiresome; I revel in shaking off the trammels of respectability; he acknowledged the bow by raising his eyebrows; he never thought of putting you under an obligation; I suppose it's one's being so tired* (alle aus Forster, *A Room with a View*).

Bei historischer Betrachtung erscheint indessen eine scharfe Abgrenzung zwischen „Verbalsubstantiv" (*the training of the dogs*) und „eigentlichem Gerund" (*training the dogs*) kaum möglich. Die beiden gehen nämlich, vor allem in früherer Zeit, ineinander über. So finden wir einerseits *of*, aber keinen Artikel: *I never disobey my father in anything but eating of green gooseberries* (Vanbrugh, *The Relapse*, IV, 1), andererseits Artikel, aber kein *of: [nothing can repay virtue but] the making the man you love your everlasting debtor* (Vanbrugh, *The Provok'd Wife*, III, 1). Weitere Beispiele, die bis 1900 reichen, gibt MEG V, 9. 33.

Auch für die heutige Zeit steht zur Diskussion, ob man, anstatt Verbalsubstantiv und *gerund* zu unterscheiden, nicht lieber, wie dies z.B. Jespersen und in seiner Nachfolge auch Quirk et al. tun, nur von einer *-ing*-Form (als einer einzigen Form mit verschiedenen Konstruktionsmöglichkeiten) sprechen soll. Tut man dies letztere, so tritt die Janusköpfigkeit des Gerund zwischen Substantiv und Verb besonders deutlich hervor. Seine Substantiveigenschaften sind: 1. Es kann (direktes oder präpositionales) Objekt eines Verbs sein: *he hates* (*objects to*) *kissing in public.* 2. Es kann einen Plural haben: *fine doings, indeed!* 3. Es kann einen *of*-Genitiv bilden: *the pleasures of dancing.* 4. Es kann einen Artikel haben: *the shooting of ducks.* 5. Es kann durch ein Adjektiv bestimmt werden: *give him a good hiding* (Tracht Prügel). 6. Sein Subjekt kann durch den Genitiv, sein Objekt durch *of* bezeichnet werden: *his smoking, the changing of the guard.* 7. Es kann Komposita bilden: *fox-hunting.* Seine verbalen Eigenschaften sind: 1. Es kann durch ein Adverb bestimmt werden: *he proposed our immediately drinking a bottle.* 2. Es kann ein Perfekt bilden: *his having eaten seven sandwiches.* 3. Es kann ein Passiv bilden: *we must avoid being misled.* 4. Es kann ein direktes Objekt haben: *on hearing the news.* 5. Sein Subjekt kann im „Nominativ/Akkusativ" stehen: *I insist upon Miss Sharp appearing.* 6. Es kann ein Prädikativ bei sich haben: *I suppose it's one's being so tired.*

Bildet das *gerund* solchermaßen einen gleitenden Übergang zwischen Substantiv und finitem Verb, so ist andererseits auch seine Grenze gegenüber dem Partizip fließend. Eine Übergangsstufe bildet das seit etwa 1700 besonders in der Umgangssprache aufgekommene sogenannte *half gerund*; es unterscheidet sich vom normalen *gerund* dadurch, daß sein Subjekt nicht im Genitiv, sondern im „Akkusativ" (bzw. Common Case = Nominativ/Akkusativ) steht, also *I insist upon Miss Sharp appearing* statt *I insist upon Miss Sharp's appearing.* Seine Häufigkeit ist mittlerweile so groß, daß die in der älteren Literatur gegenüber dieser Konstruktion bestehenden stilistischen Einwände heute als überholt gelten können.

Es gibt zwei weitere Übergangsstellen zwischen *gerund* und Partizip. Die eine liegt in der *-ing*-Form nach gewissen „Hilfsverben": *go walking, stop talking, keep smiling.* Es ist nicht leicht, zu entscheiden, ob das letzte bedeutet: „bleibe lächelnd" (Partizip) oder: „bewahre das Lächeln" (*gerund*). Auch bei gewissen Komposita kann das erste Element in der Schwebe bleiben, so etwa bei *speaking tube, falling sickness, I am not a marrying man*; in der gesprochenen Sprache freilich wird es durch den Akzent auf die eine oder andere Funktion festgelegt, und mit bestimmten Transformationsproben ist eine Scheidung auch sonst möglich.

Wie wir sagten, ist das *gerund* eine Form, die im Deutschen keine Entsprechung hat. Daraus folgt, daß für die Deutschsprachigen der Gebrauch des *gerund* Schwierigkeiten macht. Nicht leicht ist die Wahl zwischen *gerund* und Infinitiv. Bei manchen Verben ist der Gebrauch fest geregelt (*expect him to go – insist on going there*). Bei anderen hingegen sind beide Formen möglich. Eine generelle Regel besagt, daß das *gerund* die Erfahrung des betreffenden Vorganges voraussetzt. Man sagt: *I remember sitting by the riverside for hours*, wenn man dieses Sitzen schon erlebt hat, dagegen heißt es: *I must remember to buy a tin of sardines*, wenn man dieses Kaufen noch nicht erlebt hat. In ähnlicher Weise scheidet sich *I don't like skiing* (schon ausprobiert) von *I don't like to ski* (möglicherweise nicht ausprobiert).

Die nichtfiniten Formen (Infinitiv, Partizip und *gerund*) zeichnen sich definitionsgemäß durch ihre Zwischenstellung zwischen Nomen (Substantiv oder Adjektiv) und Verb aus. Alle drei gehören zu den gestärkten Kategorien, d.h., sie bieten im heutigen Englisch eine Vielfalt von Konstruktionsmöglichkeiten, und die meisten von ihnen kommen auch häufig vor. Dies heißt nichts anderes, als daß auch hier, wie wir bereits bei der Konversion (§ 15) gesehen haben, Wortartgrenzen durchlässig werden, indem ein Wort nicht mehr durch seine Form fest der einen oder andern Wortart zugehört, sondern erst im Satz, und manchmal nicht einmal dann, eine bestimmte Wortartfunktion gewinnt.

(e) Weitere gestärkte grammatische Kategorien

Zwei weitere gestärkte Kategorien, Akzent und Wortstellung, sind an anderer Stelle (§ 6, 15, 19), zum Teil in Verbindung mit den durch sie ersetzten Kategorien, behandelt. Sie müssen aber auch in diesem Zusammenhang erwähnt werden, da sie heute zu den wichtigsten Mitteln gehören, um grammatische Beziehungen auszudrücken. Vor allem die Wortstellung (*word order*, sachlich richtiger als Satzgliedstellung, *constituent order*, zu bezeichnen) hat eine gewaltige Stärkung erfahren. Sie ist heute wesentlich strenger geregelt als zur altenglischen Zeit, so daß die grammatische Funktion eines Wortes (Wortart und Satzteil) weitgehend durch sie bestimmt ist; *love* ist je nach seiner Stellung Verb oder Substantiv und, falls es Substantiv ist, je nach seiner Stellung Subjekt oder Objekt.

Wortart und Satzteil wurden früher im Prinzip durch Suffixe ausgedrückt: *luf-ian* (lieben) gegen *luf-u* (Liebe), *bod-a* (der Bote, Nominativ) gegen *bod-an* (Dativ oder Akkusativ). Diese Suffixe sind nun zum größten Teil aufgegeben, und ihre Funktion ist auf Wortstellung, grammatische Funktionswörter und Intonation übergegangen. Dieser Wechsel bedeutet eine tiefe Umgestaltung der Sprachstruktur; denn die alten und die neuen Elemente sind von gänzlich verschiedener Existenzform. Ein Suffix ist ein Abschnitt (oder Segment) der zusammenhängenden sprachlichen Äußerung. Intonation und Wortstellung dagegen sind nicht in sich selbst Segmente der Rede, sondern nur Ordnungsprinzipien, Beziehungen zwischen den Segmenten, z.B. „A lauter als B", „A vor B". Man könnte sie relative Elemente nennen, im Gegensatz zu den absoluten Segmenten, oder auch, wie dies neuerdings geschieht, „suprasegmentale" Elemente, weil sie gleichsam ordnend über den Segmenten stehen. Die Geschichte der englischen Grammatik, auf die kürzeste Formel gebracht, lautet: „weitgehender Ersatz der segmentalen durch suprasegmentale Elemente". Das heißt: Funktionswechsel wird nicht mehr durch Addition und Subtraktion konkreter Sprachstücke vollzogen, sondern die konkreten Stücke bleiben dieselben, nur die Beziehung zwischen ihnen wird verändert. Dieser Wechsel ist vergleichbar dem Übergang vom römischen zum arabischen Zahlensystem. An Stelle eines vorwiegend additiven Prinzips tritt hier wie dort ein auf der Entdeckung des Stellenwertes beruhendes Beziehungsprinzip, abstrakter aber wesentlich vielseitiger.

Es ist eine alte Streitfrage, ob im Englischen der Kasusschwund zur festen Wortstellung geführt hat, oder ob die feste Wortstellung den Kasusschwund gewissermaßen erlaubte. Fest steht, daß heute die Wortstellung den Kasus weitgehend ersetzt. Sie ist deshalb selbst zu einer starken Kategorie geworden. Die typisch englische Umschreibung der Frage mit *to do* läßt sich wenigstens teilweise aus dem Bestreben erklären, die Reihenfolge Subjekt – Verb – Objekt zu erhalten; anders gesagt: diese Folge hat sich nach dem Verlust der Kasus so fest eingeprägt, daß, was nach dem Verb kommt, automatisch als Objekt angesehen wird. In den Worten *know the people* wird *people* als „Akkusativ" empfunden und der Satz aufgefaßt als *Do you know the people?* oder *Know the people!*, nicht jedoch als Frage, etwa wie im Deutschen „wissen (es) die Leute?" Auch in der Frage muß das Subjekt vor dem Verb bleiben: *Do the people know?* Die feste Wortstellung hat noch eine andere Eigenart ermöglicht, die ebenfalls zur Verkürzung beiträgt, nämlich den Relativsatz ohne Relativpronomen, z.B. *the key you lost* („der Schlüssel, den du verloren hast"). In einer Sprache mit freierer Stellung, z.B. im Deutschen, würde eine solche Umstellung einfach als Hervorhebung eines Wortes (im Englischen durch Intonation markiert) oder als stilistische Originalität interpretiert. Wie viele Funktionen sich im Englischen durch das einfache Mittel der Umstellung ausdrücken lassen, zeigt folgender Vergleich:

> *der Bauer schlug das Pferd*
> *das Pferd schlug der Bauer* (Hervorhebung)

der Bauer das Pferd schlug (nach Konjunktion, z.B. *als*)
das Pferd der Bauer schlug (poetisch, bes. nach Konjunktion).

Hier ist durch die bloße Stellungsänderung am Sinn nichts geändert, d.h., die Beziehung zwischen Subjekt, Verb und Objekt bleibt gleich. Man halte dagegen:

the farmer kicked the horse
the horse kicked the farmer
the farmer the horse kicked
the horse the farmer kicked.

Die bloße Veränderung der Stellung ergibt hier vier verschiedene Beziehungen, davon zwei Relativsätze. Diese sind alle eindeutig ausgedrückt.

Die Fixierung der Stellungsregeln für die Satzglieder hat gelegentlich Auswirkungen auf Aspekte der Grammatik, die man auf den ersten Blick nicht vermuten würde. Was die Semantik des Subjekts betrifft, fällt im Englischen auf, daß recht häufig nichtagentivische Nominalphrasen als Subjekte fungieren, d.h. Nominalphrasen, die nicht die handelnde Person (das handelnde Lebewesen) bzw. eine die Verbalhandlung ausführende Kraft bezeichnen, sondern zum Beispiel das Instrument, mit dem eine Handlung ausgeführt wird, oder den Ort, an dem sie stattfindet oder von dem sie ihren Ausgang nimmt. Auch dies ist vermutlich eine direkte Konsequenz der Fixierung der Subjektposition vor dem finiten Verb. Salopp gesagt: Wenn man etwas auf andere Weise nicht vor das Verb bringen kann, muß man es eben zum Subjekt machen.

Dadurch/durch diese Bemerkung verlor ich einen Freund heißt es auf deutsch; *through that/through that remark I lost a friend* könnte man auch auf englisch sagen, besser aber *that remark lost me a friend.* Ein deutscher Satz wie *aus dem Tank tropfte Benzin* (Wortstellung: adverbiale Angabe-Prädikatsverb-Subjekt) läßt sich auf ähnliche Weise am einfachsten als *the tank leaked/ oozed/ dripped petrol* wiedergeben (Wortstellung: Subjekt-Verb-Objekt). Die verschiedenen Tendenzen, die in den beiden Sprachen vorherrschen, werden auch dann deutlich, wenn sich das Englische ein unpersönliches *es* erspart: *gestern war es heiß/ yesterday was hot; in eurem Zimmer stinkt es/ your room stinks.*

Auch die „typisch englischen" Passivkonstruktionen mit Subjekten, die nicht vom direkten Objekt abgeleitet sind, lassen sich unter diesem Aspekt betrachten: *I was helped/ mir wurde geholfen; we were spat on (by the protesters)/ auf uns wurde gespuckt.* Nicht der Teilnehmer, der die Handlung ausführt, sondern der, der sie erfährt (*experiencer*) wird in diesen englischen Beispielen als Subjekt kodiert. Diese Struktur findet sich gelegentlich auch in aktiven Sätzen: Der bekannteste Fall ist das Verb *like* (*I like* entstanden aus früherem *me liketh*); jüngere Beispiele sind *I've sprung my racket* („mir ist der Tennisschläger gesprungen"), *I've broken an arm* („mir ist der Arm gebrochen") oder *I've split my pants* („mir ist die Hosennaht gerissen"). Man vergleiche auch einen Satz wie *mir ist nicht klar, warum sie es tat,* der im Englischen als *I am unclear why she did it* wiedergegeben werden könnte.

Die wichtigsten Grammatiken des heutigen Englisch: Otto Jespersen, A Modern English Grammar on Historical Principles (abgekürzt *MEG*, 7 Bde., Munksgaard, Kopenhagen 1909–49; ein Standardwerk, das die Grammatik des heutigen Englisch synchron-systematisch darstellt, aber auch die Hauptlinien der geschichtlichen Entwicklung dokumentiert. Jespersens Grammatik ist nicht auf Fragen des praktischen Sprachunterrichts zugeschnitten, doch allein wegen des umfangreichen und authentischen Belegmaterials für sprachwissenschaftliche Zwecke auch heute noch unentbehrlich); Randolph Quirk, Sidney Greenbaum, Geoffrey Leech und Jan Svartvik, A Comprehensive Grammar of the English Language (Longman, London 1985; eine rein synchrone Beschreibung, das umfangreichste moderne Standardwerk); Sidney Greenbaum und Randolph Quirk, A Student's Grammar of English (Longman, London 1990, verkürzte, vereinfachte und für die Praxis adaptierte Überarbeitung der Comprehensive Grammar) und Sylvia Chalker, A Student's Grammar of English: Workbook (Longman, London 1992); Geoffrey N. Leech und Jan Svartvik, A Communicative Grammar of English (2. Aufl., Longman, London 1994; ein weiteres „Nebenprodukt" der großen Standardgrammatik von Quirk et al., mit unterrichtsbezogener praktischer Orientierung); R.A. Close, A Reference Grammar for Students (Longman, London 1975; praktisches Nachschlagewerk); Michael Swan, Practical English Usage (2. Aufl., OUP, Oxford 1995; ausgezeichnetes, alphabetisches Nachschlagewerk für Lehrer und Schüler, übersichtlich und umfassend); A.J. Thomson und A.V. Martinet, A Practical English Grammar (3. Aufl., OUP, Oxford 1980; für die Unterrichtspraxis zugeschnittene Darstellung mit Übungsbüchern).

Zum Aspekt: Bernard Comrie, Aspect (CUP, Cambridge 1976); Bernard Comrie, Tense (CUP, Cambridge 1985; zwei hervorragende allgemeinsprachwissenschaftliche Einführungen in die Problematik von Tempus und Aspekt mit ausführlicher Berücksichtigung des Englischen); Geoffrey N. Leech, Meaning and the English Verb (Longman, London 1971; praxisorientierte Darstellung von Tempus, Aspekt und Modalität im heutigen Englisch); Alfred Schopf, Hrsg., Der englische Aspekt (Wissenschaftliche Buchgesellschaft, Darmstadt 1974; eine Sammlung wichtiger sprachwissenschaftlicher Beiträge zur Erforschung des englischen Aspekts); Ernst Leisi, „Der Erzählstandpunkt in der neueren englischen Prosa", in: Ernst Leisi, Aufsätze (Winter, Heidelberg 1978, S. 21–33); Dietrich Nehls, Semantik und Syntax des englischen Verbs. Teil 1: Tempus und Aspekt (Groos, Heidelberg 1978; eine materialreiche Darstellung mit kontrastiver Ausrichtung).

Zu den nichtfiniten Formen des Englischen: W. Friederich, Die infiniten Formen des Englischen (4. Aufl., Akademische Buchhandlung, München 1972); Christian Mair, Infinitival Clauses in English (CUP, Cambridge 1990).

Zur semantischen Füllung des Subjekts: Günter Rohdenburg, Sekundäre Subjektivierungen im Englischen und Deutschen (Cornelsen-Velhagen und Klasing, Bielefeld 1974).

19. Geschwächte grammatische Kategorien. Wo einzelne grammatische Kategorien so nachhaltig gestärkt werden, kann eine Schwächung anderer nicht ausbleiben. Im Lauf der historischen Entwicklung an Gewicht verloren haben namentlich diejenigen Kategorien, die rein grammatikalisch (nicht in einem Unterschied der Sache) begründet sind. So sind denn vor allem reduziert: das grammatische Geschlecht, die Kasus, der Modus (vor allem der „Konjunktiv") und zum Teil auch der Numerus.

(a) Genus

Im Altenglischen hatte, wie noch heute im Deutschen, jedes Substantiv sein Genus (grammatisches Geschlecht), welches mit dem natürlichen, wirklichen Geschlecht des Bezeichneten nicht immer übereinstimmte. So ist *dæʒ* (*Tag*) grammatisch masculinum, in Wirklichkeit geschlechtslos, *wīf* (wie deutsch *Weib*) grammatisch neutrum, in Wirklichkeit weiblich. Das grammatische Geschlecht stand in engem Zusammenhang mit der Deklinationsklasse; so gab es maskuline *a*-Stämme, neutrale *a*-Stämme, feminine *ō*-Stämme, die alle auf eine besondere Weise dekliniert wurden. Dieser Zustand änderte sich während der mittelenglischen Periode. Die alten Deklinationsklassen wurden mit wenigen Ausnahmen zugunsten einer einzigen (aus der altenglischen *a*-Klasse entstandenen) Klasse, die im Genitiv Singular und im Plural auf -*s* ausgeht, aufgegeben. Mit dem Unterschied der Deklinationen verschwanden auch die Merkmale der verschiedenen grammatischen Geschlechter, und es bildete sich der heutige Zustand heraus, in dem die Wörter normalerweise kein grammatisches Geschlecht mehr haben, sondern lediglich das (natürliche oder durch die Phantasie verliehene) Geschlecht des jeweils Bezeichneten annehmen.

Diese heutige Regelung bedeutet eine große Vereinfachung; denn mit dem grammatischen Geschlecht ist eine Kategorie verschwunden, der in der Wirklichkeit oft nichts entspricht und die in solchen Fällen lediglich das Gedächtnis belastet. Da neben dem Substantiv auch das Adjektiv und die meisten Pronomina (alle außer dem Personalpronomen der 3. Person Singular, *he, she, it*) geschlechtslos sind, fallen die im Deutschen so belastenden Kongruenzen (Übereinstimmungen) dahin. Es ist im Englischen ohne weiteres möglich zu sagen: *an old man or woman; Dear Sir or Madam.* Im Deutschen dagegen ist: *ein alter Mann oder Frau* unmöglich; das Adjektiv muß wiederholt werden, was oft sehr schwerfällig wirkt: *ein alter Mann oder eine alte Frau; Sehr geehrte Dame, sehr geehrter Herr.* Das gleiche gilt fürs Relativpronomen: *the boy or girl who wishes to enter the school* läßt sich im Deutschen ebenfalls nur unkorrekt oder schwerfällig wiedergeben.

Ein zweiter Vorteil der Reduktion des grammatischen Geschlechtes besteht darin, daß auch die meisten Wörter für Personen oder Tiere ohne weiteres für beide Geschlechter anwendbar sind, ausgenommen einige ganz bestimmte Paare wie *uncle-aunt, cock-hen* usw. Neutral sind z.B. die meisten Berufsbezeichnungen: *cook, servant, assistant, student,* auch solche mit der Endung *-or* oder *-er: cashier, teacher, professor, operator,* und viele Tiernamen (*goat, cat, dog, fox* – vgl. den Roman *Lady into Fox* von D. Garnett, der deutsch als *Meine Frau die Füchsin* erschien). Es ist ohne Zweifel logischer, nur die Gattung anzugeben und das Geschlecht, wenn nötig, zu bestimmen, als sich von vornherein auf das eine oder andere Geschlecht festzulegen, wie bei deutsch *Hund* und *Katze.* Außerdem sind die geschlechtsgebundenen Wörter wie *Fuchs, Gans, Student* oft mißverständlich, indem sie zugleich für das Geschlecht, das sie bezeichnen, aber auch für die ganze Gattung ohne Angabe des Geschlechtes stehen können. Dies wirkt sich häufig bei Zahlenangaben unangenehm aus: *zwanzig Studenten, fünf Studentinnen* kann heißen: *zwanzig (männliche) Studenten und fünf Studentinnen,* oder: *zwanzig Studenten, davon fünf Studentinnen.* Viele Deutschsprechende haben schon vor der Wahl gestanden, sich in einem solchen Fall mißverständlich oder schwerfällig auszudrücken. Im Englischen sind solche Mißverständnisse viel seltener. Zweifelhaft ist nur das Wort *man,* weil es je nach Kontext *Mann* und *Mensch* bedeuten kann. Doch liegt dies nicht am grammatischen Geschlecht, denn lateinisch *homo* und französisch *homme,* die beide grammatische Masculina sind, sind ebenfalls doppelsinnig.

Deutschsprachige machen häufig Fehler, weil sie geneigt sind, die Geschlechtsgebundenheit der deutschen Wörter auch auf das Englische zu übertragen. Dies gilt sowohl für das Verständnis wie für den aktiven Gebrauch der englischen Wörter. Nach dem Satz *I must introduce you to our medievalist* erwartete ein Deutschsprachiger mit Bestimmtheit einen Mann und war erstaunt, als eine Frau erschien. Selbst die Schulgrammatiken leiten vielfach zu Fehlern an. Sie geben zwar zu, daß die Angabe des Geschlechts nicht immer nötig sei, behandeln aber im übrigen die Femininbildung zu ausgiebig, von den Zusammensetzungen mit *-ess* (*authoress*), *he* und *she* (*she-goat*) bis zu völlig ausgefallenen seltenen Bildungen wie *billy-goat* und *nanny-goat*. Die Schüler kommen dadurch zu dem Eindruck, daß diese zusammengesetzten Wörter die normale Entsprechung ihrer deutschen Feminina seien, und plagen sich in der Folge mit der Frage, ob *Lehrerin* mit *she-teacher, woman-teacher* oder *lady-teacher* zu übersetzen sei. In Wirklichkeit heißt *Lehrerin* aber so gut wie immer *teacher*; eine nähere Bestimmung braucht erst zu erfolgen, wenn sie von der Situation aus nötig ist.

Heute – nach der teilweise vollzogenen gesellschaftlichen Emanzipation der Frauen – werden sprachliche Anpassungen gefordert, die zum Teil auch schon verwirklicht sind: 1) Ersatz des Wortes *man* in Zusammensetzungen durch *person* (bekanntestes Beispiel: *chairperson*). 2) Aufgabe des alleinigen Gebrauchs von *he* beim Bezug auf zweigeschlechtige Wörter wie *child: the child – he* wird ersetzt durch *he/she*, durch abwechselnden Gebrauch oder, was das Einfachste ist, durch Versetzung in den Plural, *children – they*, womit das Genusproblem wegfällt. Es ist vorauszusagen, daß dadurch die Häufigkeit des Plurals etwas steigen wird. 3) Auch eine von den präskriptiven Grammatikern des 18. und 19. Jahrhunderts in den sprachlichen Untergrund gedrängte Konstruktion erhält ihre Respektabilität zurück: „singular *they*", also der Rückbezug auf *somebody, everybody* u.ä. mit Hilfe von *they/their/them* statt *he/his/him* (*everybody came in their own car, if a person wants to secure their rights, ...*). 4) Der „Sex Discrimination Act" von 1975. Durch dieses Gesetz wurde es verboten, bei Stelleninseraten Wörter zu gebrauchen, die eindeutig auf das eine oder andere Geschlecht hinweisen (z.B. *barmaid, barman*); sie müssen ersetzt werden durch ein neutrales (z.B. *barroom attendant*). Die Folge wird ein weiteres Ansteigen des Gebrauchs der zweigeschlechtigen Wörter (*communia*) sein, z.B. *attendant, operator* etc.

In einigen wenigen Fällen können im Englischen auch Dinge maskulin oder feminin verwendet werden. Die bekanntesten Beispiele sind Landesnamen (*If India is to develop her full potential ...*) und Maschinen, mit denen Männer enge emotionale Beziehungen eingehen (*my bike, she'll do you 150 miles an hour*). Hierbei handelt es sich jedoch nicht um grammatisches, sondern um angenommenes natürliches (psychologisches) Geschlecht. Bei Abstrakta richtet sich das Geschlecht oft nach demjenigen des entsprechenden lateinischen Wortes, d.h. nach der allegorischen Vorstellung; so ist *love* masculinum wegen *amor, peace* femininum wegen *pax* und so weiter. Für Deutschsprechende gewöhnungsbedürftig ist *she* für *the moon* und *he* für *the sun* (nur in poetischen und emotionalen Kontexten).

(b) Kasus

Neben dem grammatischen Geschlecht ist ferner die Kategorie des Kasus im Englischen stark geschwächt. Wir verstehen hier unter Kasus ein direkt wahrnehmbares Morphem, z.B. ein Suffix. Im Altenglischen sind die Kasus in diesem letzteren Sinn noch gut unterschieden. Heute haben der Artikel und das Adjektiv nur noch einen Kasus, das Substantiv nur noch einen *common case* (Nominativ + Dativ/Akkusativ) und einen Genitiv (*possessive*); drei Kasus besitzen noch die Personalpronomina, nämlich Nominativ (*I, he, she*), *oblique case* (auch *object case*: *me, him, her*), und *possessive* (*my, his, her*).

Es ist eine für viele umstrittene Frage, ob das Englische heute noch einen Dativ besitze. Als Kasus im alten Sinne, d.h. als Formänderung des Wortes selbst, gibt es ihn nicht mehr. In *I gave the chair* („Akkusativ") *to my sister* und *I gave the chair* („Dativ") *a kick*, ist *chair* formal gleich. Auch der sogenannte *prepositional dative* (*to*-Dativ) läßt sich schwer halten. Viele Grammatiker machen zwar einen Unterschied zwischen einem Dativ-*to* (*I gave it to him*) und einem Richtungs-*to* (*I went to the station*). Diese Zweiteilung ist durch Transformationen beweisbar. Das erste läßt sich ins Passiv setzen, das zweite nicht. Bei vielen Ausdrücken wird die Unterscheidung jedoch zur Haarspalterei. Das *to* in *send X to Y* ist Richtungs-*to*, wenn Y einen Ort bezeichnet (*send a letter to New York*), aber Dativ-*to*, wenn Y eine Person bezeichnet (*send a letter to my lawyer*). Ist der Status von Y unklar, weil ein Ort metonymisch auch für die Personen stehen kann, die an ihm tätig sind (*send the letter to headquarters*), ist die Interpretation beliebig. Was ferner als Dativ bezeichnet wird, ist der *positional dative* (Stellungsdativ). Es ist nicht zu leugnen, daß die Beziehung zwischen Verb und Substantiv (z.B. *give* und *chair*) eine andere ist bei: *I gave the chair to my sister* als bei: *I gave the chair a kick*. Aber auch hier ist eine einfache Formulierung schwierig. Es geht nicht an, zu sagen, „wenn ein direktes Objekt folgt, ist das Vorhergehende ein Dativ." Man vergleiche nur *I call the man a fool*, wo *the man* durchaus nicht als Dativ gelten kann. Der Kasus ist auch nicht durch das Verb festgelegt – vergleiche *she made him a good wife* (*him* = „Dativ") und *she made him a good husband* (*him* = „Akkusativ"); vielmehr kommt es für die englischen Sprecher/Hörer auf den Satzsinn an. Der Linguist kann auch hier wieder mit Transformationen scheiden: z.B. läßt sich in unseren Beispielen *kick* zum Subjekt eines passiven Satzes machen, nicht aber *fool*. Der langen Rede kurzer Sinn ist also folgender: Verstehen wir mit manchen modernen Linguisten „Kasus" als semantische Relationen zwischen Verb und Nominalphrase, den „Dativ" also etwa als einen Nutznießer/Geschädigten der Verbalhandlung, so wird diese Beziehung natürlich auch im Englischen irgendwie ausgedrückt. Als Flexionskategorie des Nomens aber existiert der Dativ ganz klar nicht mehr.

Die heutige weitgehende Aufhebung der alten segmentalen Kasus erleichtert das Erlernen des Englischen ungemein, vor allem wenn man es mit dem Deutschen vergleicht. Besonders das Adjektiv ist viel leichter zu handhaben, da mit dem Kasus auch der Unterschied zwischen starker und schwacher Flexion (*der guten Vorsätze, guter Vorsätze* usf.) dahingefallen ist. Erleichtert ist ferner auch die Apposition, die im Deutschen oft Schwierigkeiten macht: *Seine Arbeit vereinigt in vorbildlicher Weise Dinge, die man nur selten zusammen antrifft: feste eigene Meinung und Toleranz, eingehende Behandlung des Details und steter Blick auf die Grundfragen. Steter* ist strenggenommen falsch, *steten* wirkt leicht schwerfällig und pedantisch. Im Englischen besteht dieses Dilemma nicht.

Zahlreiche Erscheinungen der neuenglischen Grammatik stehen in engem Zusammenhang mit dem Abbau der Kasus. Infolge des Zusammenfalls des Dativs mit dem Akkusativ und dann auch dem Nominativ konnten sich entwickeln:

1) die persönliche Konstruktion *I like* (*want, dream*) für früheres *it likes* (*wants, dreams*) *me. The wolf(e) wanteth his foode*, ursprünglich eine unpersönliche Konstruktion, beginnend mit einem Dativobjekt „dem Wolfe", wurde umgedeutet zu einer persönlichen, beginnend mit „der Wolf".

2) die persönliche Passivkonstruktion: *he was given permission*. Auch die bereits besprochene Verwandlung der Präposition zum „Suffix" (*we longed for her, she was longed for, the longed-for sun*, vgl. oben § 16) konnte sich nur vollziehen, als die Präposition mit dem Kasus auch die Rektion, d.h. den Zusammenhang mit dem nachfolgenden Wort, verlor.

Neben diesen unzweifelhaften Vorteilen im Sinne einer sprachlichen Ökonomie, die besonders Otto Jespersen betont hat, muß die Frage gestellt werden, ob der Kasusschwund andererseits nicht auch zu Mißverständnissen führen kann, vor allem dadurch, daß man einem Substantiv nicht mehr anmerken kann, ob es Subjekt oder Objekt ist. Solche Mißverständnisse sind im heutigen Englisch außerordentlich selten, da das Verhältnis der Wörter mit genügender Klarheit durch die Wortstellung Subjekt – Verb – (indirektes – direktes) Objekt, bzw. Subjekt – Prädikat, ausgedrückt ist. Abweichungen von dieser Ordnung sind heute in der Prosa sehr selten. Ein Satz wie die Stelle aus Grays „Elegy": *And all the air* (Objekt) *a solemn stillness* (Subjekt) *holds* kommt heute praktisch nicht vor. Man muß sagen, daß heute die Satzteile im Englischen sogar unmißverständlicher bezeichnet sind als im Deutschen; denn die Stellung ist völlig eindeutig. Im Deutschen dagegen weicht man im Vertrauen auf das Merkmal des Kasus oft von der Stellung Subjekt – Verb – Objekt ab. Dieses Vertrauen wird allerdings nicht selten enttäuscht, weil die deutschen Substantiva den Kasus häufig nicht mehr anzeigen; so ist der Unterschied zwischen Nominativ und Akkusativ sehr oft verhüllt: *Wie müssen sie* (die Räume) *furchtbar groß sein, daß sie* (Objekt) *Jahrtausende* (Subjekt) *nicht unseres Fühlens überfüllen* (Rilke, *Elegie 7*).

Was man dem Leser oder Hörer zumuten kann, zeigt sehr schön die bei Straumann aufgeführte Schlagzeile: *MOTORIST REFUSED A LICENCE*. Grammatisch ist der Satz scheinbar eindeutig aktiv; in Wirklichkeit wird es aber kaum vorkommen, daß ein Fahrzeugführer den Führerschein zurückweist, dagegen ist es häufig, daß einem Fahrzeugführer der Führerschein verweigert wird; der Satz hat somit aller Wahrscheinlichkeit nach einen passiven Sinn: *a motorist was refused a licence*. Wieder zeigt es sich, wie schon bei der Betrachtung der Homophonie und der Konversion, daß im Englischen häufiger als in manchen anderen Sprachen der Sinn aus dem Zusammenspiel von sprachlicher Form und Kontext, und nicht allein aus der grammatischen Konstruktion entnommen wird. Von ernsthaften Mißverständnissen, die durch den Abbau der Kasus hervorgerufen worden wären, kann nicht gesprochen werden; dieser erweist sich im ganzen durchaus als ein Gewinn im Sinne einer größeren Ökonomie und Klarheit. Für das einzelne Wort aber gilt, daß es nicht nur bedeutungsmäßig, sondern auch grammatisch weniger autonom geworden ist und sich erst im Verband oder Satz entfaltet.

(c) Numerus

Neben Genus und Kasus gehört auch der Numerus (die Zahlform) zu den im Neuenglischen geschwächten Kategorien, wenn auch nicht in dem Maße wie die beiden anderen. Der Unterschied zwischen Ein- und

Mehrzahl ist gänzlich aufgehoben im Adjektiv, ferner bei einigen Pronomina wie *you, some, any*. Auch beim Verb sind die Zahlunterschiede weitgehend reduziert: Die gewöhnlichen Verben unterscheiden nur noch in der 3. Person des Präsens (*he goes, they go*), nicht aber bei der 1. und 2. Person (*I, you, we, you go*) und auch nicht im Präteritum (*I-they went*); die Modalverben, welche aus den altenglischen Präteritopräsentia hervorgegangen sind (*shall, will, can, may, must, ought*), sind in allen Personen, auch in der dritten, in bezug auf den Numerus neutral.

Am besten hat sich die Kategorie des Numerus beim Substantiv erhalten. Bei diesem besteht eine eindeutige Scheidung zwischen Singular und Plural, ausgedrückt in den meisten Fällen durch das Plural-*s*. Immerhin gibt es auch hier Ausnahmen, d.h., Substantiva, die die Kategorie der Zahl nicht kennen. Hierzu gehören erstens die Wörter mit unverändertem Plural (*unchanged plural*), welche häufig kollektive Bedeutung haben und zudem in einigen Fällen aus altenglischen Neutra mit endungslosem Plural hervorgegangen sind: *sheep, deer, swine, fowl, fish, fruit, craft* (die letzten drei auch mit *s*). Diese Wörter haben kein Pluralzeichen, aber sie werden wie die regulären Substantiva, den Erfordernissen der Mitteilung entsprechend, als Singular oder Plural verwendet.

Etwas anders steht es mit einer anderen Gruppe, nämlich bei einigen Abstrakta von mehr oder weniger kollektiver Bedeutung, z.B. *knowledge, advice, news, information, luck, kindness*, sowie den Wörtern in *-ics: mathematics, dialectics, tactics* usf. Diese Wörter sind nicht einfach, wie die vorhergehenden, im Singular und Plural gleich, sondern sie haben von ihrer Bedeutung her streng genommen überhaupt weder Singular noch Plural und nehmen damit eine Sonderstellung ein. Formal sind manche von ihnen Plurale (*news, tactics*), manche Singulare (*knowledge, information*); das dazugehörige Verb erscheint meist im Singular (*mathematics is horrid*), selten im Plural – und dann meist mit zusätzlichen Bedeutungsnuancen: *the mathematics of this problem are still unexplored,* dt. etwa „die mathematischen Teilaspekte des Problems". Auch das Wort *politics* bietet ein gutes Beispiel: *what are your politics?*, „was sind deine politischen Überzeugungen?", gegenüber *politics has never been my favourite subject*, „Politikwissenschaft ist nie mein Ding gewesen". Wo die Bedeutung nicht genau definiert ist, hat der Sprecher die freie Wahl: *politics are/is a boring subject to discuss*, „Politikwissenschaft, politische Überzeugungen, alles, was mit Politik zusammenhängt, langweilt mich".

Es ist ein auffallender stilistischer Zug des Englischen, daß es dort, wo es auf Zählbarkeit ankommt, Wörter mit unklarem Numerus durch Hinzufügung von *piece* (oder vergleichbaren Wörtern) zu einem Wortverband erweitert: *an important piece of news*, „eine bedeutende Nachricht", *a splendid piece of tactics*, „eine glänzende Taktik", *a new system of optics*, „eine neue Optik".

Noch von einer anderen Seite her wird der grammatische Numerus eingeschränkt. Selbst da, wo die Zahl durch eine grammatische Form festgelegt ist, neigt die englische Sprache vielfach dazu, den grammatischen Numerus zugunsten des sinngemäßen zu verlassen. So wird einerseits ein im Singular stehendes Kollektivum, das sich auf eine Vielheit von Personen bezieht, häufig als Mehrzahl behandelt: *the police are after you, my family are early risers*. Andererseits wird ein Plural, der sich als höhere Einheit auffassen läßt, gern mit dem Singular verbunden *a zoological gardens, a barracks* (Kaserne), *another ten miles; is twenty hundred kisses such a trouble* (Shakespeare). Wieder zeigt sich hier das Übergewicht der semantischen (bedeutungsmäßigen) über die rein grammatische Auffassung.

Auch da, wo der Numerus in einem Satz noch deutlich zum Ausdruck kommt, zeigt sich die Reduktion als bedeutende formale Vereinfachung. Oft erfolgt die Angabe der Zahl nur in einem einzigen Wort eines Satzes: *The pretty girl smiled* ist durch ein einziges *s* (*girls*) in die Mehrzahl zu bringen, wogegen *das hübsche Mädchen lächelte* drei und *das hübsche Kind lächelte* sogar vier Veränderungen benötigt. Als großer Vorteil erscheint wiederum die Reduktion der Kongruenzen, d.h. der formalen Übereinstimmung vor allem des Adjektivs. Ein Satz wie *some silly pupil or pupils must have done this* ist im Deutschen nicht in derselben Einfachheit wiederzugeben, ebensowenig *my wife and children*. Den Vorteilen der Reduktion stehen nur geringe Nachteile gegenüber. Da die meisten Verben und Substantive den Numerus enthalten, wird dieser normalerweise wenigstens einmal im Satz bezeichnet. Die Bezeichnung fällt nur dann weg, wenn ein numerusloses Pronomen (*some, any*) mit einem Hilfsverb (*can, must, may* usw.) zusammentritt. *Some can go to the press* kann heißen: *Einige* (*Bogen*) *können gedruckt werden* oder: *Einiges* (*davon*) *kann gedruckt werden*. Auch wenn ein solches Pronomen Objekt ist, bleibt die Zahl offen: *Take any of them* heißt *nimm, welchen du willst* oder *nimm, welche du willst*. In den meisten Fällen wird aber auch hier die Situation, d.h., das semantische Verständnis, das grammatische ersetzen, oder wenn sich der Numerus nicht ergibt, ist er oft gleichgültig. Lästig ist höchstens die Unbestimmtheit in der zweiten Person. *You can go now, you are not as you ought to be* kann sich an einen oder alle Angesprochenen richten. In Dialekten (bes. der USA) ist deshalb auch *you-all* für den Plural gebräuchlich, im irischen Dialekt des Englischen *youse*, und sogar im Standard kann man durch Hinzufügungen den Numerus verdeutlichen: *what about you* gegenüber *what about you lot/you guys/you people*. Die Zweideutigkeit des *you* ist aber nicht eine Folge der Numerusreduktion, sondern der pluralen Höflichkeitsform, sie gilt genauso für französisch *vous* und deutsch *Sie*. So läßt sich denn wohl sagen, daß auch die Reduktion des Numerus nur positive Folgen gehabt hat.

(d) Der Konjunktiv
Innerhalb der Verbalformen gehört der Konjunktiv (engl. *subjunctive*) zu den stark reduzierten Kategorien. Das Altenglische besaß noch zwei formal vollständig entwickelte und deutlich geschiedene Modi: Indikativ und Konjunktiv (für das Altenglische meistens Optativ genannt). Ihre Funktionen waren ähnlich geschieden wie im heutigen Deutschen. So erschien in einem abhängigen Fragesatz der Optativ: *wer sein Vater sei: hwā his fæder wǣre*; darüber hinaus war es nach gewissen Konjunktionen üblich, z.B. nach *ǣr (bevor): ǣr ȝe ... furþur fēran, bevor ihr weiter fahrt* (Beowulf 252), oder *ǣr he on weȝ hwurfe, bevor er fortging* (264); die entsprechenden Indikative wären *fērað* und *hwearf*. Dieser ausgedehnte und geregelte Optativ ist heute fast völlig verschwunden. Eine vom Indikativ verschiedene *subjunctive-form* besitzen die Normalverben nur noch in der 3. Person des Präsens: *long live the Queen* (Indikativ: *lives*). Lediglich das Verb *to be* besitzt weitere unterschiedene Formen (*be* für das ganze Präsens, *were* für das ganze *past*). In der Anwendung dieser Formen ist man äußerst zurückhaltend geworden. Sie sind noch möglich in Wunsch- und Bedingungssätzen, wirken aber archaisch und werden praktisch nur noch in Formeln gebraucht: *come what may, serve you right, if I were you, if need be*. Man kann sagen, daß diese Formen nur noch Reste sind und daß eine produktive Kategorie des *subjunctive* in solchen und ähnlichen Ausdrücken nicht mehr besteht. Der Ausdruck des Wunsches und der Irrealität wird vielmehr durch Hilfsverben besorgt. Nur als sogenannter *mandative subjunctive* in abhängigen Sätzen nach Verben des Wünschens/Befehlens hat die Form im formellen Stil besonders des amerikanischen Englisch ein gewisses Comeback erlebt: *the resolution stipulated that the army withdraw* (britisch eher *withdraws/should withdraw*) *before the start of negotiations*.

(e) Vox/ Genus Verbi
Eine für das neuenglische Verb sehr charakteristische Erscheinung ist ferner eine gewisse auflösende Tendenz in der Vox (auch Genus Verbi genannt), womit im wesentlichen die Unterscheidung zwischen Aktivum, Reflexivum und Passivum gemeint ist. In Verbindung damit ist ein

Zerbröckeln der festen Scheidewand zwischen transitivem und intransitivem Gebrauch der Verben festzustellen.

Verglichen mit anderen Sprachen ist im Englischen das Reflexivum wenig häufig, wohl infolge der Komplexität, Länge und Schwerfälligkeit des Reflexivpronomens (*myself/ yourself/ himself/ herself/ itself/ ourselves/ yourselves/ themselves* gegenüber deutsch *sich*, französisch *se, s'*). Häufig steht das gewöhnliche Aktivum, wo man, vom älteren Englisch oder von anderen Sprachen herkommend, das Reflexivum erwarten würde. Dieses ist bei *behave, dress, shave, wash* fast ausgestorben oder auf gewisse Spezialbedeutungen reduziert. Vom Deutschen und Französischen aus gesehen, fällt die Abwesenheit des Reflexivums auf bei *mix* (sich mischen), *feel* (sich fühlen), *approach* (sich nähern), *apply* (sich beziehen) und in zwei weiteren Konstruktionen.

Die erste liegt vor, wenn das Verb inchoativ mit einem Adjektiv gebraucht wird, d.h., das Hineingehen in einen Zustand bezeichnet. Im Deutschen muß hier, wenn die Konstruktion überhaupt möglich ist, das Reflexivum gebraucht werden: *das Kind hat sich müde gespielt, die Sache läuft sich tot*; eine Ausnahme bildet nur *werden*. Im Englischen können außer *get* und *become* auch *turn, come, run, wear, flush, fall* und andere im Aktivum mit einem Adjektiv des Resultats verbunden werden: *the milk turned sour, our dreams come true, my pen has suddenly run dry, my coat is wearing thin, she flushed crimson, the bill falls due, he fell silent* (= *schwieg*, inchoativ).

Die zweite Konstruktion, in der der Gebrauch des Aktivums statt des Reflexivs auffällt, könnte mediopassivisch genannt werden: *the book reads well, sells well*, gegenüber deutsch *liest sich gut* oder französisch *se vend*. Diese Konstruktion ist im Deutschen und Französischen nur grammatisch eine reflexivische; logisch gesehen ist sie viel eher ein Passivum: das Buch wird verkauft, gelesen usf. Nur in bezug auf die Form des Verbs ist der Unterschied zwischen *the book sells* und the *book is sold* einer zwischen Aktiv und Passiv; inhaltlich liegen zwei verschiedene Varianten des Passivs vor: *the book is sold* bezieht sich auf eine bestimmte konkrete Situation („das Buch ist/ wird verkauft"), *the book sells* hat dagegen eine umfassendere, „potentielle" Bedeutung („das Buch kann verkauft werden," „...läßt sich verkaufen"). Dieses activum pro passivo ist nun im Englischen allgemein eine erstaunlich häufige Erscheinung. Sie liegt vor in: *My hat blew off; A large canvas bag, which tied up at the mouth with strings* (*Alice in Wonderland*); *Are you aware that dresses button up the back?* (Barrie, *The Admirable Crichton*, Act I) und ist bei vielen weiteren Verben möglich. Mit großer Unbekümmertheit wird hier entgegen der Logik die einfachere Form des Verbs vorgezogen, solange sie nicht ausgesprochen mißverständlich ist.

Die systematische Unterscheidung zwischen Aktiv und Passiv wird weiterhin geschwächt durch eine große Gruppe von Verben, die schon von alters her, teilweise im frühen Mittel- oder gar Altenglisch, eine Doppelfunktion hatten. In jeder Sprache gibt es eine Anzahl von Verben, bei denen die Unterscheidung zwischen aktiver und passiver Form, wenigstens bei gewissen Subjekten, am Sinn nichts ändert. Hierzu gehören etwa *rollen, trocknen, kochen*. Für das Faß ist *rollen* und *gerollt werden* dasselbe, für die Wäsche *trocknen* und *getrocknet werden*, für die Kartoffeln *kochen* und *gekocht werden*. (Ein Unterschied besteht dagegen für den menschlichen Agens; man vergleiche den grauslich-zweideutigen Zeitungstitel *SCHOOLBOY COOKED FOR 6 MONTHS*.) Es scheint, daß im Englischen die Zahl dieser janusköpfigen Verben besonders groß ist: *drown, change, get, move, look, turn, return, enter, advance, compare, want, miss, lack* usf. Bei allen kann unter Umständen das Passivum dasselbe wie das Aktivum bedeuten: *he cannot compare with X.* = *he cannot be compared with X; he had changed* = *he had been changed*, wenngleich auch hier gewisse feine Bedeutungsunterschiede entwickelt worden sind: *to be missing* abwesend sein, *to be missed* (aktiv-schmerzlich) vermißt werden. Die Ursachen für die Häufigkeit dieses Typs sind vielfältig. Bei den Verba des Fehlens ist der Kasusschwund für die Doppelseitigkeit verantwortlich, der den alten Dativ der Person zu einem Nominativ werden ließ. An diese janusköpfigen Verben können auch diejenigen angeschlossen werden, die das Kausativum durch „Konversion", d.h. ohne formale Veränderung, bilden (vgl. § 15), also der Typus *to fly a kite, to sink a ship, to march them up*.

Allgemein ist also mit Bezug auf die Vox des Verbs festzustellen: ein häufiger funktioneller Zusammenfall des Aktivums mit dem Reflexivum und Passivum und zugleich ein gewisses Überwuchern des Aktivums in die Gebiete der beiden anderen Formen. Das Reflexivum ist hierdurch fühlbar geschwächt; vom Passivum läßt sich das nicht in gleichem Maße sagen, da es nach wie vor eine große Rolle spielt, besonders durch die Möglichkeit des persönlichen Passivs (*I was given a book*) und als Ersatz des unpersönlichen Pronomens: *it is easily seen* für deutsch *man sieht ohne Mühe*.

Die hier als Vermischung der Voces geschilderte Erscheinung läßt sich auch sehen als eine Erweichung der Grenze zwischen transitivem und intransitivem Gebrauch des Verbs. In der Tat ist im Englischen das Hin und Her zwischen diesen beiden Möglichkeiten im Vergleich etwa zum Deutschen gewaltig erleichtert. *Kleiden* ist immer transitiv, auch wenn kein Objekt genannt ist (*das kleidet gut*), d.h., es enthält immer die Vorstellung, daß die Handlung an einem Objekt geschieht. *Dress* dagegen kann transitiv sein (*she dressed the girl*), aber auch intransitiv (*she dresses well*). Dem activum pro passivo entspricht ein Übergang von der transitiven zur intransitiven Konstruktion. *The wind blew my hat off* ist transitiv, *my hat blew off* intransitiv. Andererseits wird ein intransitives Verb transitiv, wenn es zum Kausativum wird: *to sink* (*sinken*) wird transitiv als *to sink* (*versenken*). Aber auch außerhalb des Wechsels der Vox ist der Übergang von der Intransivität zur Transitivität im Englischen leichter als in anderen Sprachen. Geläufig sind im Englischen Wendungen wie *to fly heavy attacks* (jetzt nach englischem Muster auch im Deutschen: *Angriffe fliegen*), *to look daggers, to look disapproval, to grope one's way, to smile one's thanks*, wogegen im Deutschen solche Transitivierungen als kühn erscheinen und an Klopstock, den jungen Goethe (*ekles Schwindeln zögert mir vor die Stirne dein Zaudern*) und an den Expressionismus erinnern.

Bei der letzten hier zu behandelnden Erscheinung handelt es sich im strengen Sinn nicht um eine grammatische Kategorie, aber dennoch ist Schwächung – im Vergleich zum Deutschen und zu früheren Stufen des Englischen – festzustellen. Es geht um die Satzgrenze zwischen Haupt- und Nebensatz, die im heutigen Englisch auf vielfache Weise verwischt werden kann. Einige der relevanten Konstruktionen haben wir weiter oben schon kennengelernt. *I want him to think about it* gegenüber *Ich möchte, daß er darüber nachdenkt.* Im englischen Beispiel gehört *him* formal zum Verb *want*, inhaltlich aber zum folgenden Verb *think. The mysterious visitor turned out to be a spy* gegenüber *Es stellte sich heraus, daß der geheimnisvolle Besucher ein Spion war. The hostages are expected to be released soon* gegenüber *Man erwartet, daß die Geiseln bald freigelassen werden. The article takes ages to read* gegenüber *Man braucht eine Ewigkeit, um den Artikel zu lesen.* In allen englischen Konstruktionen bemerken wir dasselbe: Das Subjekt des jeweils übergeordneten Verbs (*the mysterious visitor, the hostages, the article*) hat semantisch nicht direkt mit dem Verb zu tun, sondern gehört eigentlich zum Nebensatz. Der Artikel „nimmt" nicht Zeit, sondern „es nimmt Zeit in Anspruch", den Artikel zu lesen. Was hier stattfindet, ist eine Konstruktionsverschmelzung, die zu einer Verwischung der Grenze zwischen Haupt- und Nebensatz führt.

Eine andere Art, Satzgrenzen zu überwinden, besteht darin, Konstituenten – etwa in Frage- und Relativsätzen – einfach über eine oder mehrere Satzgrenzen „springen" zu lassen (der sprachwissenschaftliche Fachausdruck ist „Extraktion"). *This is a product most doctors advise against using for young children*, heißt es auf englisch: *product* ist das Objekt von *use* (... *use a product for young children*), aber durch Voranstellung von seinem Verb getrennt. Das geht auf deutsch nicht so leicht: *Das ist ein Produkt, bei dem die meisten Ärzte empfehlen, es bei Kleinkindern nicht anzuwenden.* Man könnte in Anbetracht der vielen ähnlichen Strukturen und der erwähnten Konstruktionsverschmelzungen sogar so weit gehen zu sagen, daß das Englische durch die Verwischung der Grenzen zwischen den Sätzen die Beweglichkeit der Satzstellung gewonnen hat, die es innerhalb des Satzes durch die Fixierung der Folge „SVO" verloren hat. Dies macht dann wiederum klar, daß die Stärkung einer grammatischen Kategorie sehr oft direkt mit der Schwächung einer anderen zusammenhängt.

Zusammenfassend läßt sich also feststellen, daß im Englischen besonders viele der alten grammatischen Kategorien dahingefallen oder wenigstens geschwächt sind. Die Folge ist sprachliche Ökonomie; d.h., zum Ausdruck der gleichen sprachlichen Inhalte genügen heute geringere Mittel als früher. Die Beziehung zwischen den Wörtern wird nicht mehr so sehr durch formale Veränderung des einzelnen Wortes ausgedrückt als vielmehr durch die Stellung der Wörter und den Gesamtsinn der Sätze; d.h., das funktionelle Schwergewicht ist vom Einzelwort auf die Wortverbindung übergegangen.

Literatur: John A. Hawkins, A Comparative Typology of English and German: Unifying the Contrasts (Croom Helm, London & Sydney 1986; umfassende, vor dem Hintergrund der Sprachtypologie argumentierende Studie, die die vielfältigen Folgen des Verlusts des Kasussystems für die Grammatik des heutigen Englisch darstellt).

V. Die Schichtung des Englischen

20. **Klärung der Begriffe.** Bis jetzt sind wir in unserer Darstellung der Einfachheit halber davon ausgegangen, daß es sich beim „heutigen Englisch" um ein einheitliches System handle, das sich als solches genau und vollständig beschreiben lasse. Dem ist natürlich nicht so: Genau genommen, treffen die Aussagen, die gemacht wurden, auf eine bestimmte, noch dazu künstlich fixierte Spielart des Englischen zu: die Hochsprache, den Standard gebildeter britischer Sprecher – also *educated standard English* in einer Lautung, die gemeinhin *Received Pronunciation* (R.P., „anerkannte" oder „allgemein akzeptierte Aussprache") genannt wird.

Dies ist auch diejenige Form des Englischen, die außerhalb der sprachwissenschaftlichen Fachdiskussion oft mit *the King's* (oder *Queen's*) *English, BBC English* oder *Oxford English* bezeichnet wird. Besonders der letztgenannte Terminus ist etwas unglücklich gewählt, weil man sich damit gerade nicht auf das Englisch bezieht, das von den Bewohnerinnen und Bewohnern von Oxford gesprochen wird, sondern auf das einer gebildeten Elite, die – möglicherweise nach einer Schulzeit in einem der teuren privaten Internate (*public schools*) – an einer der beiden altehrwürdigen Universitäten Oxford und Cambridge studiert hat. *Oxford English* in diesem Sinn ist also gleichbedeutend mit dem oben bereits eingeführten *educated standard* in seiner spezifisch britischen Normaussprache *R.P.*, dessen Hauptmerkmal ja gerade darin besteht, daß er landesweit verbreitet und nicht auf eine Region beschränkt ist; am besten vermeidet man daher diesen Ausdruck.

Erweitert man das Blickfeld auf die Zonen jenseits des gebildeten Sprachgebrauchs, vervielfachen sich die alltagssprachlich üblichen Termini zur Bezeichnung sprachlicher Besonderheiten: *dialect*, „regional typische Sprachform", *jargon* „(meist schwer verständliche) Fachsprache", *gobbledygook*, „(pseudowissenschaftliches) Kauderwelsch", *slang*, „betont informelle oder anstößige Redeweise", *colloquial*, „umgangssprachlich", *substandard/ vulgar*, „unkultiviert/ vulgär" und so fort. Fast alle diese Begriffe bezeichnen nicht eine Sprachform als ganzes, sondern vielmehr Bündel von Merkmalen, die die Redeweise eines Menschen gelegentlich charakterisieren können. Niemand wird immer nur *slang* oder *substandard* sprechen; und Sprecher, die sich ausschließlich in der Umgangssprache oder im Dialekt bewegen, sind zwar vorstellbar, aber selten.

Wie versucht nun die Linguistik im allgemeinen, und die sprachwissenschaftliche Anglistik im besonderen, mit der schillernden Vielfalt sprachlicher Variation fertigzuwerden? Als allgemeinster Begriff zur Kennzeichnung einer identifizierbaren Unterform einer Sprache hat sich der Begriff „Varietät" (*variety*) eingebürgert. Man kann – in dem oben angedeuteten Sinn – von einer Standardvarietät einer Sprache sprechen, aber auch von *local varieties*, etwa dem *Ulster English*, von *ethnic varieties* wie zum Beispiel dem *African-American English*, oder gar von einer nichtmuttersprachlich gesprochenen Form des Englischen wie einer *German learner variety*. Der Begriff Varietät sagt noch nichts über die Art der Variation aus: Es kann sich um lautliche, grammatische, lexikalische oder anderweitige Charakteristika handeln. Zur spezielleren Kennzeichnung der Merkmale einer Varietät bedient man sich spezifischerer Begriffe wie z.B. *accent, dialect* oder *slang*.

Von einem Akzent spricht man, wenn sich eine Sprachform von einer anderen oder vom Standard in erster Linie durch lautliche Kennzeichen unterscheidet, von Dialekt, wenn die Unterschiede darüber hinaus auch Grammatik und Vokabular betreffen. *He spoke with a Yorkshire accent* heißt also, daß sich die betreffende Person in Vokabular und Grammatik (im großen und ganzen) auf dem Boden des Standards bewegt, in ihrer Aussprache aber eine eindeutige regionale Einfärbung erkennen läßt. Eine Äußerung wie *'ee were a canny lad didn't say owt* („he was a clever boy who didn't say anything") dagegen enthält auch grammatische und lexikalische Merkmale, die auf den Norden Englands hinweisen, ist also Dialekt. Als linguistischer Fachbegriff bezieht sich *slang* in erster Linie auf das spezifische Vokabular von Gruppensprachen (und nicht auf Aussprache und Grammatik): *student slang* gibt es daher in vielen verschiedenen Akzentfärbungen (wenn auch wohl meist mit Standardgrammatik); *drug users' slang* kann in Kombination mit den verschiedensten lautlichen und grammatischen Merkmalen auftreten. Das Beispiel *slang* zeigt deutlich, daß sich die enge fachwissenschaftliche Bedeutung eines Begriffes unter Umständen ganz erheblich von der breiteren alltagssprachlichen unterscheiden kann. Dies trifft auch auf andere der hier genannten Begriffe zu.

Unterschieden wird jedoch nicht nur nach den sprachlichen Ebenen, die von der Variation betroffen sind (also in erster Linie Aussprache, Grammatik und Vokabular), sondern auch nach den außersprachlichen Faktoren, die sie verursachen. Hier unterscheiden wir im Prinzip nach (1) Dialekten, d.h. Variation nach regionaler Herkunft der Sprecher,

(2) Soziolekten, Variation nach Bildungsgrad bzw. sozialer Schichtenzugehörigkeit, und (3) Registern, Variation, die durch Sprechsituation
oder Medium (etwa Rede oder Schrift) bedingt ist. Variation ist allge-
genwärtig: Selbst der Sprecher, der sich immer nur des gebildeten Standards, frei von regionalen oder für die Unterschicht spezifischen
Sprachmerkmalen, bedient – ohnehin ein eher seltener Fall – wird seine
Redeweise entlang der letztgenannten Dimension variieren. *I won't put
up with the way you're carrying on* wäre die informell-spontansprach-
liche Fassung eines Satzes, der geschrieben zu *I will not tolerate your
behaviour* werden könnte. Neben den drei genannten Dimensionen der
Variation – nach Region, sozialer Schicht und Situation – gibt es auch
interessante Unterschiede im Sprachgebrauch zwischen Jung und Alt
und zwischen Männern und Frauen. Besonders letztere werden derzeit
intensiv erforscht, doch gibt es Anzeichen dafür, daß sie nicht so systematisch und tiefgreifend sind wie die oben diskutierten.

Schon ein oberflächlicher Blick in die sprachliche Landschaft des
heutigen England zeigt rasch, daß dieses allgemeine Schema verfeinert
werden muß, wenn man es auf eine konkrete Situation anwendet. Es besteht ganz klar ein Zusammenhang zwischen Dialekt und Soziolekt,
oder Soziolekten und Registern. Den reinsten Dialekt wird man im allgemeinen bei weniger gebildeten Sprechern finden, die sich in entspannter Atmosphäre mit ihresgleichen unterhalten. Hoher Bildungsgrad
ist zwar im Prinzip mit Dialektgebrauch durchaus vereinbar – die
Schweiz bietet dafür ein gutes Beispiel –, doch nähern sich gebildete
Sprecher in England in förmlichen Situationen dem Standard weitgehend an. Der Oberbegriff Dialekt muß also, soll er für die Analyse des
heutigen Englisch taugen, auf dreifache Weise ausdifferenziert werden.
Es gibt die regionalen Umgangssprachen, die traditionellen ländlichen
Dialekte und die modernen Dialekte.

Beginnen wir mit den erstgenannten. Fast schon im fließenden Übergang zum informellen gesprochenen Standard treten uns heute die *regional standards* entgegen – großräumige regionale Umgangssprachen,
die sich durch ihre spezifischen Akzente auszeichnen, aber von lexikalischen und grammatischen Regionalismen weitgehend frei sind. Diese
Sprachformen sind heute im Vormarsch und werden zum Beispiel durch
Radio und Fernsehen immer weiter verbreitet. Dagegen ist der *traditional dialect* im Rückzug begriffen. Traditionelle Dialekte sind kleinräu-
mig ausdifferenziert, sind nicht nur in ihrer Aussprache, sondern auch in
Vokabular und Grammatik eigenständig und haben ihre Basis in der alt-
eingesessenen Bevölkerung der ländlichen Gebiete. Industrialisierung
und Verstädterung, regionale und soziale Mobilität haben in den letzten

beiden Jahrhunderten zu einer Dialektmischung und Umstrukturierung der historisch überlieferten Dialektlandschaft geführt. Im Vergleich zu den *traditional dialects* sind die *modern dialects* räumlich etwas weniger oder anders ausdifferenziert, und besonders bei Vokabular und Grammatik ist die regionale Spezifik im allgemeinen weniger wichtig als die soziale. Phänomene wie die Mehrfachnegation (*I didn't say nothing to nobody around here*), die Verwendung von *ain't* anstelle von *isn't, aren't, haven't* oder *hasn't, don't* für *doesn't* (z.B. *it don't matter*), *them* statt *those* (*gimme them pincers, will you*), der Gebrauch des unmarkierten Adverbs (*talk proper, work good under pressure, real stupid*) sind Phänomene, die praktisch in der gesamten englischsprachigen Welt verbreitet sind. Anders als die Aussprache sind sie nicht kennzeichnend für eine bestimmte Region, sondern drücken aus, daß der Sprecher über die Konventionen des Standardenglischen nicht Bescheid weiß bzw. sich nicht um sie kümmert.

Peter Trudgill, der die Unterscheidung zwischen den traditionellen und den modernen Dialekten besonders deutlich herausgearbeitet hat, führt den folgenden diagnostischen Satz zur Kennzeichnung der von ihm unterschiedenen 16 Dialektregionen des modernen Englisch ein. Es sind dies Northeast, Central North, Central Lancashire, Humberside, Merseyside, Northwest Midlands, West Midlands, Central Midlands, Northeast Midlands, East Midlands, Upper Southwest, Central Southwest, Lower Southwest, South Midlands, East Anglia, Home Counties [= London und Umgebung]:

Very few cars made it up the long hill.

Jedes Wort im Satz mit Ausnahme des Pronomens *it* und des bestimmten Artikels enthält zumindest ein relevantes Unterscheidungsmerkmal. In *very* ist es der Vokal der zweiten Silbe, der „lang" ausgesprochen werden kann. In *few* variiert /ju:/ mit /u:/; in *cars* kann das postvokalische /r/ ausgesprochen werden oder nicht. Bei *made* unterscheidet man diphthongische oder monophthongische Aussprache des Vokals, während *up* als /ʊp/ oder /ʌp/ realisiert werden kann. Bei *long* gibt es die Varianten mit und ohne /g/ am Ende, also /lɒŋ/ gegenüber /lɒŋg/, und bei *hill* kann das /h/ fehlen und/oder das /l/ vokalisiert sein. Die folgende Tabelle illustriert die Verhältnisse in ihrer ganzen Komplexität; ein „+" bedeutet, daß der betreffende Dialekt das Merkmal aufweist:

	/i:/ in *very*	/u:/ in *few*	/r/ in *cars*	/e:/ in *made*	/ʊ/ in *up*	/ŋg/ in *long*	h-drop-ping	/ʊ/ for /ʌ/ (*hill*)
Northeast	+	–	–	+	+	–	–	–
Central N	–	–	–	+	+	–	+	–
Central Lcs.	–	–	+	+	+	+	+	–
Humberside	+	–	–	+	+	–	+	–
Merseyside	+	–	–	+	+	–	+	–
NW Midl.	–	–	–	–	+	+	+	–
W Midl.	+	–	–	–	+	+	+	–
Central Midl.	–	–	–	–	+	–	+	–
NE Midl.	+	–	–	–	+	–	+	–
East Midl.	+	+	–	–	+	–	+	–
Upper SW	+	–	+	–	–	–	+	–
Central SW	+	–	+	–	–	–	+	+
Lower SW	+	–	+	+	–	–	+	–
South Midl.	+	+	–	–	–	–	+	+
East Anglia	+	+	–	–	–	–	+/–	–
Home Coun.	+	–	–	–	–	–	+	+

(nach Trudgill 1990: 65–66)

Je mehr +-Zeichen in einer Zeile zu finden sind, desto ferner ist der betreffende Dialekt dem Standard. Liest man die Tabelle senkrecht, sieht man, daß manche Merkmale in benachbarten Regionen kontinuierlich auftreten – so das /ʊ/ in *up*, das im Norden immer da ist, im Süden jedoch vollständig fehlt. Anders ist es beim postvokalischen /r/: Hier gibt es zwei Reliktgebiete, nämlich Central Lancashire und den Südwesten; das heißt, die neue r-lose (*non-rhotic*) Aussprache hat sich von London ausgehend in den meisten Teilen Englands schon früh durchgesetzt.

Die Standardform einer Sprache genießt innerhalb einer Gesellschaft offenes Prestige (*overt prestige*). Wer sie spricht, gilt als gebildet, reich, fortschrittlich, mächtig und – so willkürlich dies auch scheint – als sauber. Wie erklärt sich dann das Fortbestehen der regionalen und soziolektalen Sprachformen, die – wenn der Umkehrschluß zutrifft – ja mit Mangel an Bildung, Armut, Machtlosigkeit, Rückständigkeit und mangelnder Hygiene assoziiert werden müßten? Dies trifft zwar bis zu einem bestimmten Grad zu, doch haben gerade diese Sprachformen ein verdecktes Prestige (*covert prestige*). Sie stehen für die emotionale Solidarität der Gruppe, innerhalb derer sie gesprochen werden, signalisieren also Wärme, Verläßlichkeit und Ehrlichkeit, wo der Standard für kühle Distanz, Sachlichkeit und Indirektheit steht. Deshalb sind beide, Dialekt und Standard, notwendig, und trotz aller technischen Fortschritte der Massenkommunikation, die die Standardisierung ohne Zweifel fördern, wird es dennoch nie soweit kommen, daß in der ganzen englischsprachigen Welt nur noch ein Standard gesprochen wird.

Auf die traditionellen Dialekte des Englischen und die Methoden, derer man sich zu ihrer Erforschung bedient, werden wir weiter unten (§ 22) noch einmal zurückkommen. Wer Englisch als Fremdsprache lernt, lernt üblicherweise den Standard, und seiner historischen Entwicklung werden wir uns im nächsten Abschnitt zuwenden.

Übersichtsliteratur zur regionalen und sozialen Differenzierung des Englischen in Großbritannien: Robert Burchfield, Hrsg., The Cambridge History of the English Language (Bd. V, Teil I: „Regional varieties of English in Great Britain and Ireland", CUP, Cambridge 1994); A.S.C. Ross, „Linguistic class indicators in present-day English" (Neuphilologische Mitteilungen 55, 1954, S. 20–56; eine heute veraltete, aber zur Zeit ihres Erscheinens sehr populäre Darstellung der Verhältnisse unmittelbar nach dem Zweiten Weltkrieg aus der Perspektive der englischen Oberschicht); Peter Trudgill, Hrsg., Sociolinguistic Patterns in British English (Edward Arnold, London 1978); Peter Trudgill, Hrsg., Language in the British Isles (CUP, Cambridge 1984; dieses Werk behandelt nicht nur das Englische, sondern alle auf den Britischen Inseln gesprochenen Sprachen, also z.B. die keltischen Sprachen oder die Sprachen, die von Einwanderern aus dem Commonwealth nach dem Zweiten Weltkrieg mitgebracht wurden); John Wells, Accents of English (3 Bde., CUP, Cambridge 1982; ein Standardwerk, das den Vorteil hat, daß alle behandelten Akzente auf einer Begleitkassette mit Sprechproben illustriert werden).

21. **Die Hochsprache (*Standard English*).** Unter einer Hochsprache (Standardsprache, engl. *standard*) versteht man eine Sprachform, die die folgenden Bedingungen erfüllt:

(1) überregional verbreitet und verständlich,
(2) Sozialprestige tragend,
(3) als Medium von Wissenschaft und Literatur gebraucht,
(4) mit einem gebräuchlichen Schriftsystem versehen,
(5) explizit (schriftlich) normiert.

Daß innerhalb eines Sprachgebietes eine einheitliche Normalsprache existiert, daß es eine Norm in der Orthographie und Grammatik gibt, nach der man Falsches und Richtiges unterscheiden kann, ist keine Selbstverständlichkeit. Die historische Sprachwissenschaft zeigt, daß die Sprachen im allgemeinen, wenn man sie ihrer natürlichen Entwicklung überläßt, eher zu einer fortschreitenden regionalen und sozialen Differenzierung neigen, d.h., sich an verschiedenen Orten verschieden entwickeln. Das natürliche Resultat ist also die Aufsplitterung in Dialekte, und es müssen starke politische und kulturelle Gegenkräfte am Werk sein, um eine einheitliche Hochsprache zu schaffen. Daß es heute eine solche gibt, hat viele Vorteile. Dies muß klar gesagt werden, da über die Hochsprache viele falsche Urteile im Kurs sind, z.B., sie sei lediglich ein Dialekt unter anderen oder gar ein überflüssiges Mittel gesellschaftlicher Unterdrückung.

Was Vokabular und Grammatik betrifft, darf man mit einigem Recht von *einem* internationalen Standard des Englischen sprechen. Die meisten Wörter der englischen Sprache etwa sind dem britischen, amerikanischen oder australischen Englisch gemeinsam. Sogar noch homogener ist die Grammatik des Standards. Wenn die geschriebene Sprache als das Band gelten kann, das das heutige Englisch zusammenhält, so ist die Aussprache derjenige Bereich, in dem sich auch gebildete Sprecher unterscheiden. An ihrer Aussprache erkennt man die britische, amerikanische oder australische Sprecherin sofort. Und im Gegensatz zu früheren Zeiten wird heute keiner dieser Aussprachestandards als besser oder schlechter, richtig oder falsch angesehen (dazu mehr unten, § 24–25). Beginnen wir aber hier mit der ältesten und historisch wichtigsten Form, dem *British Standard English*.

Seine Geschichte ist ursprünglich die Geschichte der englischen Schriftsprache; d.h., die ersten Versuche zur Vereinheitlichung zeigen sich ausschließlich in der Schreibung, während das gesprochene Englisch noch lange dialektal aufgeteilt war. Eine Art von Schriftsprache gab es schon im Altenglischen: Nachdem König Alfred (um 870) seine Residenz Winchester (die Hauptstadt des alten Wessex) zu einem bedeutenden kulturellen Zentrum gemacht hatte, wurden fast alle poetischen Denkmäler und viele bedeutende Prosaschriften in der westsächsischen Form des Altenglischen aufgezeichnet, und zwar nicht nur im westsächsischen Gebiet, sondern auch in Gegenden, in denen ein anderer Dialekt gesprochen wurde. Das Westsächsische erhob sich damit vom bloßen Dialekt in den Rang einer überregionalen Schriftsprache. Die mündliche Sprache war allerdings, soviel man weiß, weiterhin in gleichberechtigte Dialekte aufgegliedert.

In der mittelenglischen Zeit, d.h., nach der normannischen Eroberung von 1066, wurde das Französische (genauer: dessen anglo-normannischer Dialekt) Hof- und Schriftsprache; das Englische wurde in die Rolle einer inferioren Volkssprache gedrängt und zeigt eine reiche Differenzierung in gleichberechtigte lokale Formen. Die Tradition des westsächsischen Schriftstandards wurde nicht mehr fortgeführt; die Dialekte wurden also nicht mehr von einem Standard „überdacht". Dies erschwert den sprachlichen Zugang zur Literatur; andererseits ist das Mittelenglische für den Philologen eine besonders ergiebige Quelle, da die Texte viel reicher als die altenglischen differenziert sind und damit mehr Einblick in die natürliche, unbeeinflußte Entwicklung der Sprache bieten. Das Mittelenglische ist auch die Basis der heutigen Dialektverhältnisse.

Erst gegen Ende der mittelenglischen Epoche bildete sich wiederum eine englische Schriftsprache heraus, und zwar aus dem Dialekt Londons. Für die Bevorzugung gerade der Londoner Sprache gab es vielerlei Gründe. London war die Hauptstadt des seit der normannischen Eroberung stark zentralistisch regierten Königreichs (Kanzleien, Urkunden); es lag auch geographisch an einem Schnittpunkt, in dem der kentische, der südliche („sächsische") und der mittelländische („anglische") Dialekt zusammentrafen, weshalb seine Sprache keinem dieser Gebiete völlig fremd war. In der Nähe Londons selbst lagen die großen Universitäten, am Hofe und in der Stadt lebten große Dichter (vor allem Chaucer), die die Sprache Londons in bewunderten und verbreiteten Werken in das Land hinaustrugen; endlich wirkte auch die Druckerpresse (nach ihrer Einführung durch Caxton, um 1476) vor allem von London aus.

Die englische Schriftsprache ist also ihrem Ursprung nach im wesentlichen die Mundart Londons. Dies darf aber nicht zur Annahme verleiten, daß sie dies heute noch sei, daß etwa in London das „beste Englisch" zu hören sei. Im Gegenteil, in dem Maße, wie die Schriftsprache sich im ganzen Land verbreitete und allgemein anerkannt wurde, begann sie sich vom Londoner Dialekt zu entfernen, welcher in den mittleren und unteren Schichten weiterlebte und sich zum heutigen Cockney entwickelt hat. Die Schriftsprache trägt zwar für den Philologen deutlich erkennbare südliche und mittelländische Züge, für die Engländer besteht aber heute ihr Wesen gerade in ihrer „Dialektfreiheit", d.h. im Fehlen der Bindung an die Sprechweise einer bestimmten Gegend.

Vom Ende der mittelenglischen Zeit (um 1500) an steht die ganze englische Sprachgeschichte im Zeichen der Ausbreitung der Schriftsprache auf Kosten der Dialekte. Drei Aspekte sind dabei besonders wichtig. Die Schriftsprache wurde zusehends auch mündlich gebraucht und damit zu einer Hochsprache. Im Zusammenhang damit wandelte sie sich, wie bereits angedeutet, von einer geographisch bedingten zu einer standes- und bildungsbedingten Sprachform. Schon ziemlich früh, vom Anfang des 17. Jahrhunderts an nachdrücklich, wurde sie auch bewußt gepflegt und durch Grammatiken und Wörterbücher normiert, so daß die Fragen nach richtig und falsch ziemlich eindeutig beantwortet werden konnten.

Daß die Verbreitung im schriftlichen Verkehr derjenigen im mündlichen zeitlich weit vorangeht, sieht man etwa daran, daß die hochsprachliche *Authorized Version* (1611) der Bibel auch von der schottischen Kirche ohne weiteres übernommen wurde, daß aber andererseits der Squire oder Fabrikherr in der Provinz mit seinen Untergebenen noch im 18. und frühen 19. Jahrhundert oft reinen Dialekt sprach.

Zur weiteren Verbreitung ursprünglich schriftsprachlicher Normen auch in der gesprochenen Sprache haben in neuerer Zeit wesentlich beigetragen: die verbreitete und schließlich obligatorische Schulbildung, die gesteigerte Mobilität, die Massenmedien (Presse, Radio, Fernsehen). Ausgangspunkt ist jedoch die politische und kulturelle Struktur Englands, das im Vergleich etwa zu Deutschland und Italien viel früher, nämlich schon seit dem Feudalismus, zentralistisch organisiert war. Es gab ein einziges Zentrum, keine konkurrierenden Residenzen, und die Provinz war um einen Grad provinzieller als anderswo, weshalb auch ihre Sprache zurücktreten mußte.

Dazu kam die Struktur der Jugendbildung. Sie zielte ab auf die Bildung einer geschlossenen staatsbürgerlichen Elite (vgl. oben § 11). Dieser Aufgabe dienten die Public Schools und die großen Universitäten, die mit ihrem Internatsbetrieb abgeschlossene Provinzen darstellten, in denen die männliche Oberschichtsjugend aller Gegenden sich mischte und sprachliche Eigentümlichkeiten notwendigerweise ablegte. Diese Verhältnisse hatten zur Folge, daß ein gesprochenes Englisch entstand, welches keinen engen Zusammenhang mit der bodenständigen Sprechweise irgendeiner bestimmten Gegend hatte, sondern vielmehr in einer Gesellschaftsschicht lokalisiert war. So wird es auch klar, daß das „beste" Englisch nicht an einem bestimmten geographischen Ort gesucht werden kann, wie etwa (wenn auch umstritten) das „beste" Deutsch in Hannover oder das „beste" Französisch in der Touraine. Und es ergibt sich auch, daß die wichtigsten sprachlichen Trennlinien weniger als in Deutschland im geographischen Raum (Gebiete scheidend) verlaufen, sondern im sozialen (Schichten scheidend); dies war zum mindesten die Situation innerhalb Englands bis in die letzten Jahrzehnte.

In Schottland, Irland und Wales verlief die Entwicklung z.T. etwas anders; vgl. § 22.

Eine Hochsprache besteht nicht nur darin, daß sie von anderen Sprachformen abweicht; zu ihrem Wesen gehört auch, daß sie genormt ist, d.h., daß das zu ihr Gehörige schriftlich bestimmt und als richtig festgelegt ist. Im Begriff *Standard English* ist ja *Standard*, d.h. *Norm*, sogar ausdrücklich enthalten. Die wesentlichsten Beiträge zur Festlegung des Standard stammen von den Grammatikern und Lexikographen, die zwischen der Mitte des 17. und dem Ende des 18. Jahrhunderts wirkten; unter ihnen ist Dr. Samuel Johnson (1709–84) hervorzuheben. Es ist bezeichnend, daß die Hauptanstrengung zur Sprachregelung in die Zeit des Rationalismus fällt. Die englische Regelung war verhältnismäßig freiheitlich und hielt eine gewisse Mitte zwischen Fixierung und Treibenlassen. Staatliche Autorität hat sich in sprachliche Dinge so gut wie nicht eingeschaltet, da dies dem freiheitlichen englischen Geiste widersprochen hätte. Die Abneigung gegen die Dekretierung hat es auch verhindert, daß in England eine Sprachakademie (d.h. eine staatlich autorisierte Körperschaft zur Pflege der Sprache) zustande kam, obwohl der Plan zu einer solchen lange Zeit, besonders eifrig durch Jonathan Swift (1667–1745), verfolgt wurde.

Das Fehlen einer Akademie hatte vor allem drei wichtige Folgen: Erstens gab es keine strikte Scheidung zwischen „literaturfähigen" und vulgären Wörtern, wie etwa lange Zeit in Frankreich. Zweitens sind in der Rechtschreibung zahlreiche Inkonsequenzen stehen geblieben. Drittens zeichnet sich die englische Grammatik durch eine bemerkenswerte Freiheit von Pedanterie aus. Zwar hat die Sprachpflege zur Zeit des Rationalismus im Sinne der formal-funktionellen Eindeutigkeit und der strengeren Logik gewirkt; aus jener Zeit stammen eine ganze Anzahl von Vereinheitlichungen, z.B.: 3. Person Singular des Verbs in der Prosa einheitlich auf *-s* (*he has* gegen früher *has* oder *hath*), Vereinheitlichung des Partizips der Vergangenheit bei den starken Verben (nur noch *he has broken* gegenüber früher *he has broken* oder *broke*), formale Einheitlichkeit des Adverbs (*-ly* als Regel für die von Adjektiven abgeleiteten Adverbien), striktere Unterscheidung von *who* (Nominativ) und *whom* (Akkusativ – heute wieder im Rückgang), Verpönung der Mehrfachnegation (*I never saw nobody*) und der doppelten Steigerung (*the most unkindest*) – alles „Fehler", die bei Shakespeare noch gang und gäbe sind. Andererseits aber gestattet das Englische erstaunliche Abweichungen von der strikten Logik, besonders auf dem Gebiet der Numeruskongruenz (*the police are after him, I am friends with him, a quiet ten minutes*) und auf demjenigen der Wortverknüpfung, z.B. im sogenannten *partial adjunct* (*a natural historian*), im aktivo-passiven Gebrauch des Verbs (*the book sells well, she led him a terrible life*), im *half-gerund* (*there was no chance of the lady coming back* anstatt „logisch richtigem" *there was no chance of the lady's coming back*) und so fort. Diese Freiheiten, welche der Sprache keineswegs zum Nachteil gereichen, wären vielleicht von einer Akademie beschnitten worden.

Besonders schön läßt sich das freie Spiel der Kräfte beim sogenannten „singular *they*" zeigen. Die Indefinitpronomina *somebody, everybody, anybody* etc. stellen den Sprecher vor ein Problem: Formal sind sie Singular, inhaltlich beziehen sie sich oft nicht auf ein bestimmtes Individuum, sondern auf eine Mehrzahl. Auch sind sie neutral in bezug auf das Genus. Dies spiegelte sich lange Zeit in schwankendem Gebrauch wider. Wem die Numeruskongruenz wichtiger war, der sagte *everybody loves his family* und wußte natürlich, daß auch Frauen gemeint waren. Wer dies explizit machen wollte, sagte: *everybody loves their families* und verstieß gegen die Numeruskongruenz. Die Grammatiker des 18. und 19. Jahrhunderts und ihre Nachfolger sahen diesen Verstoß als groben Fehler an und bekämpften die Form in der Standardsprache, obwohl sie sie in der Volkssprache nicht ausrotten konnten. Heute, wo wir empfindlicher auf das „Verschweigen" der Frauen reagieren, kommt die Form in den Standard zurück, wird zum Beispiel für die Worterklärungen im *Collins-COBUILD Dictionary of the English Language* verwendet. „If you steal something from someone, you take it away from them without their permission and without intending to return it," heißt es zum Beispiel im Eintrag zum Verb *to steal*.

Die Normen, auf denen die heutige englische Hochsprache beruht, sind hauptsächlich die folgenden: Wortbedeutung (soweit sie sich festlegen läßt) und Rechtschreibung stützen sich auf das *Oxford English Dictionary* (OED), das selbst zwar keine Regeln setzen, sondern nur beschreiben wollte, in vielem aber auf das normative Wörterbuch von Dr. Samuel Johnson (entstanden 1747–1755) zurückgreifen konnte; durch Johnson wurden Orthographieregeln geschaffen, die mit wenigen Ausnahmen (z.B. *musick, physick*, gegenüber heute *-ic*) jetzt noch in Kraft sind. Die gültige Grammatik läßt sich nicht auf ein einzelnes Werk zurückführen, sondern beruht auf einer langen Reihe von Arbeiten. Als verläßliche, vorurteilsfreie und vor allem umfassendste Grammatik des Englischen gilt *A Comprehensive Grammar of the English Language* von Randolph Quirk, Sidney Greenbaum, Geoffrey Leech und Jan Svartvik.

Weil es gerade bei der Grammatik mit der Beschreibung allein nicht getan ist, sondern Menschen auch gerne Hinweise haben, für welche von zwei möglichen Varianten sie sich wann entscheiden sollen, gibt es sogenannte *Usage Handbooks*, Wörterbücher der grammatischen oder, allgemeiner, der sprachlichen Zweifelsfälle. Wer Empfehlungen gibt, kann nicht neutral bleiben, und so bleibt es nicht aus, daß in manchen solchen Handbüchern das persönliche Vorurteil des Verfassers über den sprachlichen Sinn und den gesunden Menschenverstand obsiegt. Generationen von Sprachpuristen etwa haben über die Verwendung von *like* als Konjunktion (*tell me like it is*) oder von *hopefully* als Satzadverb (*hopefully the war will soon be ended*) gewettert, obwohl es dutzende Fälle ähnlicher Grenzverwischungen schon gibt (vgl. z.B. *we left after the meal/ after we had eaten*, wo *after* einmal als Präposition und einmal als Konjunktion verwendet wird und niemand den geringsten Anstoß daran nimmt). Ohne Zweifel aber ist vernünftige Sprachpflege sinnvoll, und Studierende aus anderen Ländern müssen über die sprachlichen Vorlieben und Empfehlungen gebildeter Sprecher in Großbritannien und den USA Bescheid wissen. In den Punkten, die nicht selbstverständliche Schulgrammatik, sondern schwierig und umstritten sind, beruft man sich in England im allgemeinen auf Henry Watson Fowlers *A Dictionary of Modern English Usage* (1926), das seit 1996 in einer völligen Neubearbeitung vorliegt. Für die Lautung, d.h., die Aussprache des *Standard English* gelten die Werke von Daniel Jones, vor allem sein *English Pronouncing Dictionary* (1917; in der 14. Aufl. von A.C. Gimson stark umgestaltet). Zum *Pronouncing Dictionary* ist John Wells' *Longman Pronunciation Dictionary* getreten, das auch die amerikanischen Verhältnisse systematisch berücksichtigt. Alle diese Bücher stellen mehr oder weniger freiwillig akzeptierte Normen dar, die von der Staatsgewalt in keiner Weise offiziell unterstützt werden, wogegen z.B. die Regelbücher von Duden die in Deutschland, in Österreich und in der Schweiz „gültigen amtlichen Regeln" enthalten. Trotzdem kann auch auf dem Kontinent niemand rechtlich verpflichtet werden, orthographisch „richtig", d.h., nach bestimmten Regeln, zu schreiben; der Zwang ist hier wie dort eine außerrechtliche gesellschaftliche Konvention.

Nicht alle Normen des *Standard English* sind gleich streng. Am strengsten ist wohl, trotz ihrer Inkonsequenzen, die *orthographische* Norm (es gibt nur wenige gleichberechtigte Doppelformen wie *judgment* und *judgement* oder die Formen mit und ohne Bindestrich); die Orthographie ist festgelegt und entwickelt sich nicht mehr von selbst; eine Änderung, die einstweilen kaum zu erwarten ist, könnte nur durch eine umfassende, bewußte Reform erreicht werden (vgl. oben § 8).

Die *Grammatik* ist in ihren Grundzügen ebenfalls sehr fest gefügt. Es bestehen nur wenige Doppelformen. Bei gewissen Verben gibt es Variation zwischen regelmäßigen und unregelmäßigen Präteritalformen, z.B. *speeded – sped, lighted – lit*, wobei sich aber oft eine gewisse Funktionsteilung herausgebildet hat. Das zusammengesetzte Verb *speed up* zum Beispiel hat fast immer das regelmäßige Präteritum. Beim Infinitiv hat man gelegentlich die Wahl, das *to* zu verwenden oder wegzulassen, so beim Verbum *help* (vgl. *help me carry the bag* gegenüber *help me to carry the bag*) oder in Konstruktionen des Typs *what I did was (to) leave him alone right then and there*. Wie wir oben (§ 18) gesehen haben, ist die Wahl zwischen Gerund und Infinitiv nach vielen Verben mit einem erheblichen Bedeutungsunterschied verbunden; bei manchen anderen allerdings ist sie nach wie vor oft frei, so zum Beispiel nach *start/begin* (vgl. *I started to work/working*). In einzelnen anderen Punkten ist der Sprachgebrauch zwar ebenfalls variabel, doch ist eine der beiden Varianten umstritten. Zu den von vielen Sprachpuristen abgelehnten grammatischen Konstruktionen gehören unter anderem: der *split infinitive* (*to boldly go where no man has gone before*), das schon erwähnte *halfgerund* (*do you mind me saying this* statt gehobenem *my saying this*) oder der Plural nach Ausdrücken mit *either/or* bzw. *neither/nor*.

Eine gute Übersicht über diejenigen Stellen, an denen alte Normen heute unfest geworden sind, gibt eine Studie von Mittins aus dem Jahre 1970. In einer Umfrage wurden 50 umstrittene Punkte aus Grammatik und Sprachgebrauch einer Gruppe von ca. 450 gebildeten Sprechern zur Beurteilung vorgelegt; diese hatten dem Vorgelegten zuzustimmen oder es abzulehnen (im Original wurde noch differenziert zwischen den Stilebenen *formal writing, formal speech, informal writing, informal speech*). Die Prozentzahl der zustimmenden Informanten (alle Informanten = 100 %) wird *acceptability rate* genannt. Sie liegt also theoretisch zwischen 100 % (wenn alle zustimmen) und 0 % (wenn niemand zustimmt).

Um die spätere Entwicklung wenigstens tendenzhaft zu erfassen, hat T. Kistler 1981 in einer unpublizierten Arbeit einen Teil dieser Fragen 213 englischen Informanten wieder vorgelegt. Dabei ergaben sich einige wahrscheinlich signifikante Unterschiede. Die stärksten Änderungen sind die folgenden:

	Akzeptabilitätsrate		
	Mittins 1968	Kistler 1981	Änderung
It looked *like* it would rain	12 %	34 %	+22 %
I will be 21 tomorrow	56 %	76 %	+20 %
Intoxication *is when* ...	37 %	56 %	+19 %
do not dress *the* way ...	45 %	64 %	+19 %
you should try *and* arrive ...	27 %	44 %	+17 %
one rarely likes to do as *he* is told	20 %	17 %	− 3 %
she told Charles and *I* the story	27 %	23 %	− 4 %

Die von britischen Sprachpuristen als allein gültig angesehenen Alternativen wären *it looked as if* (*as though*) *it would rain, I shall be 21 tomorrow, intoxication is a state in which...*, *do not dress in the* (*same*) *way...*, *you should try to arrive...*, *one rarely likes to do as one is told* und *she told Charles and me the story*. Die Tabelle zeigt also beispielsweise, daß 1968 nur 12 Prozent der Befragten *like* als Konjunktion akzeptierten, dreizehn Jahre später aber schon 34 Prozent – daher das „Plus" von 22 Prozent.

Wie zu erwarten war, ist die Akzeptabilitätsrate der „neuen Konstruktionen" gestiegen (durchschnittlich von 37 % auf 45 %), was auf eine „Erweichung" der Norm, anders gesagt, auf größere Toleranz deutet. In den Unterkategorien lauten die Zahlen: *informal speech* 1968 55 %, 1981 72 %, *informal writing* 1968 42 %, 1981 55 %, *formal speech* 1968 28 %, 1981 33 %, *formal writing* 1968 22 %, 1981 22 %. Hieraus läßt sich ablesen, daß die Toleranz vor allem bei informeller Sprache (mündlich und schriftlich) zugenommen hat; in bezug auf formelle schriftliche Sprache sind die alten Normen dagegen weitgehend fest geblieben.

Wenn sich die Tendenzen, die Kistler nachgewiesen hat, linear in die Gegenwart fortgesetzt haben, scheint die Vorhersage gerechtfertigt, daß heute das „alte" Futurum mit *shall* (*I shall be 21 tomorrow*) noch weiter zurückgedrängt worden ist (und daher vielleicht in Materialien für fremdsprachige Lerner unter den Tisch fallen darf). Die Bestätigung oder Widerlegung dieser These würde eine weitere Umfrage erfordern.

Es gibt aber auch andere Möglichkeiten, den aktuellen Sprachgebrauch zu untersuchen, nämlich die computergestützte Analyse maschinenlesbarer Textdatenbanken, die heutzutage in immer größerer Menge zur Verfügung stehen. Die folgende Übersicht vergleicht die Verhältnisse in einem britischen Korpus aus den sechziger Jahren mit einem Vergleichskorpus aus der Gegenwart. Verglichen werden jeweils ca. eine Million Wörter. Die Zahlen beziehen sich auf die Vorkommenshäufigkeit der betreffenden Form im untersuchten Material (Prozentangaben in Klammern):

	1961	1991
I/we shall	140 (29 %)	126 (27 %)
I/we will	83 (17 %)	121 (26 %)
I'll/we'll	257 (54 %)	217 (47 %)

Bei den untersuchten Texten handelt es sich um schriftliche, und die meisten Belege für *I'll* stammen aus literarischen Quellen mit Abschnitten direkter Rede. Zweierlei wird ersichtlich. Erstens, daß das *will*-Futur auch schon 1961 seinen festen Platz im britischen Englisch hatte (wie im übrigen auch die hohe Akzeptabilitätsrate in Mittins' Studie schon nahelegt), zweitens aber auch, daß sich in den letzten Jahrzehnten die Meinungen der Sprecher mehr gewandelt haben als der Sprachgebrauch in geschriebenen Texten – denn die in unserem Korpus feststellbare leichte Verschiebung zugunsten des *will*-Futurs ist alles andere als dramatisch.

Eine deutlichere Sprache spricht allerdings die Untersuchung des spontansprachlichen Anteils des *British National Corpus*, der sich aus Gesprächsmitschnitten zusammensetzt, die Anfang der neunziger Jahre aufgenommen und transkribiert wurden (Textmenge ca. 4 Millionen Wörter):

	BNC spoken-demographic sample
I/we shall	657 (5 %)
I/we will	837 (6 %)
I'll/we'll	11503 (89 %)

Das *shall*-Futur ist offensichtlich noch lange nicht tot. Aber angesichts des erdrückenden Übergewichts der kontrahierten Formen in der gesprochenen Sprache wird deutlich, daß man bei der Unterscheidung zwischen *shall* und *will* die Pedanterie nicht zu weit treiben sollte.

In der Frage der *Aussprache* müssen zwei Punkte auseinandergehalten werden. Erstens das Problem der Aussprache einzelner Wörter. Es gibt besonders bei den mehr schriftlich gebrauchten Wörtern (*eye words, hard words*) gelegentlich gleichwertige Varianten, außerdem Varianten nach der Schnelligkeit und Sorgfalt der Aussprache (vgl. Daniel Jones, *Pronouncing Dictionary*). In diesem Sinne ist *prognathous* („mit vorstehendem Unterkiefer") Standard – egal ob man die erste Silbe /ˈprɒgnəθəs/ oder die zweite /prɒgˈneɪθəs/ betont. Wichtiger und grundsätzlicher ist eine zweite Frage, nämlich diejenige, welcher Akzent überhaupt als Aussprachenorm zu gelten habe, mit anderen Worten, ob die *Received Pronunciation* nach Daniel Jones weiterhin zu akzeptieren sei oder nicht. Zu den frühen Gegnern Jones' gehörten vor allem Robert Bridges (seinerzeit Poet Laureate und Präsident der *Society for Pure English*), der neben ästhetischen Gründen vor allem die Gefahr der zerstörenden Homophonie (vgl. oben § 7) ins Treffen führte, sodann der Schotte J.Y.T. Greig, der in seinem polemischen Büchlein *Breaking Priscian's Head or English as She will be Spoke and Wrote* (London 1928) den britischen Standard als „that silliest and dwabbliest of all the English dialects" bezeichnete, die Dubliner Aussprache als Muster postulierte und nebenbei radikale grammatische Vereinfachungen vorschlug.

Während diese Diskussionen keine größere Breitenwirkung hatten, hat sich in jüngerer Zeit eine gewisse Erweichung der Aussprachenorm von innen heraus angezeigt. Schon der Zweite Weltkrieg erschütterte das starre Schichtengefüge der britischen Gesellschaft der Vorkriegszeit und verhalf zudem amerikanischen Sprachgewohnheiten zu Bekanntheit und – in Teilen der Bevölkerung – auch zu Einfluß und Ansehen. Schon in der 3. Auflage seines Standardwerks *The Pronunciation of English* gesteht Daniel Jones ein:

> I find that it can no longer be said that any standard exists, nor do I think it desirable to attempt to establish one. It is useful that descriptions of existing pronunciations should be recorded, but I no longer feel disposed to recommend any particular forms of pronunciation and to condemn others.

Die egalitären Tendenzen der Kriegszeit haben sich in den Jahren danach eher noch verstärkt. Die Auflockerung des Aussprachestandards macht sich auf zweifache Weise bemerkbar – erstens in einer internen Differenzierung und zweitens in einer größeren Toleranz für Anleihen und Einflüsse aus den regionalen Standards. Abweichungen vom Standard in Richtung regionaler und dialektaler Formen werden mehr als früher toleriert, ja von vielen Sprechern (im Zuge des Infragestellens der alten Elite) bewußt gepflegt („inverted snobbery"). Nach innen differenziert sich der R.P.-Akzent heute in drei Ebenen: *Conservative R.P.*, *General R.P.* und *Advanced R.P.* Besonders *Advanced R.P.* zeichnet sich durch Offenheit für Einflüsse aus der Aussprache Londons aus (aus der der nationale Standard ursprünglich auch entstanden ist). Man hört offenes [ɛ] in *bed* oder *get*, geschlossenes /o/ in *walk* oder *talk*, und sogar den *glottal stop* [ʔ] für /t/ – natürlich nicht zwischen Vokalen, wo er nach wie vor verpönt ist, wohl aber am Wortende (*are you stupid, or what?*) oder vor Nasalen (*button, but not*).

In Radio und Fernsehen (d.h. bei den Sprechern der BBC) zeichnet sich seit der Mitte der sechziger Jahre die Tendenz ab, im Gegensatz zu früher Formen und Phrasen der Umgangssprache zu tolerieren und für Regionalsendungen Regionalakzente zu verwenden. In ausgesprochenen Jugendsendungen genießt eine stark amerikanisch geprägte Redeweise („mid-Atlantic") gewisses Ansehen. In Sendungen, die für das ganze Netz bestimmt sind, wird immer noch Standard bevorzugt, ebenso für die Sendungen des BBC World Service. Im Home Service dagegen ist im Prinzip auch Englisch amerikanischer, australischer oder sonstiger überseeischer Varianten erlaubt.

Die Aufgabe der Sprachpflege liegt, da es keine Akademie gibt, beim Individuum, bei den Bildungsanstalten und vor allem bei den Sprachgesellschaften. Unter den letzteren sind vor allem zu nennen: die (mehr historisch ausgerichtete) *Philological Society*, der die Schöpfung des *Oxford English Dictionary* zu verdanken ist, und *The English Association*, die Herausgeberin der *Essays and Studies* und des *Year's Work in English Studies*. Auch Lehrerverbände (*National Association for the Teaching of English*, Großbritannien, und *National Council of Teachers of English*, USA) äußern sich des öfteren zu sprachlichen Fragen. Besonders in den USA gibt es auch eine Reihe viel gelesener Zeitungskolumnisten, die sich mit Liebe zum Detail und großem Engagement, aber vielleicht nicht immer im Einklang mit den Methoden der universitären Sprachwissenschaft mit Fragen des Sprachgebrauchs auseinandersetzen: Der bekannteste unter ihnen ist William Safire, dessen Beiträge unter anderem in der *New York Times* und in der *International Herald Tribune* zu lesen sind.

Die Sprachpflege widmet sich heute, neben der Klärung der bereits erwähnten Detailfragen, weniger einem Purismus im Sinne der Ausmerzung „vulgärer" oder fremder Wörter. Es sind ihr weniger nationalistische Züge anzumerken als in manchen anderen Ländern; der Kampf gilt vielmehr den sinnentleerten Modewörtern, der gedankenlosen Handhabung der Sprache überhaupt, sowie den bombastischen und oft verwirrenden Auswüchsen des *journalese* (Zeitungsstil) oder *officialese* (Amtsstil), die zum Beispiel die *Plain English Campaign* immer wieder ins Visier nimmt, die sich 1979 auf publikumswirksame Weise konstituierte, als sie vor dem Parlament in Westminster eine öffentliche Zerreißung von unverständlichen amtlichen Formularen organisierte.

Literatur zur Geschichte des Standards: Sterling A. Leonard, The Doctrine of Correctness in English Usage, 1700–1800 (University of Wisconsin Press, Madison 1929); Karl Brunner, Die englische Sprache (Bd. I, 2. Aufl., Niemeyer, Tübingen 1960); Albert C. Baugh und Thomas Cable, A History of the English Language (4. Aufl., Routledge, London 1993); Aleksandr D. Svejcer, Standard English in the United States and England (Mouton, Den Haag 1978).

Zur Geschichte des Aussprachestandards: Lynda Mugglestone, „Talking Proper": The Rise of Accent as Social Symbol (Clarendon Press, Oxford 1995).

Zum Normwandel im heutigen Englisch: Charles Barber, Linguistic Change in Present-Day English (Oliver & Boyd, London & Edinburgh 1964); Laurie Bauer, Watching English Change: An Introduction to the Study of Linguistic Change in Standard Englishes in the Twentieth Century (Longman, London 1994); Robert Burchfield, The New Fowler's Modern English Usage (Clarendon Press, Oxford 1996); Sidney Greenbaum und Randolph Quirk, Elicitation Experiments in English: Linguistic Studies in Use and Attitude (Longman, London 1970; dieses Werk führt eine Reihe von Experimenten vor, in denen Sprachgebrauch und Spracheinstellungen von muttersprachlichen Sprechern des Englischen untersucht wurden. Ein wichtiges und vielleicht nicht überraschendes Ergebnis ist, daß Sprecher in der Theorie Normen hochhalten, die sie in ihrem eigenen Sprachgebrauch nicht befolgen.); William H. Mittins et al., Attitudes to English Usage (OUP, London 1970); Webster's Dictionary of English Usage (Merriam-Webster, Springfield, Mass. 1989; dieser Ratgeber kommentiert die Probleme des heutigen Sprachgebrauchs aus amerikanischer Sicht, bildet also das ideale Gegenstück zu Burchfield/ Fowler).

22. **Regionale und soziale Sprachformen.** Schon im vorangegangenen Abschnitt wurde auf den engen Zusammenhang verwiesen, der im Englischen zwischen Dialekten und sozialer Schichtenzugehörigkeit der Sprecherinnen und Sprecher besteht. Der Vergleich zwischen der dialektalen und soziolinguistischen Ausformung zweier Sprachsysteme ist natürlich noch schwieriger als die kontrastive Beschreibung der Phonetik, Grammatik oder des Lexikons zweier Sprachen (Sprache hier ver-

standen als *langue*, aus den Daten durch Abstraktion gewonnenes „sauberes" Modell). Dennoch scheint die Feststellung gerechtfertigt, daß die Stellung des Dialekts in England wesentlich prekärer ist als in vielen Regionen Deutschlands, in Österreich oder gar in der deutschen Schweiz, wo die lokalen Mundarten ohne jede soziale Beschränkung von allen Schichten der Bevölkerung im Bereich mündlicher Kommunikation gebraucht werden.

Für gewisse Begriffe besitzt das Standarddeutsche gar keinen Ausdruck, der im gesamten Sprachgebiet akzeptiert wird, sondern nur gleichberechtigte regionale Varianten. Deren Verbreitungsgebiet deckt sich bisweilen mit den Grenzen der drei deutschsprachigen Länder, aber eine solche „ordentliche" Trennung ist durchaus nicht die Regel. Man vergleiche:

Englisch	Deutsch
butcher	Fleischer, Metzger, Fleischhauer, Schlachter
chimney-sweep	Kaminkehrer, Kaminfeger, Rauchfangkehrer, Schornsteinfeger
roll	Brötchen, Weck(le), Semmel, Schrippe usw.
Saturday	Sonnabend, Samstag
toothache	Zahnschmerz, Zahnweh
match	Streichholz, Zündholz, Zünder

Zum Teil ist sogar die Grammatik mitbetroffen. „Er sitzt, nachdem er gestanden hat," hat im Norden des Sprachgebietes auch die harmlose Bedeutung, während diese im Süden nur durch „..., nachdem er gestanden ist" ausgedrückt wird.

Wie weiter oben ausgeführt, befinden sich fast alle traditionellen Dialekte in England auf dem Rückzug bzw. wurden durch Umformung in moderne regionale Umgangssprachen beträchtlich homogenisiert. Insbesondere die Kenntnis des traditionellen Dialektvokabulars geht rapide zurück, und auch in der Grammatik gibt es neben vielen sozial determinierten Abweichungen vom Standard nur wenige, deren Gebrauch regional beschränkt ist. Peter Trudgill demonstriert den Prozeß der sprachlichen Vereinheitlichung unter anderem mit folgender Übersicht (*Dialects of England*, S. 115):

Traditional Dialects:	*girl, lass, mawther, maiden, wench*
Modern Dialects:	*girl, lass*
Standard English:	*girl*

Die traditionellen Dialektwörter *mawther*, *maiden* und *wench* wird man heutzutage kaum mehr hören. Wohl aber begegnet man ihnen in älterer Literatur, und auf dieser Grundlage kann der moderne Sprecher sie auch im Standardenglischen – meist in scherzhafter Absicht – verwenden, z.b. „The shop assistant struck me as a lusty wench." *Maiden* hat sich auch, gleichsam als sprachliches Relikt, in Ausdrücken wie *maiden name* oder *maiden voyage* erhalten. Anders als im heutigen Standarddeutschen ist das englische Dialektvokabular in der Gegenwart keine Quelle der lexikalischen Erneuerung für die Standardsprache. Überseeische Varietäten, besonders das Amerikanische, fremde Sprachen, *Slang*, Fach-, Gruppen- und Sondersprachen spielen dabei eine wesentlich größere Rolle.

Während auf dem europäischen Festland, insbesondere im deutschsprachigen Raum, im 19. Jahrhundert die Erforschung der ländlichen Dialekte von einer Welle romantisch-nationaler Begeisterung für das Volkstümliche und Bodenständige getragen wurde, scheint es, daß in England auch die Dialektforschung unter dem sozialen Stigma des Dialekts litt und nur vergleichsweise zögerlich vorankam. Sie wurde anfänglich vorzugsweise von interessierten Dilettanten gepflegt; unter ihnen ist Joseph Wright zu nennen, dessen Werke allerdings über das Dilettantische weit hinausgehen. Auch die *English Dialect Society* nahm sich schon im 19. Jahrhundert der Dialekte an. Lange aber hielt man es nicht für nötig, die Mundarten um ihrer selbst willen zu erforschen. Bezeichnend ist das 1911 erschienene Buch *English Dialects* von Skeat, dem Begründer der Dialect Society, in dessen erstem Kapitel die Notwendigkeit der Dialektforschung vor allem daraus abgeleitet wird, daß man mit ihrer Hilfe das Altenglische, etwa *Beowulf,* besser verstehen könne.

Heute fehlt es nicht an Monographien über einzelne Mundarten (von denen übrigens viele durch Ausländer geschaffen worden sind). In jüngerer Zeit, etwa seit 1950, wurde auch die das Einzelne verbindende Betrachtungsweise, nämlich die Sprachgeographie (*linguistic geography*, neuerdings als Gegenstück zu *sociolinguistics* auch: *areal linguistics*), in Großbritannien eingeführt. Sie untersucht die landschaftlichen Herrschaftsbereiche der einzelnen Laute, Formen und Wörter, betrachtet die Rivalitäten an den Grenzzonen, die Ausstrahlungszentren und Expansionsrichtungen und kann u.a. wichtige Aufschlüsse über alte Besiedlungsverhältnisse und Wanderungen geben.

Die wichtigsten Resultate und zugleich Instrumente der sprachgeographischen Forschung sind die Sprachatlanten. Ihr Material wurde in der Regel von Exploratoren (*field workers*) aufgenommen, die in einem Netz von mehreren hundert Ortschaften die Sprecher unverfälschten Dialekts (meist ältere, eingesessene und wenig gereiste Leute) nach einem Fragebuch (*questionnaire*) einheitlich befragten. Daneben wurde gelegentlich auch noch die schriftliche Methode mittels durch die Post zugestellter Fragebogen angewandt; sie spart Zeit, ermöglicht ein engeres Aufnahmenetz, birgt aber die Gefahr fehlerhafter Auskünfte. Das gesammelte Material wird auf Karten, auf denen die Verbreitungsgebiete der einzelnen Formen sichtbar werden, der Forschung zur Verfügung gestellt. Gegenwärtig sind zwei Darstellungsmethoden im Gebrauch. Die erste (hauptsächlich in schweizerischen oder schweizerisch beeinflußten Atlanten) gebraucht Symbole (Scheiben, Quadrate, Dreiecke etc.), die gemäß einer Legende für eine bestimmte sprachliche Form stehen. Die zweite arbeitet mit Trennlinien, die die Grenzen der *areas* markieren; diese Trennlinien werden Isoglossen genannt (fälschlich, weil sie gerade nicht „Gleiches" bezeichnen, aber der Begriff hat sich eingebürgert). Die erste Methode (z.B. Kolb: *Atlas of English Sounds*) ist detaillierter, die zweite (z.B. Orton, Sanderson, Widdowson: *The Linguistic Atlas of England*) ist übersichtlicher.

In allerjüngster Zeit hat auch der Computer Einzug in die Dialektgeographie gehalten (z.B. Viereck und Ramisch: *Computer-Developed Linguistic Atlas of England*). Insbesondere die multimediale Darstellung der Dialektverhältnisse – etwa durch die Kombination von Karten und Tonbeispielen – oder die Berechnung und Darstellung der Kombinationsmöglichkeiten einer großen Zahl von sprachlichen Merkmalen, die sogenannte Dialektometrie, haben ein Potential, das noch lange nicht ausgeschöpft ist. Wie die Übersicht über die wichtigsten Sprachatlanten Großbritanniens am Ende dieses Abschnitts zeigt, hat die englische Sprachgeographie im Vergleich zu den meisten großen kontinentaleuropäischen Ländern ihre Arbeit zwar später begonnen, aber mittlerweile dennoch Beachtliches geleistet.

Als Illustration ihrer Arbeitsweise mögen die drei folgenden Beispielkarten dienen.

Die erste Karte zeigt die Isoglosse für das wohl auffälligste phonetische Dialektmerkmal im heutigen English. Nordenglisches /ʊ/, das direkt auf das Mittelenglische zurückgeht, gegenüber südenglischem /ʌ/, das im 16. Jahrhundert in der Londoner Gegend entstand und sich seither stetig nach Norden und Westen ausbreitet. Bei der /ʊ/-Aussprache handelt es sich um eines derjenigen traditionellen Dialektmerkmale, das auch in den modernen Dialekten und regionalen Umgangssprachen noch fest verankert ist. Man wird es auf Reisen in den Norden Englands auf Schritt und Tritt hören.

Die zweite illustriert ein grammatisches Dialektmerkmal, nämlich das Formenparadigma des Verbums *be*: Südwestlichem *I be, we be, they be*

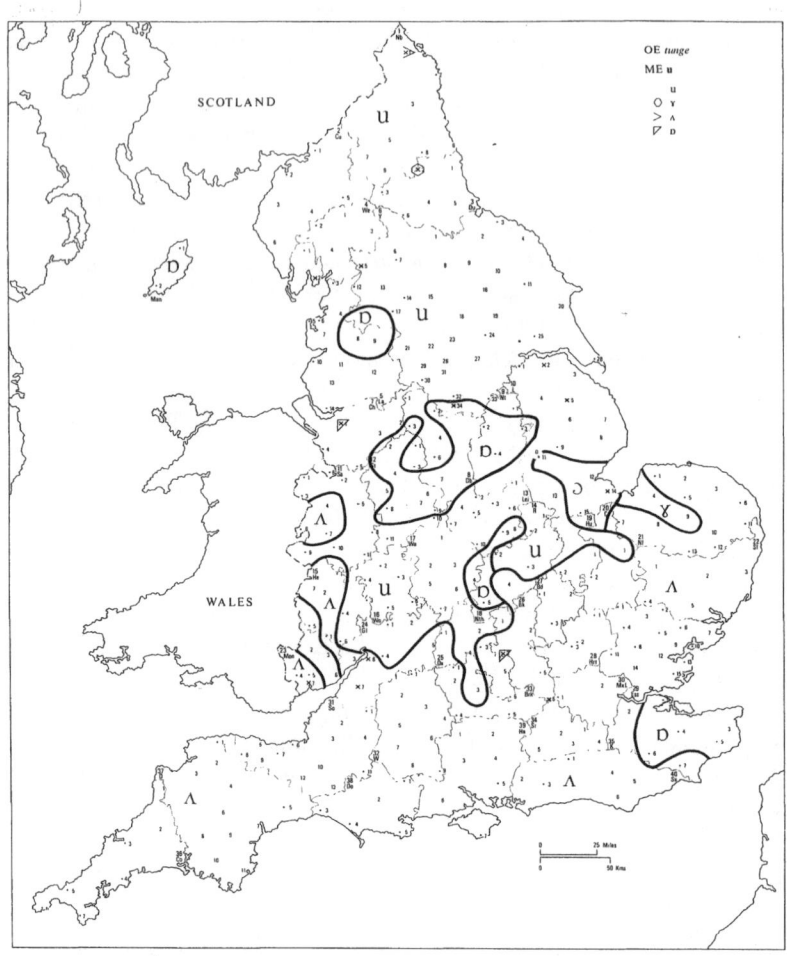

Aussprache von *tongue*, nach Orton et al., *Linguistic Atlas of England*

steht in vielen übrigen Dialekten (auch im Standard) *I am, we are, they are* gegenüber. Aus dem, was oben zum Status der traditionellen Dialekte, insbesondere im Hinblick auf ihre grammatischen Merkmale, gesagt wurde, geht natürlich hervor, daß man nicht damit rechnen sollte, die *I be*-Form innerhalb ihres Verbreitungsgebietes oft zu hören. Sie wird von einigen NORMs (*non-mobile older rural males*), den Lieblingsinformanten der traditionellen Dialektgeographie, als Variante zu *I am* verwendet werden, nicht aber von vielen anderen Sprechern, die ebenso in der Region zu Hause sind.

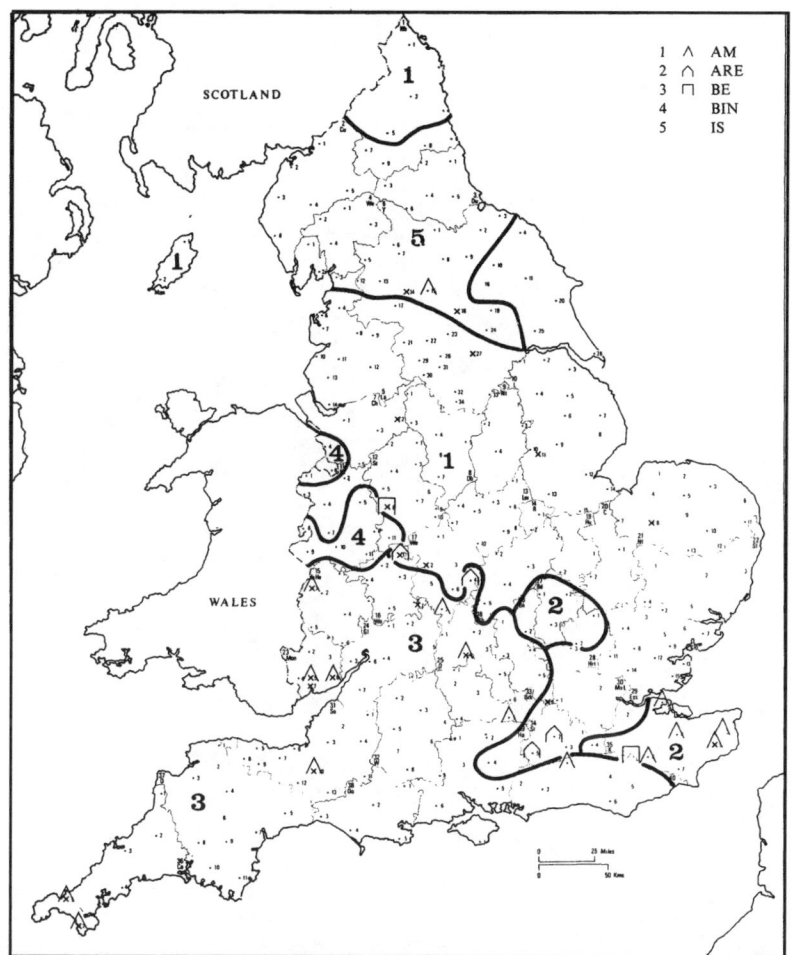

Varianten von *I am*, nach Orton et al., *Linguistic Atlas of England*

Die Karte zu *play/lake* zeigt, wie sich *lake*, der skandinavische Ausdruck, gegen das auf altenglisches *pleg(i)an* zurückgehende *play* in einem Gürtel besonders starker skandinavischer Besiedlung durchgesetzt hat. (Das Verbum *pleg(i)an*, „sich bemühen, sich üben", geht übrigens auf dieselbe Wurzel wie deutsch *pflegen* zurück, auch wenn sich die modernen Bedeutungen weit auseinanderentwickelt haben.) Wiederum muß man davon ausgehen, daß die alteingesessene Bevölkerung der *lake*-Zone das Wort zwar kennen, aber durchaus nicht immer auch selbst

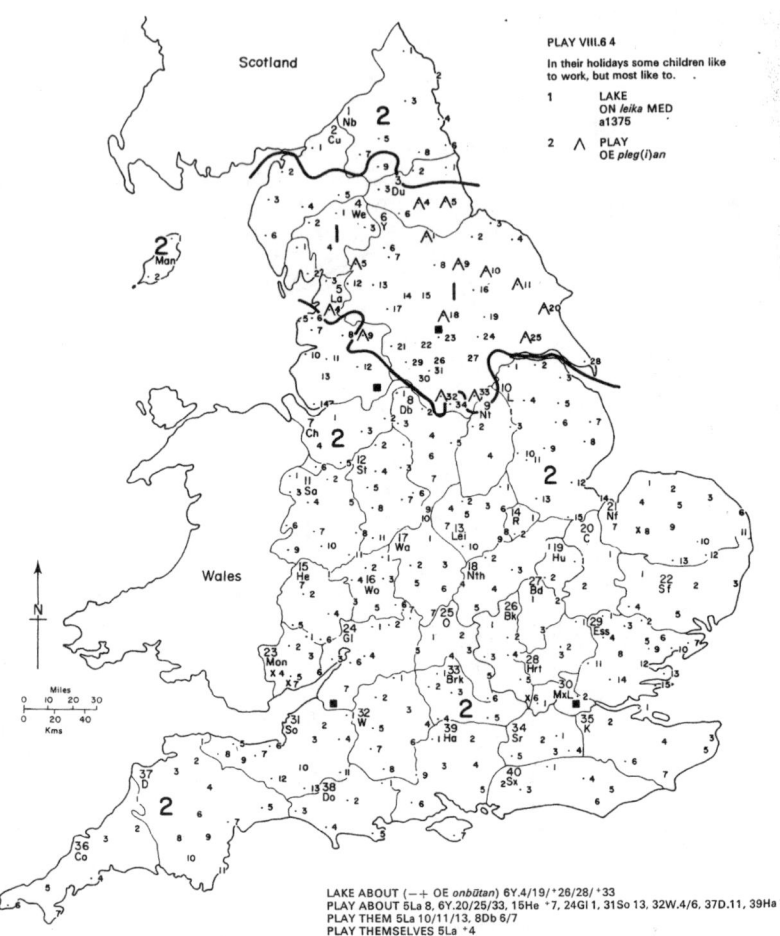

play vs. *lake*, nach Orton/Wright, *Word Geography of England*

verwenden wird. Es existiert als seltenere Alternative zum gemeinenglischen *play*.

Während die meisten ländlichen Dialekte allmählich in regionalen Umgangssprachen aufgehen, halten sich die Dialekte der städtischen Unterschichten besser. Die markantesten von ihnen sind über ihre Grenzen hinaus bekannt und deswegen auch mit volkstümlichen Benennungen belegt: *Cockney* in London, *Geordie* in Newcastle upon Tyne, *Brum* in Birmingham und *Scouse* in Liverpool. Cockney geht angeblich auf mittelenglisches *coken-ey*, „Hahnenei", zurück, stellt also einen verächtlichen Spitznamen für die so bezeichnete Gruppe dar („mißratenes Ei", „Städter"); *Geordie* ist eine Nebenform von *Georgie* und diente im übertragenen Sinn als Bezeichnung für den Kohlenbergmann (ganz in dem liebevoll-herablassenden Sinn wie manche Sprecher des Deutschen *Seppl* für „Älpler", „Alpenbewohner" verwenden); *Brum* ist eine Verballhornung des Stadtnamens Birmingham, und *Scouse* bezeichnete ursprünglich einen Kartoffeleintopf und dehnte seine Bedeutung auf die Bewohner Liverpools (*scousers*) und ihre Sprache aus.

Der Cockney-Dialekt Londons ist vor allem deshalb für die Sprachwissenschaft von Interesse, weil er, besonders in seiner Aussprache, als Schwesterform des heutigen Standards gelten kann – und zwar als die „liederliche" Schwester, auf die keine höhere Bildung, keine Sprachplanung und keine Kodifizierung in Aussprachewörterbüchern prägend und hemmend einwirkte. In der Tat erscheint es manchmal, als sei die Veränderung der Langvokale im *Great Vowel Shift* im Cockney einfach ungebremst weitergegangen. Wurde das mittelenglische /i:/ im Standard über frühneuenglisch /əɪ/ zu /aɪ/, entwickelte es sich im Cockney weiter zu /ɔɪ/: *by* wird also wie *boy* ausgesprochen. Das /e:/, das im Standard zu /i:/ gehoben wurde, erscheint im Cockney als Diphthong: Cockney *see* klingt fast wie R.P. *say*. Und weil auch im phonologischen System des Dialekts die Oppositionen normalerweise gewahrt werden, wird aus dem /eɪ/ des Standards /aɪ/: Cockney *stay* klingt wie Standard *sty*.

Informelle Transkriptionen des Cockney finden sich in vielen literarischen Werken, die seit dem 19. Jahrhundert entstanden sind. Das bekannteste Beispiel ist wohl George Bernard Shaws *Pygmalion*, die Geschichte eines armen Blumenmädchens aus dem Londoner East End, das von Prof. Higgins (einer Karikatur des zeitgenössischen englischen Sprachwissenschafters Henry Sweet) durch Aussprachetraining zur feinen Dame gemacht werden soll. (Das Stück gab übrigens später die Vorlage für das weltbekannte Musical *My Fair Lady* ab). In Shaws Text liest sich das Cockney des Blumenmädchens so:

> Ow, eez ye-ooa san, is e? Wal, fewd dan y' de-ooty bawmz a mather should, eed now bettern to spawl a pore gel's flahrzn than ran awy a-thaht pyin. (I: 1)

Mit diesen Worten stellt Eliza eine reiche Dame zur Rede. Die Übersetzung der Passage lautet wie folgt:

> How, he's your son, is he? Well, if you'd done your duty by him as a mother should, he'd now [do] better than to spoil a poor girl's flowers and then run away without paying.

Die strengen Standards einer linguistischen Transkription können an einen literarischen Dialekt nicht angelegt werden. Shaw bemüht sich jedoch redlich um Wiedergabe des spontanen Redeflusses mit seiner Verschleifung der Wortgrenzen (*fewd = if you had*); über die Angemessenheit der Transkription mancher Kurzvokale läßt sich streiten, aber die Langvokale sind im allgemeinen gut getroffen (*bawmz, awy, py*). *Aitchdropping*, die Neigung der Cockney-Sprecher zum Weglassen des anlautenden /h/ auch in betonten Wörtern, wird vermerkt, nicht jedoch die Tendenz zur Ersetzung des *th* durch /f/ oder /v/. Schließlich soll der Text ja lesbar bleiben. Die Realisierung des *-ing* in *pying* als /-ɪn/ ist nicht auf das Cockney beschränkt, sondern ein weitverbreitetes Merkmal des Nichtstandards.

An dieser Stelle sind vielleicht ein paar Worte zur Darstellung der Dialekte in der englischen Literatur angebracht – schon allein deshalb, weil literarische Werke ein typischer Weg sind, auf dem Studierende mit den Dialekten – wenn auch nur mittelbar – in Berührung kommen. Am Anfang steht die Verwendung von stark stereotypisierten Dialektformen zum Zwecke der Erzeugung komischer Effekte. Schon zu einem Zeitpunkt, als sich der Londoner Standard gerade erst zu etablieren begann, machte sich Chaucer lustig über die Dialekte des englischen Nordens. (Davor, d.h., in der Zeit vor der Herausbildung des gemeinsamen Standards, gibt es nur Dialektliteratur, weil die literarischen Werke einfach in der Sprache des Autors bzw. der Region ihrer Entstehung niedergeschrieben werden). Shakespeare parodiert das Englisch der Schotten, Waliser und Iren (z.B. in den Soldatenszenen in *Henry V*). Der „stage Irishman", ein Sauf- und Raufbold, gehört zu den Bühnenkonventionen des 18. Jahrhunderts. Eine seriösere Betrachtung des Dialekts, verbunden mit dem Bemühen um eine genauere Wiedergabe seiner Merkmale, setzt mit der Vorromantik ein: Robert Burns' Gedichte im schottischen Dialekt sind auch außerhalb Schottlands bis heute populär. Auch in vielen großen Romanen des 19. und 20. Jahrhunderts (z.B. bei Charles Dickens, George Eliot, Thomas Hardy oder D.H. Lawrence) wird der Dialekt ernst genommen: Er dient dazu, authentisches Lokalkolorit zu erzeugen, wird auch für seriöse Aussagen eingesetzt, bleibt aber im wesentlichen auf das Zitat, d.h. die Figurenrede, beschränkt. Eine Dialektliteratur in dem Sinn, daß der Dialekt zum dominanten Ausdrucksmedium des Erzählers selbst wird, gibt es im englischsprachigen Raum nur in Ansätzen – am ehesten in Werken, die von Autoren aus den Randzonen des ehemaligen *British Empire* verfaßt wurden (vgl. etwa die Romane des in Trinidad geborenen Samuel Selvon).

Eine gewisse Renaissance erlebte der Dialekt in jüngster Zeit in der sozialkritischen Lyrik. Unter den Nachkommen von nichtweißen Einwanderern, die nach dem Zweiten Weltkrieg aus der Karibik nach England einströmten, entstand die sogenannte „Dub-Poetry", eine Gattung der Protestlyrik, die oft zu musikalischer Begleitung vorgetragen wird (z.B. Linton Kwesi Johnson, *Inglan is a Bitch*). Was die traditionellen Dialekte der Britischen Inseln betrifft, behauptet sich der Wille zur sprachlichen Eigenständigkeit besonders in Schottland. War der Versuch der Wiederbelebung einer schottischen Literatursprache (Lallans, im Kreis um Hugh McDiarmid) in der Zwischenkriegszeit nur mäßig erfolgreich, blüht die Dialektliteratur seit den sechziger Jahren besonders in Glasgow (z.B. Tom Leonard, *Glasgow Poems*).

Wenn der Dialekt in ernster Literatur für seriöse Aussagen verwendet wird, heißt das noch lange nicht, daß er auch im Alltag sein Stigma verliert. Gerade der Stadtdialekt von Glasgow gilt auch bei vielen Schotten als „bad Scots" – im Gegensatz zu den eher ländlich-traditionellen Dialekten oder gar dem *literary Scots* eines Robert Burns, die als „good Scots" gelten. Worin Schottland allerdings allein unter den Regionen der Britischen Inseln steht, ist die Tatsache, daß es in Aussprache und zum Teil auch im Vokabular einen eigenen gebildeten Standard besitzt, der (a) im Land selbst allgemein akzeptiert wird und (b) auch außerhalb der Grenzen Schottlands Anerkennung genießt. Die charakteristischen Aussprachemerkmale dieses gebildeten Schottischen sind die Aussprache des /r/ in allen Positionen (sehr oft als deutlich gerolltes Zungenspitzen-*r*), insbesondere auch nach Vokalen und am Wortende, sowie die monophthongische Aussprache der Vokale in Wörtern des Typs *goat* und *gate*.

Beispiele für allgemein akzeptierte schottische Wörter sind *wee* („klein") oder *outwith* („außer(halb)"). Die Tatsache, daß Schottland nach wie vor ein eigenständiges Bildungs- und Justizwesen hat und auch kirchlich selbständig organisiert ist, erklärt eine Reihe weiterer Wortschatzbesonderheiten, z.B. *law agent* für englisches *solicitor*, *advocate* für *barrister* oder *Kirk* (*of Scotland*) im Gegensatz zu *Church of England*. Die meisten Dialektwörter – so z.B. *ken* für *know* – und schon gar die schottischen grammatischen Varianten (z.B. *telt* für *told*) werden von Standardsprechern jedoch gemieden.

Die sprachliche Situation in Irland ist dadurch gekennzeichnet, daß bis ins 19. Jahrhundert große Teile der Bevölkerung das Irische, eine keltische Sprache, als Muttersprache hatten und erst nach und nach das Englische übernahmen, das in Teilen des heutigen Nordirland von protestantischen schottischen Siedlern und im Ostteil der Insel auch von

England aus eingeführt wurde. Das keltische Substrat ist auch heute noch spürbar – etwa in der charakteristischen Aussprache des stimmlosen *th* als Verschlußlaut (*turd street*), aber auch in manchen grammatischen Strukturen (die allerdings vorwiegend auf den Bereich traditionell-ländlicher Dialekte beschränkt sind), wie zum Beispiel ein dem Irischen nachgebildetes präpositionales *present perfect* (*I'm after missing the bus* für *I've just missed the bus*). Viele andere Aussprachemerkmale des irischen Englisch lassen sich als Archaismen deuten: Sie weisen auf den englischen Sprachstand des 18. Jahrhunderts zurück (z.B. Aussprache des /r/ in allen Positionen; Übergangsvokal zwischen /ʊ/ und /ʌ/ in *but, hut* etc.). Weder im Norden Irlands noch im Süden spielt heute die englische Standardaussprache R.P. eine besondere Rolle. Auch im öffentlichen Sprachgebrauch und in gebildeten Kreisen pflegt man regionale Akzente. Zu einer Verfestigung eines gebildeten Standards wie etwa in Schottland kommt es allerdings erst allmählich.

Die Art und Weise der Unterwerfung Irlands durch die Engländer und, damit verbunden, die Einführung des Englischen in Irland erinnern in vielfacher Hinsicht an das Verhältnis „Mutterland"/Kolonie. Das irische Englisch ließe sich mit einigem Recht als die erste der „überseeischen" oder „kolonialen" Varietäten des Englischen betrachten, auf die wir im übernächsten Abschnitt noch ausführlich zu sprechen kommen werden.

Literatur zur Dialektologie Englands und Schottlands: Peter Trudgill, The Dialects of England (Blackwell, Oxford 1990; ein leicht lesbares einführendes Werk); Ossi Ihalainen, „The Dialects of England since 1776" (in: Robert Burchfield, Hrsg., The Cambridge History of the English Language, Bd. V: English in Britain and Overseas – Origins and Development, CUP, Cambridge, 1994, S. 197–274); Eduard Kolb, Atlas of English Sounds (Francke, Bern 1979); Harold Orton et al., The Survey of English Dialects: The Basic Materials (4 Bde., Edward Arnold, London 1962–1971; dieses Werk – meist kurz als SED bezeichnet – enthält die Ergebnisse der im Rahmen des Projekts beschäftigten Exploratoren. Nirgendwo wird man mehr Informationen zu den traditionellen Dialekten finden, doch ist die Anordnung und Aufbereitung des Materials zum Teil sehr unübersichtlich); Harold Orton, Stewart Sanderson und John Widdowson, The Linguistic Atlas of England (Croom Helm, London 1978); Harold Orton und Nathalia Wright, A Word Geography of England (Seminar Press, London 1974); Wolfgang Viereck und Heinrich Ramisch, The Computer-Developed Linguistic Atlas of England (2 Bde., Niemeyer, Tübingen 1991, 1996; dieses Werk bereitet die Daten des SED in benutzerfreundlicher Weise auf); J.Y. Mather und H.H. Speitel, The Linguistic Atlas of Scotland (Croom Helm, London 1975–1986); Mairi Robinson, The Concise Scots Dictionary

(Aberdeen University Press, Aberdeen 1985); Isabeail Macleod et al., The Scots Thesaurus (Aberdeen University Press, Aberdeen 1990). Die beiden letztgenannten Werke beruhen auf dem Scottish National Dictionary (Hrsg. W. Grant und D.D. Murison, 1931–1976) [SND] und dem Dictionary of the Older Scottish Tongue (Hrsg. W.A. Craigie, J. Aitken et al., ab 1931, derzeit beim Buchstaben S). Besonders der Thesaurus mit seiner Ordnung des Wortschatzes in Sachgruppen ermöglicht neben sprachwissenschaftlichen Untersuchungen auch tiefe Einblicke in die schottische Geschichte und Volkskultur.

Die Verhältnisse in Irland und Wales sind im oben erwähnten 5. Band der Cambridge History of the English Language beschrieben (Alan R. Thomas, „English in Wales," S. 94–147; Jeffrey L. Kallen, „English in Ireland," S. 148–196).

Literatur zur Soziolinguistik und der sozialen Variation des Englischen in Großbritannien: S. Alladina und Viv Edwards, Multilingualism in the British Isles II: Africa, the Middle East and Asia (Longman, London 1991); Jack K. Chambers, Sociolinguistic Theory: Linguistic Variation and its Social Significance (Blackwell, Oxford 1995); Florian Coulmas, Hrsg., The Handbook of Sociolinguistics (Blackwell, Oxford 1996); Nikolas Coupland und Adam Jaworski, Hrsg., Sociolinguistics: A Reader and Coursebook (Macmillan, London 1997); Caroline Macafee, Glasgow, Varieties of English around the World T 3 (Benjamins, Amsterdam 1983; mit Begleitkassette); R.K.S. Macaulay, „Social Class and Language in Glasgow" (Language in Society 5, 1976, S. 173–188); R.K.S. Macaulay, Standards and Variation in Urban Speech: Examples from Lowland Scots (Benjamins, Amsterdam 1997); James Milroy und Lesley Milroy, Hrsg., Real English: The Grammar of English Dialects in the British Isles (Longman, London 1993); Peter Trudgill, Hrsg., Sociolinguistic Patterns in British English (Edward Arnold, London 1978).

23. **Slang**. Mit *slang* bezeichnet man eine Komponente des englischen Wortschatzes, die stilistisch unterhalb der allgemeinen Umgangssprache (*colloquial*) liegt und vorwiegend von bestimmten Sprechergruppen gebraucht wird. Einzelne Ausdrücke des *slang* werden als leicht anrüchig oder vulgär empfunden, doch ist die Ebene des *slang* in ihrer Gesamtheit nicht so stark stigmatisiert wie etwa die Gaunersprache (*cant*) oder gewisse Dialekte. Es ist nicht von ungefähr, daß sich gerade im Englischen ein Begriff für diese Schicht des Vokabulars entwickelt hat: Der Slang ist in der neueren Geschichte des englischen Wortschatzes ein wichtiges Experimentierfeld, aus dem ständig neue Wortschöpfungen in die Gemeinsprache abgegeben werden. Er ersetzt damit in gewisser Weise die Dialekte, die ja seit der Industrialisierung und Verstädterung im 19. Jahrhundert an Vitalität eingebüßt haben. Dies wird insbesondere auch im Vergleich zum Deutschen deutlich, wo das Vokabular der re-

gionalen Umgangssprachen noch längst nicht so standardisiert ist wie im Englischen.

Wer schafft den Slang? Im Prinzip all jene Gruppen, die sich in ihrem Sprachgebrauch von der Allgemeinheit absetzen und gleichzeitig durch den Gruppenwortschatz ihren internen Zusammenhalt stärken wollen – also Jugendliche, Studenten, aber auch Randgruppen (z.B. Drogensüchtige) oder bestimmte Berufsgruppen (Ärzte, Krankenschwestern, Soldaten). Soziolinguistisch interessant ist, daß Slang immer noch eine vorwiegend männliche Domäne zu sein scheint. Inhaltlich betrifft der Slang-Wortschatz naturgemäß diejenigen semantischen Bezirke, die im Leben und Reden der Gruppe einen zentralen Rang einnehmen oder ihr Angst einflößen. Das heißt, daß im Slang von Jugendbanden die Kreativität besonders bei Ausdrücken für Polizei, Sexuelles, Geld und Dummheit blühen wird. Medizinisches Personal oder das Militär, die beide im Alltag mit Leiden und Tod konfrontiert sind, werden ihre Ängste durch Bildung derber und tabuverletzender Ausdrücke in diesem Bereich unterdrücken. Solche Ausdrücke (z.B. *to croak* für „ersticken") werden als Dysphemismen bezeichnet und sind das Gegenteil des Euphemismus, der schönrednerischen oder verhüllenden Bezeichnung (z.B. *to pass away* für *to die*).

Diachron betrachtet ist das Vokabular des Slang im allgemeinen äußerst kurzlebig. Das ist leicht einzusehen, denn sobald es allgemein bekannt oder gebraucht wird, verliert es innerhalb der Gruppe seine Funktion. Ein Beispiel aus jüngster Zeit ist das Wort *gay*, ursprünglich „fröhlich", doch schon seit längerem als Slangwort auch in der Bedeutung „homosexual" gebräuchlich. Die Verbindung zwischen den Bedeutungen entstand über ein vermittelndes „sexuell ausschweifend", das im altertümlichen idiomatischen Ausdruck *gay Lothario*, „Weiberheld" erhalten ist. Heute ist *gay* zur normalen alltagssprachlichen Bezeichnung für gleichgeschlechtliche sexuelle Orientierung geworden, und politische Aktivisten und die homosexuelle Subkultur benutzen zunehmend das Wort *queer*, das ursprünglich – und im Munde heterosexueller Sprecher auch heute noch – einen abwertenden Unterton trägt.

Die Geschichte hunderter Wörter des heutigen Standard führt in den Slang. Langeweile zum Beispiel scheint ein Begriff zu sein, für den die Sprachen Europas im Mittelalter und der frühen Neuzeit keine feste Terminologie zur Verfügung hatten (was zur naiven Frage Anlaß gibt, ob vielleicht das Phänomen unbekannt war). In der gehobenen Sprache entlehnte man im 18. Jahrhundert das französische *ennui* (aus lateinisch *in odio* und im Mittelenglischen schon in anderer Bedeutung als *annoy* entlehnt). Studenten, wahrscheinlich in Oxford, griffen aber schon damals lieber zum kraftvollen Bild des „Bohrens": „bohrendes Mißbehagen verursacht durch erzwungene geistige Untätigkeit in der Lektüre oder langweiligen Vorlesungen." Die Wörter *boring, to bore* und *a bore* („ein Langweiler", „eine langweilige Aufgabe") waren auf den Weg gebracht (vgl. Partridge, s.v. *bore*). In der Folge blühten auch bildkräftige Redewendungen: *to bore the pants off someone* („jemanden zum Sterben anöden"), gebräuchlich auch als dysphemistisches *bore the balls off someone* oder euphemistisches *to bore someone to tears*. Das Wort *bore* bzw. *boring* selbst hat jedoch mittlerweile seine Assoziation mit dem Slang der Studentenschaft verloren, und auch die ursprüngliche Metapher ist verblaßt.

Viele Slangwörter bleiben auf halbem Weg stecken, indem sie einige ihrer negativen Konnotationen verlieren, aber dennoch den Weg in den Standard nicht schaffen. *Dork* zum Beispiel ist eine nicht sehr schockierende Bezeichnung für eine dumme oder unbeholfene Person männlichen Geschlechts, und nur wenigen ist bewußt, daß die anfängliche Bedeutung des Wortes „Penis" war. (In „you stupid prick!" ist dieselbe metonymische Bedeutungserweiterung noch lebendig.)

Eine große Zahl von Termini bleibt aber auch für die Gänze ihrer kürzeren oder längeren Gebrauchsdauer auf den Slang beschränkt und verschwindet dann wieder. „Gestern" sprachen Popmusiker, die bei der Benutzung ihrer Instrumente ja oft ebenso neue Wege gehen, vom Klavier als *coffin*, dem Kontrabaß als *doghouse* und der Gitarre als *axe*. Noten waren *dots*. Ob diese Terminologie „heute" noch Gültigkeit hat, ist offen: „Morgen" aber wird sie verschwunden und durch eine neue ersetzt worden sein.

Die oben diskutierten Beispiele haben genug Belege dafür geliefert, daß eine Neigung zu drastischer Metaphorik im Slang eine große Rolle spielt. Aber auch der rein phonetische Spieltrieb bricht sich oft Bahn. Aus *tiny* wird *teeny* bzw. die Reimform *teeny weeny*, daraus wiederum *teensy weensy* und durch Weglassen des ersten Teils einfaches *weensy*. Nicht mehr viel trennt uns von den niedlichen Euphemismen, den *wee-wees* und *poopoos*, der Kinderstube.

Technisch besonders ausgefeilt ist der sogenannte *rhyming slang*, wie er bis vor kurzem noch im Cockney blühte. In vielen Wörterbüchern der Standardsprache ist die umgangssprachliche Redewendung *have a butcher's* verzeichnet und mit „have a look" glossiert. Aber wie ist sie entstanden? *Butcher's hook* reimt sich auf *look*, und damit Außenstehende nicht so schnell hinter die Bedeutung kommen, wird das Reimwort weggelassen. *Don't pinch me khyber* heißt also „zwick mich nicht" (weil sich *Khyber Pass* zumindest im britischen Standard und, was hier wichtiger ist, in der Cockney-Aussprache auf *arse* reimt).

Das „stabile" Slang-Wort, also ein Wort, das mit konstanter Bedeutung über lange Zeit im Slang verbleibt, ist die seltene Ausnahme, aber auch solche Fälle gibt es. *Booze*, für „Alkohol", bzw. das Verbum *to booze* „übermäßig dem Alkohol zusprechen", sind seit dem 16. Jahrhundert gebräuchlich. Die Bezeichnung für den Zustand der Betrunkenheit jedoch (*tight, blind, plastered, pissed, soused, well-oiled, lubricated* u.v.a.m.) treibt, wie zu erwarten, zahlreiche nach Ort, Zeit und Sprechergruppe verschiedene Blüten.

Wie verhält man sich als fremdsprachiger Lerner zum Slang? Ein passives Verständnis ist nützlich, doch beim aktiven Gebrauch ist Vorsicht am Platz. Als Außenstehender greift man leicht daneben – entweder, weil man die Verbreitung eines Wortes falsch einschätzt oder die Schärfe des Tabus, das es umgibt, nicht richtig beurteilt. *Bonk* (für „(have) sexual intercourse") ist unter Jugendlichen geläufig und ist auch im Druck (*mid-market, down-market papers*) anzutreffen, wird aber weithin immer noch als leicht anstößig empfunden. Unfreiwillig komisch wirkt man, wenn man aus der Literatur angelesene Slang-Ausdrücke lange nach ihrem Verfallsdatum wiederaufleben läßt: „Jolly good, old chap" führt ein unsichtbares Etikett, „Oberschicht, vor dem Zweiten Weltkrieg", mit sich und ist insofern nicht das gleiche wie „ganz gut, alter Junge." *Ripping good* oder *corking good* führt sogar noch weiter zurück. Aktuell ist *well good*, „a vogue usage among adolescents and younger schoolchildren since about 1987" (Thorne, *Bloomsbury Dictionary of Contemporary Slang*, s.v. *well*), aber vielleicht ist die „Welle" schon wieder am Abebben, wenn der Ausdruck in einschlägigen Wörterbüchern bekannt gemacht wird.

Ein fast unlösbares Problem ist der Slang auch für die Übersetzer. Wegen der starken regionalen Basis der deutschen Umgangssprachen ist eine neutrale Übersetzung selten möglich. Übersetze ich *old geezer* mit *alter Taddedel*, wird der Schauplatz unnötigerweise nach Wien gerückt; wähle ich *oller Knacker*, plaziere ich mich im Norden Deutschlands.

Literatur: Robert L. Chapman, Hrsg., New Dictionary of American Slang (Harper & Row, New York 1986); Eric Partridge, A Dictionary of Slang and Unconventional English (Hrsg. Paul Beale, 8. Aufl., Routledge, London 1984; das klassische Wörterbuch zum Thema); Tony Thorne, Bloomsbury Dictionary of Contemporary Slang (Bloomsbury Press, London 1990); Eric Opie und Fiona Opie, The Language and Lore of Schoolchildren (OUP, Oxford 1976; die klassische ethnographische Studie zur Sprache der Kinder, von der Kinderstube bis zum Schulhof).

VI. Das Englische als Weltsprache

24. **Das Amerikanische.** Wurde das Englische um 1600 nur in Teilen der Britischen Inseln gesprochen – wir dürfen nicht vergessen, daß in Wales, in vielen Regionen Schottlands und in fast ganz Irland damals die keltischen Sprachen vorherrschten -, hat es sich seitdem in der ganzen Welt verbreitet: In vier von fünf Kontinenten wird es als Muttersprache gesprochen, und für fast noch mehr Menschen ist es als Staatssprache, als Bildungssprache oder als internationale Verbindungssprache wichtig. Das Englische hat sich natürlich nicht deshalb so weit verbreitet, weil es leicht zu lernen wäre, sondern weil es die Sprache eines Kolonialreiches war, das im 19. und frühen 20. Jahrhundert die Welt dominierte, und heute die Sprache der Vereinigten Staaten, einer politischen und wirtschaftlichen Supermacht, ist. Das Amerikanische ist deshalb auch der einzige Standard, der sich neben dem britischen zu voller Eigenständigkeit emanzipiert hat. *British Standard English* und die R.P.-Aussprache werden in Amerika als dem eigenen Standard gleichwertig anerkannt, dienen Sprechern des Amerikanischen aber schon lange nicht mehr zur eigenen Orientierung. In einer Hinsicht hat sich das amerikanische Englisch sogar zur weltweit dominanten Form des heutigen Englisch entwickelt: Es beeinflußt die Entwicklung der anderen Varietäten, den britischen Standard eingeschlossen, wesentlich stärker, als dies umgekehrt der Fall ist.

Die Eigenständigkeit des amerikanischen Englisch läßt sich auch in historischer Sicht nachweisen. Es verhält sich nicht so, daß das Amerikanische im Prinzip das britische Englisch mit einigen Neuerungen und Anpassungen ist. Vielmehr gehen sowohl der heutige britische Standard wie auch der amerikanische auf das Frühneuenglische zurück, welches bekanntermaßen erst auf dem Wege zur Standardisierung war und deshalb wesentlich mehr Variation zuließ, als heute im Standard anzutreffen ist. Bis ins 18. Jahrhundert variierten Formen wie *got* und *gotten,* *toward* und *towards* oder *one's* und *his* (als Possessivum zu *one*, vgl. *one should do his duty*) recht frei. Heute haben das Britische und Amerikanische aus diesem Variantenreichtum ihre Auswahl getroffen: *got,* *towards, one's* (britisch) gegenüber *gotten, toward* und *his* (amerikanisch).

Auch ist es durchaus nicht so, daß das amerikanische Englisch immer innovativ und das britische eher konservativ wäre. Im phonetischen Bereich bewahrt das Amerikanische viele konservative Züge – die Aussprache des „postvokalischen" /r/, das /æ/ in *dance/path/grass*, das offene /a:/ in *stop* oder *boss*. Hier ist es das Britische, das sich seit dem 18. Jahrhundert grundlegend gewandelt hat. Auch in der Grammatik ergibt sich kein einheitliches Bild. Das Amerikanische geht bei der Regularisierung gewisser unregelmäßiger Verben oder Semi-Hilfsverben voran (*burned, learned* statt *burnt, learnt*; *don't dare to* statt *daren't*), bei der Durchführung der systematischen Unterscheidung zwischen *past* und *present perfect* hinkt es dagegen nach: *I just had dinner* kann im Amerikanischen „ich habe gerade gegessen" heißen oder „ich habe bloß gegessen", im britischen Englisch nur mehr letzteres. Nur beim Vokabular ist das Amerikanische vielleicht grundsätzlich innovativer, weil in den Kolonien vieles neu benannt werden mußte und eher Gelegenheit zum Kontakt mit Sprechern anderer Sprachen gegeben war. Aber selbst hier gibt es einzelne Gegenbelege. Typisch amerikanische Wörter bzw. Ausdrucksweisen wie *drugstore* oder *she was sick* (im Sinn von „sie war krank") führen zum Beispiel alte Bedeutungen der Wörter *drug* und *sick* weiter, während die Bedeutung von *she was sick* im britischen Englisch heute auf „ihr war übel/ sie mußte sich übergeben" eingeschränkt ist. (Wir sehen hier von den Slangbedeutungen – *he's sick!* = „er ist pervers!"/ *a sick joke* = „ein ekelhafter oder geschmackloser Witz" – einmal ab.)

Aber zurück in die Gegenwart: Der heutige amerikanische Standard ist am deutlichsten in der Aussprache vom britischen unterschieden. Wie schon gesagt, wird /r/ überall, wo es geschrieben wird, auch gesprochen, also auch in Wörtern wie *hard, car* oder *water*. Ein weiteres charakteristisches Merkmal des Amerikanischen im Bereich der Konsonanten ist die Behandlung des /t/, das zwischen zwei Vokalen, von denen der erste betont wird, als 'flap', ein kurzer Zungenschlag an den Vordergaumen, realisiert wird. Diese Aussprache, obwohl nicht universell, findet sich häufig in Wörtern wie *Peter, atom, Italy* oder *writer* (nicht aber in *atomic, Italian*, wo – wie gesagt – die folgende Betonung das /t/ bewahrt). Wie bei so vielen lautlichen Prozessen bleibt es nicht aus, daß neue Homophonpaare entstehen: *atom* und *Adam, rider* und *writer*. Der *flap* erscheint anstelle des /t/ auch nach vorangehendem /r/ *barter, Bertie* etc. Nach vorangehendem Nasal wird das /t/ bisweilen fast völlig reduziert, so daß *winter* homophon mit *winner* wird.

Bei den Vokalen ist das auffälligste Merkmal des Amerikanischen wohl die /æ/-Aussprache in Wörtern wie *path, staff, dance, demand*, wiederum eine frühneuenglische Besonderheit, die im britischen Standard beseitigt wurde, weil ab dem 18. Jahrhundert in London /æ/ zunehmend durch /ɑ:/ ersetzt wurde. Das geringe Alter dieses lautlichen Unterschiedes zwischen den beiden Leitvarietäten zeigt sich nicht zuletzt daran, daß – besonders im britischen Englisch – in diesem Bereich noch eine ganze Menge Inkonsequenzen verblieben sind. Das Wort *mass* zum Beispiel (im Amerikanischen immer /mæs/) wird /mæs/ ausgesprochen, wenn es „große Zahl/Menge" heißt, wahlweise /mæs/ oder /mɑ:s/, wenn es „Messe" heißt. Auch bei *bastard* und der Aussprache der Vorsilbe *trans-* (*transport, transmission* etc.) hat sich /ɑ:/ im Britischen nicht voll etabliert.

Eines der beharrenden lautlichen Merkmale des amerikanischen Englisch ist auch die fast monophthongische Aussprache der Vokale in Wörtern des Typs *boat* oder *gate*. In der britischen Standardaussprache haben sich diese Laute ab dem frühen 19. Jahrhundert in ausgeprägte Diphthonge gewandelt – ein Prozeß, der im amerikanischen Englisch erst in jüngerer Zeit eingesetzt hat.

Eine weitere auffällige vokalische Besonderheit des amerikanischen Englisch ist die offenere Aussprache des /ɒ/ in Wörtern wie *lock, stop, shot*. Bei vielen Sprechern ist das kurze /ɒ/-Phonem des britischen Standards auf zwei Langvokale aufgeteilt: auf /a:/ vor Verschlußlauten, folgendem /m/ oder /n/ (vgl. die drei genannten Wörter, *bomb* oder *John*), und auf /ɔ:/ vor /ŋ,s,ɹ/ (vgl. *song, boss, horror*). Die Situation wird dadurch verkompliziert, daß ein gegenwärtig ablaufender Lautwandel bei vielen Sprechern zu einer Einebnung des Unterschiedes zwischen /a:/ und /ɔ:/ führt, so daß *cot* wie *caught* klingt und umgekehrt.

Charakteristisch für den amerikanischen Standard ist auch das reine /u:/ statt britischem /ju:/ nach /n/ oder /t/ und /d/ (*new, tune, dew*). Auch hier sollte man daran denken, daß die Ersetzung des /ju:-Diphthongs ein zumindest seit spätmittelenglischer Zeit im Ablauf begriffener Prozeß ist und deshalb die „amerikanischen" Formen in britischen Dialekten anzutreffen sind und umgekehrt. Nach /r/ und für die meisten britischen Sprecher auch schon nach /s/ ist der Prozeß in beiden Standards schon abgeschlossen (vgl. *rude, rule, Susan, supermarket* etc.), vor /f/ hat er dagegen überhaupt noch nicht begonnen. Im britischen wie im amerikanischen Standard wird *few* als [fju:] ausgesprochen, und Formen wie [fu:] sind vorerst nur in Dialekten belegt.

Nur wenige Wörter sind von der letzten Besonderheit im Bereich der Vokale betroffen, die wir hier erwähnen wollen: der Ersetzung von /ʌ/ durch /ɜ/ in Wörtern wie *hurry* oder *worry*. Eine ähnliche Entwicklung hat dazu geführt, daß eine Reihe von bekannten Eigennamen im Britischen und Amerikanischen anders ausgesprochen werden. Man vergleiche etwa *Berkeley* [bɜrklɪ], Universitätsstadt in Kalifornien, und *Berkeley* [bɑːklɪ], Ort in England, Name des für seinen geschliffenen Prosastil bekannten irisch-englischen Philosophen (1685–1753), bzw. – in der Schreibung *Barclay* – Name des bekannten Geldinstituts.

Neben diesen echt phonetischen Kontrasten unterscheiden sich der amerikanische und britische Standard auch noch durch verschiedene Aussprache bestimmter Wörter und Silben: *-ile* in *fertile, missile* etc. wird britisch /aɪl/, amerikanisch meist /l/ ausgesprochen; *pro-* in *process, progress* etc. britisch als Diphthong, amerikanisch als Monophthong (nicht aber in den Fällen, in denen es die eigenständige Bedeutung „für etwas" trägt, etwa in *pro-American*). Zuletzt gibt es eine längere Liste einzelner Wörter, bei denen sich die Präferenzen unterscheiden: *either, neither* (mit /aɪ/ im britischen, aber /iː/ im amerikanischen Englisch), *tomato* (britisch [təmɑːtəʊ], amerikanisch [təmeɪroʊ]), *capsule* (britisch [kæpsjuːl], amerikanisch [kæpsl]) und so fort.

Was die über das einzelne Lautsegment hinausgehenden lautlichen Unterschiede zwischen dem britischen und dem amerikanischen Standard betrifft, sticht eine gewisse Neigung des Amerikanischen zu einer Beibehaltung des Sekundärakzents in mehrsilbigen Wörtern ins Auge. Während Wörter wie *secretary* oder *necessary* in einer britischen Allegro-Aussprache ohne weiteres auf zwei bzw. drei Silben reduziert werden können ([ˈsektrɪ], [ˈnesəsrɪ]), ist die viersilbige Aussprache mit Nebenton ([ˈsekrə,terɪ], [ˈnesə,serɪ]) im Amerikanischen immer noch die Regel. Auch dies kann zu den beharrenden lautlichen Merkmalen des amerikanischen Standards gezählt werden. Die Grundzüge der Satzintonation sind dagegen in den beiden Varietäten weitgehend dieselben. Zumindest unterscheiden sich die beiden Standards von manchen in ihren Herrschaftsgebieten gesprochenen Dialekten wesentlich mehr als untereinander.

Bekanntlich weicht im Amerikanischen auch die Orthographie in einigen Punkten von der britischen ab. Entgegen aller Erwartung findet man so gut wie keinen Zusammenhang zwischen den Eigenheiten der Schreibung und denjenigen der Aussprache. Es ging den Reformern nicht darum, die amerikanischen Aussprache-Besonderheiten schriftlich festzuhalten und deutlich zu machen, sondern vielmehr um eine allgemeine Vereinfachung der Schreibung durch Ausschaltung unnötiger Buchstaben – eine Reform, die sich in allen Punkten genausogut auch auf das britische Englisch anwenden ließe. Das Rechtschreibe-Problem (vgl. auch § 8) wurde also auch in Amerika durchaus mit Bezug auf das gesamte Englisch gesehen, d.h., man erstrebte mindestens in diesem wichtigen Punkt keine trennende Eigengesetzlichkeit.

Generelle Vereinfachungen sind: der Ersatz der romanischen Endung *-re* (in *centre* und einer Anzahl geläufiger Wörter) durch die germanische *-er*, also: *center, theater, meter*; die Kürzung der Endung *-our* zu *-or* z.B. in *honor, color, behavior* (wegen der amerikanischen Herkunft des Terminus schreibt man auch im Deutschen *Behaviorismus*), sowie die Vereinfachung einiger Doppelkonsonanten (*traveler, wagon* gegen britisch *traveller, waggon*).

Weiter findet man im Amerikanischen oft eine größere Entschiedenheit in der Schreibung von zusammengesetzten Wörtern (entweder Zusammenschreibung oder Getrenntschreibung), wogegen im Britischen der „unentschlossene" Bindestrich vorherrscht. Die übrigen Varianten betreffen Einzelwörter, so *ax* (britisch *axe*), *catalog* (*catalogue*), *check* (*cheque*) und andere, die aber, gemessen an der Gesamtzahl der Wörter, kaum ins Gewicht fallen.

Der Großteil des Wortschatzes ist den beiden Varietäten gemeinsam. Daneben gibt es aber auch eine beträchtliche Anzahl von lexikalischen Amerikanismen, also Wörtern, die für das amerikanische Englisch kennzeichnend sind, und Britizismen, d.h. Wörtern, die außerhalb Großbritanniens ungebräuchlich sind. In den seltensten Fällen ist es dabei so, daß diesseits des Atlantik ausschließlich ein, und jenseits des Atlantik ausschließlich ein anderer Terminus verwendet wird. Dies ist zum Beispiel bei der Benennung der Teile eines Autos weitgehend der Fall. Britischem *wing* („Kotflügel") entspricht amerikanisches *fender, boot* („Kofferraum") entspricht *trunk, windscreen – windshield, bonnet* („Motorhaube") – *hood, accelerator pedal – gas pedal* und so weiter.

Weitaus häufiger aber ist teilweise Übereinstimmung in einer der folgenden drei Weisen:

a) Beide Wörter sind in beiden Varietäten zu Hause, in einer aber üblicher bzw. in bestimmten Kollokationen vorgeschrieben. Ein gutes Beispiel dafür bietet *post* und *mail*. Es heißt zwar *US Post Office*, aber *mail box*, dagegen *Royal Mail*, aber *post office*. Für amerikanisches *mailbox* ist im Englischen *pillar box* üblich. Engländer wie Amerikaner könnten aber ohne weiteres *I checked my mail* sagen. Ähnlich ist es bei *shop* und *store*. Bei kleinen Geschäften ist in England *shop* üblicher (*corner-shop, flowershop, bookshop*), bei großen Kaufhäusern dagegen heißt es auch im britischen Englisch *store* (*department store, mega-store* etc.). Im Amerikanischen dagegen ist *store* die Normalform für jede Art von Geschäft und *shop* eine seltene Nebenform.

b) Eine amerikanische Form ist auch in England geläufig, die entsprechende englische jedoch nicht in den USA. Dies trifft zum Beispiel auf „amerikanisch" *can* („Konserve") gegenüber britisch *tin* zu. *Canned beef* ist auch in Großbritannien geläufig, *tinned beef* dagegen nicht in den USA. Ähnlich ist *keep your dog on leash* „international", *keep your dog on lead* dagegen britisch.

c) Eine britische Form ist auch in den USA verbreitet, die entsprechende amerikanische jedoch nicht in Großbritannien. Beispiele hierfür sind *queue* („Schlange, z.B. vor Geschäften," gegenüber rein amerikanischem *line*), *autumn* (gegenüber *fall*), *tap* (gegenüber *faucet*) oder *railway* (gegenüber *railroad*).

Es versteht sich von selbst, daß die Unterschiede an Zahl zunehmen, sobald man von der gehobenen Schriftnorm in die jeweilige Umgangssprache oder gar in den Slang bestimmter Gruppen vordringt. Auf dieser Ebene kann es in der Tat zu Verständnisschwierigkeiten zwischen Briten und Amerikanern kommen.

Allgemein gilt, daß vergleichende Listen des britischen und amerikanischen Wortschatzes ein rasches Verfallsdatum haben, denn nichts wird so leicht aus einer Varietät in eine andere übernommen wie ein Wort. Der große Einfluß des amerikanischen Englisch auf den Wortschatz des britischen ist bekannt, aber auch in der Gegenrichtung gibt es Einflüsse.

Von britischen Einflüssen auf das Amerikanische kann man natürlich nur in der neueren Zeit sprechen, da ursprünglich ja die ganze Sprache der Vereinigten Staaten aus Großbritannien kam. Solche Einflüsse sind auch heute ohne Zweifel noch vorhanden (vgl. Mencken, I, V. 4: „Briticisms in the United States", und die Rezeption der Beatles). Ein Beispiel aus der jüngsten Vergangenheit ist der Ausdruck *over the top* (hier im übertragenen Sinn von „übertrieben", „zu stark"), der vermutlich gegen Ende der achtziger Jahre in England in Mode kam und etwas später auch Eingang in das amerikanische Englisch fand.

Bei vielen lexikalischen Amerikanismen erklärt sich das Einwandern nach Großbritannien rein sachgeschichtlich. Sie stehen für Erfindungen und andere Dinge, die ihren Ursprung in Amerika genommen haben. Hierher gehören die frühen Amerikanismen, die längst gemeinenglisch oder gar international geworden sind, wie *phonograph, telephone, typewriter*. Aus dem Bereich des Films, der ebenfalls starke Anstöße von Amerika empfing, stammen: *caption* (Zwischentitel im Stummfilm, dann allgemein: kurzer Bildtext), *sobstuff* (kitschig-sentimentaler Film bzw. sentimentales Geschwätz), endlich *movie* selbst (sg. = Film, pl. = Kino).

Diese sachlich begründeten Übernahmen, die vor allem kulturgeschichtlich interessant sind, machen aber nur einen Teil aus. Bei einer großen Zahl von nach England eingewanderten Amerikanismen liegt die Ursache für die Übernahme innerhalb der Sprache selbst. Hier lassen sich drei Möglichkeiten unterscheiden. Das amerikanische Wort kann Anklang finden, weil es kürzer und damit praktischer ist als das entsprechende britische; dies war wohl der Fall bei *cut* (für *reduction*), *to fix* (für *arrange, repair, provide* und anderes – ein Allzweckwort, über das sich schon Charles Dickens in seinen *American Notes* mokierte), *to contact* (für *get in touch with*). Eine umfangreiche zweite Gruppe umfaßt diejenigen amerikanischen Wörter, die einen bekannten Begriff expressiver ausdrücken als das bereits vorhandene britische Wort; dies kann durch lautliche Eigentümlichkeit (Lautsymbolik) geschehen oder auch dadurch, daß das neue Wort bildhafter ist; Beispiele sind hier etwa *cracker* (britisch *biscuit*). Expressiv sind auch *bogus, phoney* (beide = schwindelhaft, nachgemacht, *sham*), *sucker* (einfältiger Mensch, Neuling, *greenhorn*), *joint* (Kneipe, *pub*, auch: Drogenzigarette), *boom* (Hausse, besonders in Börse, Wirtschaft), *fiend* (*addict*, Süchtiger, Fanatiker, z.B. *dope-fiend, fresh-air fiend*), *boss* (*manager*). Fast alle diese Wörter sind zwar im Amerikanischen entstanden, mittlerweile jedoch auch im Britischen geläufig.

Die interessanteste Gruppe bilden diejenigen amerikanischen Lehnwörter, welche als unersetzbar bezeichnet werden können, weil sie neue, bisher im Englischen nicht vorhandene Begriffe stiften. Hierzu gehört das bekannte Wortpaar *highbrow* und *lowbrow*. Der nur dumpf gefühlte und leicht wieder vergessene Unterschied zwischen „intellektuell anspruchsvoll" und „intellektuell anspruchslos" kristallisiert sich in diesen beiden Begriffen, d.h., wir sehen, nachdem diese beiden Wörter zur Verfügung stehen, die beiden Kategorien erst wirklich. Die neuen Wörter sind also neue Denkkategorien, praktische Erkenntnisinstrumente, die zur Erhellung der Welt beitragen.

Solche Wörter sind zweifellos die notwendigsten unter den Lehnwörtern; denn sie füllen eine Lücke aus, welche allerdings gerade dadurch gekennzeichnet ist, daß man sie vorher gar nicht bemerkte. Die zum Teil hoch spezifische Aussagekraft der neuen Begriffe bringt es mit sich, daß eine direkte einfache Übersetzung, z.B. ins Deutsche, ausgeschlossen ist. Man kann die Bedeutung dieser Amerikanismen nur umschreiben. Hierher gehören: *know-how* (Erfahrung auf einem bestimmten Sachgebiet), *uplift* (moralische Erbauung, aber äußerlicher als *edification*, z.B.

das Gefühl beim moralisch befriedigenden Ausgang eines Films); *graft* (ungefähr: Schiebung, korrupte politische Machenschaft); *stunt* (Leistung, die Prestige schafft oder um dessentwillen unternommen wird); *to boost* (mit zusätzlicher Hilfe hochbringen, heute in zahlreichen technischen Verwendungen wie *booster battery, booster rocket* = Starthilfe-Rakete); *to debunk* (vom Piedestal holen, des Nimbus entkleiden, z.B. *debunking the Olympic myth*).

Bei aller Liebe zum lexikographischen Detail sollte man aber eines nicht vergessen: Oft läßt sich das „Amerikanische" an einem Text nicht an einzelnen Wörtern festmachen, sondern nur an der Art und Weise, wie gemeinenglische Wörter verwendet werden, welche Stilniveaus in welchen Kontexten als angemessen empfunden werden, aus welchen Bereichen (z.B. Sportarten wie Baseball oder Boxen) Metaphern entlehnt werden, und so fort.

Die grammatischen Besonderheiten des amerikanischen Englisch beschränken sich, wenigstens in der Sprache der Gebildeten, auf sporadische Abweichungen wie: amerikanisch *I have gotten* für britisch *I have got* oder *his* (statt *one's*, z.B. *one should speak his mind*). Bei den meisten sogenannten grammatischen Unterschieden zwischen dem britischen und dem amerikanischen Englisch handelt es sich in Wahrheit nur um stilistische Präferenzen für die eine oder andere Form. Zum Beispiel ist für das Amerikanische eine größere Neigung zur Verwendung des Adjektivs als Adverb (*she sure knows*), des sogenannten *mandative subjunctive* (*we recommend that the book be published*) und nicht zuletzt des Präteritums an Stelle des *present perfect* festgestellt worden. Die letzte Erscheinung läßt sich sehr gut an zwei ungefähr gleichzeitig entstandenen Wahlkampfslogans zeigen. „You never had it so good," warb die Demokratische Partei bei den Präsidentschaftswahlen 1952, während der britische Premierminister Harold MacMillan 1961 sagte: „Most of our people have never had it so good." Mit wenigen Ausnahmen (z.B. *the police are ...*) fehlt im amerikanischen Englisch auch die im heutigen britischen Standard so häufige semantische Numeruskongruenz – d.h., ausschlaggebend für den Numerus des Verbs ist nicht die grammatische Kennzeichnung des Subjekts, sondern seine Bedeutung: *the family/ band/ Labour Party* etc. *are always quarrelling* gegenüber *the family/ band/ Labour Party* etc. *is an intriguing subject for study*.

Eine einheitlichere Tendenz zeigen dagegen die Besonderheiten der Wortbildung. Auch hier ist indessen das amerikanische Englisch vom britischen keineswegs wesensverschieden; vielmehr erweist es sich gerade auf diesem Gebiet als ein noch „englischeres Englisch" als das britische. Zwei spezifische Eigenschaften der neuenglischen Wortbildung treten im Amerikanischen noch stärker hervor, nämlich die grammatische Homonymie oder „Konversion" (siehe oben § 15) und die Funktion des Wortverbandes als Wort (siehe § 16). Es besteht die Tendenz zu einem noch freieren Hin und Her zwischen substantivischer und verbaler Funktion: „Would you like to priority it or do you want to first-class it?" war eine Frage, die dem Bearbeiter vor einigen Jahren auf einem amerikanischen Postamt gestellt wurde und ihn nicht wenig verblüffte. Die Neigung, den Akzentunterschied zwischen sonst gleichlautenden Verben und Substantiven auch dort fallen zu lassen, wo ihn das Britische noch behält (*the áccent* und auch *to áccent*, gegenüber britisch *the áccent* aber *to accént*), weist in die gleiche Richtung.

Noch häufiger als im britischen Englisch ist sodann der als Wort fungierende Wortverband (vgl. oben § 16), vor allem die Verb-Adverb-Kombination (das sogenannte *phrasal verb*). Von den neueren Schöpfungen gehören diesem Typus an: *to bone up on something* (Slang: heftig studieren), *to art up* (einem Film usw. gewaltsam eine künstlerische Note verleihen), *to dumb down* (ein anspruchsvolles Werk für den Massengeschmack zurichten). Weiter gediehen als im britischen Englisch ist auch der Ersatz der *hard words* durch Wortverbände: *know-how* (für älteres *ability*), *to break down* (*to analyse*), *brush-off* (*abrupt refusal*), *to pass up* (*decline, refuse*), *to turn down* (*refuse, reject*). Es ist für die Entwicklung des Englischen bezeichnend, daß alle diese Wörter zwar im Amerikanischen entstanden, mittlerweile aber auch im britischen Englisch völlig heimisch geworden sind. Allgemein bestehen in Amerika stärkere Widerstände gegen die *hard words*, was mit Unterschieden im Bildungssystem zusammenhängt, und der Ersatz derselben durch einfache Prägungen (*buzz saw* für britisch *circular saw*) ist häufig. Umgekehrt hat das amerikanische *officialese* – ob zu Recht oder zu Unrecht, sei dahingestellt – den Ruf besonderer Undurchdringlichkeit. „Plain English" hat im Pentagon angeblich keine Chance.

Der amerikanische Wortverband zeigt aber nicht nur bedeutungsmäßig, sondern auch formal in vermehrtem Maße die Züge des Einzelwortes. So ist die Neigung der Suffigierung des ganzen Verbandes noch stärker als im Britischen: Neuere Bildungen der Umgangssprache fügen die Endung (des Nomen Agentis, des Abstraktums, des Plurals), welche logisch nur zum Verb gehört, gerne an den Schluß des ganzen Verbandes an, so *go-withouter, come-alonger, come-uppance* (verdiente Strafe), *no-shows* (Abwesende). Ein ganzer „Satz" wird suffigiert in *whoduniter* (Kriminalschriftsteller, zu *whodunit = who done it?*, Kriminalroman).

Für die einwandfreie Darstellung dieser Besonderheiten – und für diejenige der britisch-amerikanischen Unterschiede überhaupt – muß die Mahnung Galinskys beherzigt werden, nur stilistisch und sozial gleiche Sprachebenen miteinander zu vergleichen. Es geht nicht an, britisches Colloquial mit amerikanischem Slang zu vergleichen; auch ist es unrichtig, die amerikanischen Texte vorwiegend aus der sehr speziellen Zeitungs- und Reklamesprache zu holen, weil man so über das gegenseitige Verhältnis ein falsches Bild gewinnt. Andererseits aber kann tatsächlich oft festgestellt werden, daß die gleiche Erscheinung in Amerika eine stilistische Stufe höher steht als in England. Kühne Konversionen und Wortverbände, Ersatz von *hard words* durch „primitivere" Ausdrücke können in Amerika gutes Colloquial sein, in England den Slang streifen. So läßt sich vielleicht sagen, daß der amerikanische Standard, was gewisse Erscheinungen betrifft, einen Grad volkstümlicher und demokratischer ist als das britische Englisch.

Eine wichtige Frage bleibt zum Abschluß noch zu klären: Entwickeln sich die beiden Leitvarietäten auseinander, oder rücken sie näher zusammen? Diese Frage muß differenziert beantwortet werden.

Betrachtet man die lautliche Ebene, überwiegen die zentrifugalen Tendenzen. Die gegenwärtig ablaufenden Lautwandelsprozesse in den beiden Varietäten gehen mit wenigen Ausnahmen, z.B. der Entwicklung von /ju:/ zu /u:/, nicht in dieselbe Richtung. In den USA verbreitet sich der schon erwähnte Zusammenfall von /a:/ und /ɔ:/ (*cot-caught*-merger), und auch im Bereich der kurzen Vorderzungenvokale gibt es Bewegung („Northern Cities Chain Shift", so genannt, weil dieser Lautwandel systematischer Natur zu sein scheint und in der Sprache der Industriestädte des amerikanischen Nordostens am weitesten fortgeschritten ist): Die Diphthongierung von /æ/ zum Beispiel ist bei manchen amerikanischen Sprechern schon so weit gediehen, daß ihr *Ann* wie das englische *Ian* klingt ([ɪən]). Für beide Entwicklungen gibt es im britischen Englisch keine Entsprechungen. Anders herum betrachtet, fehlen amerikanische Entsprechungen zu vielen Entwicklungen, die derzeit im britischen Aussprachestandard zu beobachten sind, zum Beispiel die Hebung des /ɔ:/ in Wörtern wie *walk* oder *talk* oder die zunehmende Neigung zur Ersetzung des /t/ durch den *glottal stop*.

Was die wenigen systematischen Kontraste in der Rechtschreibung betrifft, so sind diese stabil. Bei der vereinfachten Schreibung von Einzelwörtern (*encyclopedia* statt *encyclopaedia*) zieht das Britische nach.

In der Grammatik sind die Verhältnisse vielfach ebenfalls stabil. Formen wie *gotten* oder *toward* sind aus dem britischen Englisch ganz bzw. weitgehend geschwunden, und es ist derzeit keine Neigung festzustellen, sie durch die Hintertür des amerikanischen Englisch wieder einzuführen. Ein gewisser amerikanischer Einfluß auf das britische Englisch scheint bei der Regularisierung einiger unregelmäßiger Verbformen oder syntaktischer Strukturen vorzuliegen. Formen wie *burned* (statt *burnt*), *do you have a car?* (anstelle von *have you a car?*) oder *I didn't dare to tell her* (statt *I daren't tell her*) haben sich im Amerikanischen weitgehend durchgesetzt und werden auch im britischen Englisch immer häufiger. Es ließe sich aber genausogut argumentieren, daß diese Tendenz in beiden Varietäten schon angelegt war und der Eindruck eines regionalen Kontrasts nur deshalb entstand, weil sich das britische und das amerikanische Englisch eine Zeit lang mit unterschiedlicher Geschwindigkeit in dieselbe Richtung entwickelten.

Nur ganz vereinzelt gibt es Anzeichen für ein weiteres Auseinanderstreben der Grammatik der beiden Varietäten. Zum Beispiel hat sich das *half gerund* nach *prevent, stop* und *save* (*can you prevent/ stop him talking?, please show me the right button to press – that would save me going through the whole handbook*) im britischen Englisch voll etabliert, während in Amerika *can you prevent/ stop him from talking* heute die einzige übliche Form ist.

Wie oben schon ausführlich dargelegt wurde, ist in der Entwicklung des englischen Wortschatzes ganz eindeutig die Tendenz zur Konvergenz, meist nach amerikanischem Muster, vorherrschend. Die meisten lexikalischen Amerikanismen finden früher oder später ihren Weg ins britische Englisch. „Accent divides, vocabulary and syntax unite!" – So etwa ließe sich die heutige Entwicklung im britischen und amerikanischen Englisch in sechs Wörtern zusammenfassen.

Nachdem bis jetzt der amerikanische Standard im Kontrast zum britischen dargestellt wurde, wenden wir uns nun der internen regionalen, sozialen und ethnischen Differenzierung des amerikanischen Englisch zu. Während sich das Phänomen der regionalen und sozialen Differenzierung einer Sprache auch am Beispiel des britischen Englisch gut illustrieren läßt, zeigt die explizite Nennung eines dritten, des ethnischen Faktors, daß in den USA mit sprachlichen Differenzierungen zu rechnen ist, für die es in Großbritannien bis in die jüngste Zeit keine Parallelen gab. Dies hat natürlich mit der freiwilligen oder – im Falle der afrikanischen Sklaven – erzwungenen Masseneinwanderung von Menschen zu tun, die ursprünglich andere Sprachen hatten und das Englische erst auf dem Boden der Kolonien bzw. später der Vereinigten Staaten annahmen.

Was seine interne Variabilität betrifft, kann das Amerikanische mit gleichem Recht uneinheitlicher, aber auch einheitlicher als das britische

Englisch genannt werden. Einheitlicher ist es insofern, als die Dialekte unter sich ähnlicher sind als die britischen. Weniger einheitlich ist dagegen die Norm, besonders in der Aussprache. Sie war nie so unerbittlich wie in England bis vor wenigen Jahren. Es gibt keine über das ganze Land verbreitete Standardform; auch im formellen Sprachgebrauch behalten die meisten Sprecher Elemente ihres lokalen Akzents bei. Die Erklärung für diese Erscheinung liegt darin, daß in den USA kein eindeutiges gesellschaftliches Zentrum wie der Hof und keine geschlossene Adelsschicht bestand; die politische Struktur war von Anfang an demokratisch, die konservative Tendenz einen Grad schwächer, die Schulen (besonders verglichen mit den englischen Public Schools) waren weniger humanistisch-akademisch ausgerichtet. Ein weiterer wichtiger Grund liegt aber wohl in der ungewöhnlichen sozialen Mobilität der Bevölkerung. Das Herauf und Herunter auf der sozialen Leiter war heftiger als (vor 1918) in irgendeinem anderen Lande. Auch die gemischte Besiedlung, besonders der starke Zuzug aus anderen Sprachgebieten, stand der Entwicklung einer einzigen und festen Aussprache-Norm entgegen. Die Toleranz, die die Aussprachenormen des amerikanischen Englisch kennzeichnen, fehlt allerdings im Bereich der Grammatik. Doppelte Verneinung, der Gebrauch von *like* als Konjunktion, der Ersatz von *isn't* durch *ain't* usw. – all das ist bei den Sprachpuristen in den USA zumindest ebenso, wenn nicht sogar mehr stigmatisiert als in England.

Die heutigen amerikanischen Dialektverhältnisse spiegeln im wesentlichen die Besiedlungsgeschichte wider. Drei Siedlungskerne an der Ostküste sind zu unterscheiden:

1. Die nördlichen Kolonien. Puritaner, wohl vorwiegend aus Südost- und Nordengland; hauptsächlich Regional Standard sprechend. Erstes Zentrum: Massachusetts, spätere Ausbreitung im Süden bis zum heutigen New York, im Westen in Richtung auf die Großen Seen zu.
2. Die mittleren Kolonien. Quäker, wohl hauptsächlich aus Nord- und Westengland; etwas mehr Dialektsprecher als in Neuengland. Erstes Zentrum: Pennsylvania, Ausbreitung zunächst der Küste entlang, später westwärts und jenseits der Blue Ridge auch südwestwärts in Richtung auf Ohio, West Virginia und Kentucky.
3. Die südlichen Kolonien. Katholiken und Cavaliers (Emigranten unter Elisabeth und Cromwell), sozial und sprachlich höher stehend. Erstes Zentrum: Maryland und Virginia; spätere Ausbreitung westwärts nur bis an die Blue Ridge (weil deren Hinterland schon durch Gruppe 2 besiedelt war), südwestwärts dagegen nach Georgia hinein und weiter ins Mississippi-Becken.

Überall geht die Ausbreitung an der Küste derjenigen nach Westen voraus. Um 1750 besteht ein ununterbrochener Siedlungsgürtel von Neuengland bis an die Grenze des spanischen Florida; die Wanderung nach Westen setzt erst nach 1800 voll ein. Je weiter man nach Westen vorstieß, um so mehr mischten sich die Abkömmlinge der drei alten Siedlungszentren (am stärksten im kalifornischen Gold-Rush, der um 1850 Menschen aus allen Gegenden anzog). Gleichzeitig mit der Ausbreitung erfolgt die politisch-kulturelle Ablösung von England. Nach 1800 haben noch die Küstengegenden im Norden und Süden (nicht dagegen die nach Westen orientierte nationalistische Mitte) so engen Kontakt mit England, daß sich dies in der Übernahme britischer Aussprachentwicklungen niederschlagen konnte. Typisch britische Akzentmerkmale wie das Fehlen des post-vokalischen /r/ oder das *broad a* in Wörtern wir *path* und *dance* sind in den Vereinigten Staaten daher nur in Dialekten verbreitet und nicht mehr Teil des Standards geworden.

Die sprachlichen Folgen dieser Vorgänge lassen sich kurz wie folgt zusammenfassen:

1. Die Basis der amerikanischen Dialekte ist teils britischer Dialekt, teils britischer Regional Standard. Da der letztere von Ort zu Ort nicht so stark variierte wie der eigentliche Dialekt, stehen sich die verschiedenen amerikanischen Dialekte näher als die britischen. Die bestehenden Unterschiede wurden sodann durch Mischungen und Wanderungen – europäische Seßhaftigkeit ist in Amerika seltener – noch weiter reduziert. Resultat: Trotz der Weiträumigkeit des amerikanischen Gebietes eine relativ geringe Verschiedenheit der Dialekte.
2. Die Besiedlung begann im Osten und stieß in westlicher Richtung vor. Jede der Kolonien trug bei der Ausbreitung ihre eigene Sprache westwärts. Resultat: Die sprachlichen Unterschiede in ost-westlicher Richtung sind eher gering im Vergleich zu denjenigen zwischen Norden und Süden.
3. Da die Siedler sich um so stärker mischten, je weiter sie westwärts vordrangen, sind die nord-südlichen Unterschiede im Osten größer als im Westen.

Was diese grundlegenden Entwicklungslinien betrifft, hat auch die jüngere Forschung zur Entstehung des amerikanischen Englisch wenig Neues erbracht. Deutlicher als die Klassiker der amerikanischen Dialektgeographie sehen wir jedoch heute, daß neben der Herleitung aus britischen Dialekten auch noch weitere Vorgänge eine Rolle gespielt haben müssen.

Was etwa ist die Rolle des Sprachkontakts mit Sprechern anderer Sprachen, etwa mit den spanischsprechenden Kolonisten im Südwesten der heutigen USA? Ihnen verdankt das amerikanische Englisch einen Großteil der Fachterminologie des „Wilden Westens" – von *cowboy*, gebildet vermutlich nach *vaquero*, über *lasso, ranch, mustang, bronco* („halbwildes Pferd"), *vigilante* („Mitglied einer Bürgerwehr," heute meist mit etwas anrüchigem Unterton der Ho-Ruck-Justiz) bis zu Slangwörtern wie *hoosegow* (aus *juzgado*, Gefängnis). Der spanische Einfluß auf das amerikanische Englisch war immer präsent und nimmt heute eher zu als ab. Geht es dabei wirklich nur um eine begrenzte Anzahl von Lehnwörtern, die aus einer Sprache in die andere übernommen werden, oder bilden sich in Gemeinschaften, die über lange Zeit zweisprachig sind, ethnische Kontaktdialekte heraus?

Welche Vorgänge spielten bei der Entstehung des Dialekts der schwarzen Bevölkerung eine Rolle? Lassen sie sich mit den Kreolisierungsprozessen vergleichen, die wir weiter unten, in § 25, kennenlernen werden? Hatte das Englische der Schwarzen vielleicht sogar einen Einfluß auf die Entwicklung des Dialekts der Weißen in den Südstaaten – eine Hypothese, die in Gegenden, wo die Schwarzen die Mehrheit der Bevölkerung stellten, nicht von vorneherein von der Hand zu weisen ist? Geht man nach der Zahl der afrikanischen Lehnwörter, die sich in den Dialekten des amerikanischen Südens finden (z.B. *pinder, goober* – beide „Erdnuß", *honky-tonk* („meist schäbiger Nachtclub"), *jazz* – wobei Etymologien in diesen Fällen notorisch umstritten sind), würde man eher geringe Einflüsse vermuten. Andererseits weist das volkstümliche Englisch der Schwarzen (*African-American vernacular*) phonetische und grammatische Elemente auf, die sich ebenso gut als Nachformungen afrikanischer Laut- und Strukturmuster verstehen lassen wie als Adaptation regionaler britischer Sprachgebräuche. Dies ist zum Beispiel beim sogenannten „invariant" oder „habitual" *be* der Fall, wo das volkstümliche afro-amerikanische Englisch systematisch zwischen *he sick* („er ist jetzt krank", Verneinung *he ain't sick*) und *he be sick* („er ist öfters krank", Verneinung *he don't be sick*) unterscheidet. Ansätze zu einer solchen Differenzierung, wenn auch nicht genau in dieser Form, gibt es in manchen irischen Dialekten des Englischen, aber auch in afrikanischen Sprachen. Man könnte auch argumentieren, daß englische Wortformen zum Ausdruck von grammatischen Kategorien herangezogen wurden, die denen der afrikanischen Muttersprachen der Sklaven nachempfunden waren, und damit einen Kompromiß der Erklärungen herbeiführen. Wegen der schlechten Überlieferungslage und den politischen Emotionen, die mit dem Thema in den USA, auch in akademischen Kreisen, verbunden sind, erweisen sich solche Probleme als äußerst schwierig zu klären.

Letztendlich erweist sich die Sprachgeschichte als Sonderfall eines Problems, das für die Geschichtsschreibung der USA insgesamt grundlegend ist. Wurde Amerika von seinen europäisch beeinflußten Eliten in den städtischen Machtzentren der Atlantikküste „gemacht" oder an der „Frontier" (d.h. von Pionieren und einfachen Leuten an der Grenz- und Kontaktzone zwischen Europäern und der indianischen Urbevölkerung bzw. den spanischsprachigen Kolonialkulturen), die sich während des 19. Jahrhunderts zuerst bis zum Mississippi und dann unaufhaltsam bis zur Pazifikküste bewegte? Für den dominanten Einfluß der Frontier auf die amerikanische Gesellschaft hat am nachdrücklichsten Frederick Jackson Turner in seiner klassischen Studie *The Frontier in American History* (1920) plädiert. Je mehr man sich neben der Geschichte des amerikanischen Standardenglisch auch für die Entwicklung seiner volkstümlichen Varianten interessiert, desto wichtiger wird die Frontier-Erfahrung auch für den Sprachhistoriker.

Auf jeden Fall kann man – am Ende unseres kurzen Überblickes über die Entstehung des amerikanischen Englisch – festhalten, daß sich die phonetischen Charakteristika des amerikanischen Englisch, einschließlich seiner dialektalen Aufgliederung, am Ende des 18. Jahrhunderts bereits fest herausgebildet hatten. Die Kodifizierung der Schriftnorm in Orthographie, Vokabular und Grammatik begann in der ersten Hälfte des 19. Jahrhunderts und war nach dem Ersten Weltkrieg abgeschlossen. Das heißt, daß das 19. Jahrhundert in dieser Hinsicht eine Übergangsperiode darstellte, in der der Sprachgebrauch, zum Beispiel bei *got/ gotten* oder *towards/ toward* noch schwankte und amerikanische Autoren die Wahl hatten, sich – wie Mark Twain – dem Amerikanischen zuzuwenden oder – wie Washington Irving oder Henry James – weiterhin an der britischen Literatursprache festzuhalten.

Soweit zur historischen Vorgeschichte. Wie aber sehen die gegenwärtigen Verhältnisse aus?

Was die regionale Variation betrifft, ist das amerikanische Englisch wesentlich homogener als das britische, dennoch haben an die hundert Jahre dialektgeographischer Studien eine Fülle interessanter Ergebnisse zutage gefördert. Diese sind in fünf monumentalen Sprachatlanten niedergelegt, von denen zwei erst in allerjüngster Zeit vollendet wurden. In chronologischer Reihenfolge des Erscheinens sind dies:

The Linguistic Atlas of New England (LANE), 3 Bde. (Hans Kurath et al., 1939–1943)

The Linguistic Atlas of the Upper Midwest (LAUM), 3 Bde. (Harold B. Allen, 1973–1976)
The Linguistic Atlas of the North Central States (LANCS): Basic Materials, 8 Bde. (Raven I. McDavid und Richard C. Payne, 1976–1978)
The Linguistic Atlas of the Gulf States (LAGS), 7 Bde. (Pedersen et al., 1991)
The Linguistic Atlas of the Middle and South Atlantic States (LAMSAS), (Kretzschmar, 1994)
Unter Federführung von Frederick G. Cassidy entsteht der Dictionary of American Regional English (DARE), dessen erster Band 1985 erschien und der derzeit beim Buchstaben O angelangt ist.

Entsprechend den alten Siedlungsgebieten zeigen sich im Osten drei wortgeographisch noch deutlich geschiedene Dialekträume: Norden, Mitte und Süden. Die Grenze zwischen Norden und Mitte verläuft von der Gegend von New York aus in westnordwestlicher Richtung; die Grenze Mitte/Süden beginnt ungefähr am Delaware, verläuft zuerst westlich bis zur Blue Ridge, dann auf der Höhe dieses Bergzuges weiter in südwestlicher Richtung.

Für den Norden typische Wörter sind nach Kurath u.a. *pail* (Eimer, sonst *bucket*), *wiffletree* („Waage" am Pferdewagen, sonst *swingletree*), *darning-needle* (Libelle), *teeter, teeter-board* (Wippe), *buttry (pantry),* *bite* (Imbiß). Auf die Mitte beschränkt sind *I want off* (= *I want to get off), sook* (Lockruf für Kühe), *to bawl* (für die Stimme des Kalbes), *snake feeder* (Libelle), *piece* (Imbiß, mit Ausnahme von New York). Wörter des Südens endlich sind *to low* (für *to moo), lightwood* (Feuerholz, sonst *kindlewood), co-wench* (Lockruf für Kühe), *snake doctor* (Libelle), *snack* (Imbiß, auch in New York). In manchen Fällen stimmen auch Norden und Mitte, Mitte und Süden oder Norden und Süden lexikalisch überein; weiter gibt es kleinräumige oder sich überschneidende Wortgebiete, wie man sich denn überhaupt die ganze Sprachgeographie als eine Fülle von Einzelerscheinungen vorzustellen hat. Wie man sieht, gehören die wirklich distinktiven Wörter meist zum Bereich des traditionellen Landlebens (*wiffletree!*), sind daher nur mehr einer Minderheit von Sprechern bekannt und werden zusammen mit den älteren Lebensformen in absehbarer Zeit wohl endgültig schwinden. Unter den Wörtern für moderne Lebensbereiche erfolgt eine Vereinheitlichung: *snack* hat sich (z.T. auf Kosten von *bite*) von New York über die ganze Welt ausgebreitet.

Fester verankert als die allmählich verschwindenden lexikalischen Dialektmerkmale sind die phonetischen. Eine hundertprozentige Dekkung zwischen den wortgeographisch ermittelten Dialekträumen und den Aussprachezonen ist nicht zu erwarten, aber dennoch plädieren auch hier die meisten Experten für eine grobe Dreiteilung – im wesentlichen auf Grund der Behandlung des /r/ nach Vokalen. Anders als in England ist postvokalisches /r/ in den USA die nationale Norm, und *r*-lose Aussprache gilt als dialektal. Die *r*-losen Dialekträume sind der Osten Neuenglands und die Tiefenlagen des Südens von Virginia bis Texas. Der Akzent der Middle Atlantic States, mit seinem Zentrum in Pennsylvania, machte den englischen r-Schwund nicht mehr mit und wurde, wie wir oben gesehen haben, zur Basis für die heutige amerikanische Normaussprache. Weil die Bevölkerung dieser Region die größte Dynamik bei der Kolonisierung des Küstenhinterlandes, des Mittleren Westens und Westens der USA entwickelte, wurde er in einem immer breiteren Fächer nach Westen getragen.

Während das postvokalische /r/ in den englischen Dialekten im Rückzug begriffen ist, ist es in den USA heute die r-lose Aussprache Neuenglands und des Südens, die von seiten des nationalen Standards unter Druck gerät – in Neuengland mehr noch als im Süden. Dasselbe trifft auch auf das zweite wichtige historische Aussprachekennzeichen des Neuengland-Akzents zu, nämlich das *broad a* [ɑ:] in Wörtern wie *half, aunt, ask, bath* anstelle des in Amerika üblichen *flat a* [æ]: Die Tage des *broad a* als Merkmal der kultivierten Aussprache Bostons sind also gezählt.

Für den Süden ist neben einer weit verbreiteten Tendenz zur *r*-losen Aussprache der sogenannte *Southern drawl* charakteristisch, d.h. die gedehnte, fast diphthongische Aussprache der kurzen Vokale (z.B. *class* [klæjəs]) verbunden mit Monophthongierung mancher Diphthonge ([ta:m] für *time*). Für Außenstehende verwirrend ist auch eine Neigung, /e/ vor Nasalen zu /ɪ/ anzuheben, was zu homophonen Aussprachen von Wortpaaren wie *send/ sinned* oder *pen/ pin* führen kann. Dies ist ein Merkmal des Südstaaten-Akzents, das weit in den „Wilden Westen" (Arizona, New Mexico) vorgedrungen ist.

Angesichts der kurzen und bewegten Siedlungsgeschichte der USA, der ständigen Vermischung der Dialekte und nicht zuletzt der vielfältigen Kontakte mit anderen Sprachen ist es klar, daß die dialektgeographische Methode – Erstellen von Karten mit Isoglossen – der komplexen Realität vielleicht nicht ganz angemessen ist. Der zukunftsweisende Beitrag Amerikas zur Erforschung sprachlicher Variation ist denn auch die moderne, mit statistischen Mitteln arbeitende Soziolinguistik (*sociolinguistics*, auch *social* oder *urban dialectology* genannt). Als Pionier der Richtung gilt William Labov, der sich ausführlich mit der sprachlichen Variation in New York City und dem Englisch der Schwarzen auseinandersetzte.

Schon dem aufmerksamen Laien ist klar, daß in den USA die sprachliche Variation innerhalb einer Großstadt wie Detroit oder New York weit größer ist als die geographische Variation zwischen mehreren hundert Kilometern auseinanderliegenden Kleinstädten des mittleren Westens. Auch das *Black Vernacular English*, die Sprache der ärmeren und weniger gebildeten Afro-Amerikaner, ist kein Dialekt im engen Sinn des Wortes. Diese Varietät mag ursprünglich im ländlichen Süden beheimatet gewesen sein, hat sich in stark veränderter Form aber in die Städte des gesamten Landes verbreitet. Einer solchen Konstellation ist mit Landkarten und Isoglossen nicht beizukommen.

Dennoch ist die Variation nicht ohne System. Menschen aus New York sprechen Wörter wie *hard* oder *water* zwar einmal mit und einmal ohne /r/ aus, aber es bestehen deutliche statistische Zusammenhänge zwischen der Häufigkeit der einen oder anderen Variante und der Sprechsituation (formell, entspannt) bzw. der sozialen Schichtzugehörigkeit. Das folgende Diagramm (aus Labov 1972 [1970]: 192) macht dies deutlich:

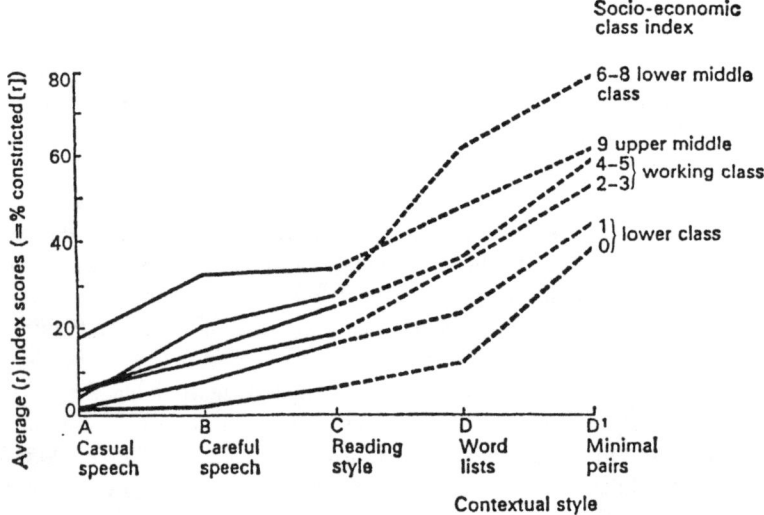

Unterschieden werden 10 soziale Klassen (0–9), von denen einige zu größeren Verbänden zusammengefaßt werden (z.B. 6–8 als „middle class"). Entlang der x-Achse erscheinen fünf Sprechstile (A-E), geordnet nach wachsendem Grad der Formalität. An der y-Achse läßt sich ablesen, bei wieviel Prozent der relevanten Fälle postvokalisches /r/ ausgesprochen wurde. Der Wert 0 bedeutet, daß kein einziges postvokalisches /r/ hörbar war, der Wert 100 dagegen, daß jedes postvokalische /r/ als solches realisiert wurde. Die niederste soziale Schicht (0) zum Beispiel hat beim echten Sprechen praktisch nie ein postvokalisches /r/, kommt beim Lesen von Texten und Wortlisten auf knapp unter bzw. knapp über 10 Prozent und legt erst deutlich zu, wenn Minimalpaare gelesen werden müssen, also Wortpaare wie *soared/ sawed*, bei denen allein das /r/ den Bedeutungsunterschied trägt und wo man sich voll auf die Lautung konzentrieren kann. Für alle Schichten gilt: Je entspannter die Sprechsituation, desto häufiger wird die lokale, *r*-lose Form gebraucht. Nur beginnen die höheren Schichten auf einer dem Standard bereits näheren Basis und erreichen ihn in förmlichen Sprechsituationen vollständig. Besonders interessant ist das Verhalten der unteren Mittelschicht: Im spontanen Sprachgebrauch und beim Lesen von zusammenhängenden Texten befindet sie sich dort, wo man sie erwarten würde, doch wenn sie sich auf ihre Redeweise konzentriert, „überholt" sie die Oberschicht. Für dieses Phänomen, Hyperkorrektur genannt, scheinen sozialpsychologische Gründe verantwortlich zu sein. Wer sich seiner sozialen Stellung nicht so sicher sein kann wie Oberschicht und Unterschicht, muß auch sprachlich auf den Erhalt seines Status bedacht sein.

Labovs Methode und seine Ergebnisse helfen uns, die Problematik der modernen Großstadtdialekte besser zu verstehen (die in der traditionellen Dialektgeographie ja meist ausgespart blieben, weil sie als deformiert, vermischt und chaotisch erschienen). Mit großem Erfolg hat man die Methode auch in Großbritannien, z.B. in Norwich (Peter Trudgill) und Glasgow (James Macaulay), angewandt. Der statistische Aufwand, der bei solchen Analysen betrieben wird, ist beeindruckend und verschafft dem Leser den beruhigenden Eindruck, die Beschreibung sei von geradezu naturwissenschaftlicher Präzision. Dem ist natürlich nicht ganz so. Subjektive Entscheidungen bleiben, wo es um die Einteilung der Informanten in Klassen, um die Auswahl der zu untersuchenden Variablen und die Art der Datengewinnung geht. Trotzdem ist die Soziolinguistik eine Teildisziplin der Sprachwissenschaft, die unser Verständnis über das Zusammenspiel von regionaler und sozialer Variation sehr vertieft hat und immer dort, wo sie zeigt, daß synchrone Variation zwischen zwei oder mehr Dialekten mit der historischen Entwicklung einer Varietät korrespondiert, auch viel zum Verständnis von Sprachwandel beigetragen hat.

Es ist beinahe erstaunlich, daß in den Vereinigten Staaten bei der hohen sozialen Mobilität und angesichts der Koexistenz mehrerer gleichberechtigter Sprachformen dennoch eine gewisse Integration und das Bewußtsein einer eigenen, vom britischen Englisch abzuhebenden Sprachform zustande kam. Diese Entwicklung war nur möglich mit Hilfe einer bewußten und national denkenden Sprachpflege. Ihr wichtigster Vertreter war Noah Webster (1758–1843), der von seinen Frühwerken bis zu seinem *American Dictionary of the English Language* (1828) die Linie der Eigengesetzlichkeit verfolgte. Auf Webster gehen die meisten heutigen Schreibgewohnheiten zurück; es ist nicht ausgeschlossen, daß er auch auf die Entwicklung der Aussprache eingewirkt hat. Seine geschichtliche Funktion entspricht also etwa derjenigen Dr. Johnsons in England.

Literatur zum amerikanischen Englisch: Hans Galinsky, Die Sprache des Amerikaners: Eine Einführung in die Hauptunterschiede zwischen amerikanischem und britischem Englisch der Gegenwart (2 Bde., Kerle, Heidelberg 1951/52); Hans Galinsky, Amerikanisches und britisches Englisch (3. Aufl., Hueber, München 1975); A.H. Marckwardt, American English (revised by J.L. Dillard, OUP, New York 1980); Henry L. Mencken, The American Language (Ausgabe in einem Band hrsg. von Raven I. McDavid Jr., Knopf, New York 1977; die Arbeit eines sprachwissenschaftlichen Laien, der sich der Aufgabe mit viel Engagement und einer Neigung zu polemischer Überspitzung mancher Sachverhalte widmete; nach wie vor unübertroffen als Materialsammlung. Die erste Auflage des populären Werkes erschien bereits 1919); Salikoko S. Mufwene et al., African-American English: Structure, History, and Use (Routledge, London 1998); Edgar Schneider, Hrsg., Focus on the USA (Benjamins, Amsterdam 1996; eine Sammlung mit Aufsätzen zu zum Teil sehr speziellen Themen, die die wichtigsten Trends heutiger sprachwissenschaftlicher Forschung zum amerikanischen Englisch illustriert); Peter Trudgill und Jean Hannah, International English: A Guide to Varieties of Standard English (Arnold, London 1982; dieses einführende Werk gibt eine gute Übersicht über die wichtigsten lautlichen und grammatischen Kennzeichen des amerikanischen Standards; Begleitkassette mit Tonbeispielen vorhanden); John C. Wells, Accents of English (3 Bde., CUP, Cambridge 1982; das Werk beschränkt sich auf Fragen des Akzents, empfiehlt sich unter anderem wegen der Begleitkassetten, die die amerikanische Standardaussprache sowie die wichtigsten Varietäten illustrieren); Walt Wolfram und Natalie Schilling-Estes, American English: Dialects and Variation (Blackwell, Oxford 1998).

Zu Lautung und Orthographie: K.L. Pike, The Intonation of American English (2. Aufl., University of Michigan Press, Ann Arbor, Michigan 1947); J.S. Kenyon und Th.A. Knott, A Pronouncing Dictionary of American English (2. Aufl., Merriam-Webster, Springfield, Mass. 1953; Standardwörterbuch zur Aussprache des amerikanischen Englisch); Webster's Third New International Dictionary of the English Language (Merriam-Webster, Springfield, Mass. 1961).

Wichtige Spezialwörterbücher zum amerikanischen Englisch: Frederick C. Cassidy, Hrsg., Dictionary of American Regional English (Belknap Press of Harvard University Press, Cambridge, Mass., 1985 ff.); M.M. Mathews, Hrsg., A Dictionary of Americanisms on Historical Principles (2 Bde., Chicago University Press, Chicago 1951).

25. Andere überseeische Formen. Das australische Englisch ist diejenige Varietät, von der sich am ehesten sagen läßt, daß sie einen dem britischen oder amerikanischen Englisch vergleichbaren Grad an Eigenständigkeit erreicht hat. Im pazifischen Raum stellt das australische Englisch auch bereits eine mögliche Norm für Lerner aus nicht englischsprachigen Ländern dar.

Zum Verständnis der gegenwärtigen Charakteristika des australischen Englisch ist ein Blick zurück auf seine geschichtliche Entwicklung hilfreich. Die ersten Siedler, die Ende des 18. Jahrhunderts aus England kamen, waren Sträflinge, die zumeist der städtischen Unterschicht des englischen Südens entstammten und oft wegen recht harmloser Delikte zur Deportation verurteilt wurden. Im 19. Jahrhundert nahm aber auch die Zahl der freiwilligen Einwanderer stetig zu; mit Ausnahme einer kurzen Periode zur Mitte des Jahrhunderts, als Goldsucher aus Kalifornien kamen, blieben die britischen Inseln der Ausgangspunkt der Zuwanderung. Anfang des 20. Jahrhunderts hatte sich dann eine stabile Kolonialgesellschaft herausgebildet, in der es in mancher Hinsicht demokratischer und formloser zuging als im Mutterland.

Die sprachliche Folge dieser Umstände war, daß ein Dialekt, der in England bald zum Inbegriff sprachlicher Vulgarität wurde, nämlich das Cockney der städtischen Unterschicht Londons, in Australien sein Stigma weitgehend verlor und zur Verkehrssprache der Kolonie wurde. Das australische Englisch hat sich in der kurzen Zeit der Besiedlung durch Europäer kaum regional ausdifferenziert und gliedert sich sozial in drei Spielarten. „Educated Australian" orientiert sich nach wie vor an der gebildeten Aussprachenorm Großbritanniens, verliert allerdings an Wichtigkeit und erregt bisweilen auf Grund der egalitären Grundhaltung weiter Kreise der Bevölkerung sogar gewisse Antipathien. „General Australian" ist die australische Normaussprache, und „broad Australian" eine Extremform, die auch innerhalb des Landes mit einer gewissen Bildungsferne assoziiert wird.

Was sind nun die markantesten Merkmale des australischen Englisch? Es sind dies die langen Vokale und Diphthonge, deren Realisierung weitgehend dem Cockney ähnelt. Ein Wort wie *feed* erscheint (im „broad Australian") fast als *fade, pay* als *pie* und *buy* als *boy*. Da dem Australier, vermutlich zu Unrecht, auch eine gewisse Maulfaulheit nachgesagt wird, die unter anderem dazu führen soll, daß Vor- und Nachsilben großzügig verschluckt werden, trägt ein humoristisches Werk über das australische Englisch den Titel *Let's Talk Strine* (= Let's Talk Australian). Der (pseudonyme) Autor des Werkes ist ein gewisser Afferbeck Lauder (= alphabetical order). Dem Vorurteil, daß das australische Englisch identisch mit Cockney sei, ist dennoch entgegenzutreten: Die wesentlichen konsonantischen Merkmale des Cockney – zum Beispiel Glottalisierung des /t/ zwischen Vokalen oder das Weglassen des /h/ (*aitch-dropping*) – sind im Australischen kaum ausgeprägt. Wegen der strengen sprachlichen Differenzierung des Englischen in Großbritannien geht eine Cockney-Aussprache dort sehr oft zusammen mit lexikalischen und grammatischen Vulgarismen. Dies ist beim General Australian nicht mehr der Fall.

Grammatisch ist das australische Englisch weitgehend mit dem britischen Standard identisch. Auch im informellen Sprachgebrauch der unteren Schichten findet sich wenig, was über die weltweit verbreiteten Nichtstandardmerkmale (*ain't*, mehrfache Negation usw.) hinausgeht. Eigenständig ist das Australische allerdings in seinem Vokabular. Englische Dialektwörter leben fort, obwohl sie in England selbst weitestgehend zurückgedrängt wurden (z.B. *dinkum*, „echt"), und viele Wörter tragen in Australien Bedeutungen, die sie ursprünglich nicht hatten. Die Benennungen für topographische Erscheinungen und die landwirtschaftliche Terminologie sind neu, nicht zuletzt deswegen, weil die vorwiegend städtischen Einwanderer sich in der neuen Landschaft und im neuen Metier erst einmal zurechtfinden mußten. Für *farm* ist *station* in Gebrauch, für *field* sagt man *paddock*, für *wood/forest* tritt *bush* ein und so fort. Auch die Sprachen der australischen Ureinwohner haben einigen Einfluß ausgeübt. Am wenigsten interessant sind dabei die zu erwartenden Phänomene – z.B. Übernahme von Termini zur Bezeichnung von unbekannten Gegenständen, Naturschauspielen oder Tieren wie *boomerang, billabong* („mäanderartig verlaufender und nicht ganzjährig wasserführender Fluß") oder *koala*; eher schon das, was die Australier in der Folge aus diesen Wörtern gemacht haben: z.B. *kangaroo bar* (befestigte Stoßstange am LKW) oder die Verben *to kangaroo* („to squat over (a lavatory) with one's feet on the seat", wie in *Australian*

Words and their Origins erläutert wird) und *to billabong* („to follow a circuitous route in a leisurely fashion", ebenda).

Dem australischen Englisch sehr nahe steht das neuseeländische. Dies führt dazu, daß Engländer oder Amerikaner Neuseeländer sehr oft für Australier halten und die Neuseeländer ihrerseits die wenigen Unterschiede in den Vordergrund rücken. Diese betreffen in der Aussprache in erster Linie die Kurzvokale. „Fush and chups" – das hört der Australier angeblich, wenn eine Neuseeländerin „fish and chips" sagt. Wenn das /ɪ/ zu einem /ʌ/ wird, können das /e/ und das /æ/ natürlich geschlossener artikuliert werden: Neuseeländisches *bet* klingt für Fremde dann fast wie *bit*, und *bat* wie *bet*. Im Vokabular weist das neuseeländische Englisch zahlreiche Entlehnungen aus der Maorisprache auf, die entweder – wie *kiwi* – international bekannt oder – wie *pakeha* („white New Zealander") – auf das Land selbst beschränkt sind.

Die dritte unter den sogenannten *Southern hemisphere colonial koinés*, den kolonialen Ausgleichsmundarten der südlichen Welthalbkugel, ist das südafrikanische Englisch, als Muttersprache gesprochen von ca. der Hälfte der weißen Bürger des Staates. In der Aussprache geht es ebenso wie das australische und neuseeländische Englisch auf das britische Englisch des 19. Jahrhunderts zurück; seine Grammatik ist wenig distinktiv, und im Vokabular ist es – wie könnte es anders sein – gekennzeichnet durch zahlreiche Entlehnungen aus dem Afrikaans, der „anderen", vom Niederländischen abstammenden, „weißen" Sprache Südafrikas (z.B. *braai*, „Grillparty", *outspan*, „ausspannen, sich erholen") und aus verschiedenen afrikanischen Sprachen. Im Gegensatz zu Australien und Neuseeland erschöpft sich die Bedeutung des Englischen in Südafrika jedoch nicht darin, daß es für seine Sprecher als Muttersprache fungiert; fast noch wichtiger ist seine Rolle als *lingua franca*, als Verkehrssprache zur Verständigung zwischen den afrikaans- und englischsprechenden Weißen, zwischen weißen und schwarzen und mehr und mehr auch unter den schwarzen Bürgern des Landes. Das Englisch eines prominenten Politikers wie Nelson Mandela ist daher nicht (muttersprachliches) südafrikanisches Englisch im oben beschriebenen Sinn, sondern eine Zweitsprachenvariante mit afrikanischem Substrat. War solches Englisch, mochte es in Vokabular und Grammatik dem internationalen Standard auch noch so nahe sein, in der Apartheid-Ära wenig geachtet, wird es sein Stigma unter der neuen Staatsverfassung wohl bald verlieren.

Eine weitere wichtige muttersprachlich gesprochene Varietät des Englischen ist das kanadische Englisch. Im Gegensatz zu den oben genannten überseeischen Spielarten des Englischen steht es nicht in britischer, sondern in amerikanischer Tradition. Dies mag auf den ersten Blick überraschen, war doch Kanada im Gegensatz zu den 13 rebellischen Kolonien, die 1776 dem Empire den Gehorsam aufkündigten, eine loyale Kolonie und ist heute noch Mitglied im Commonwealth of Nations. Allerdings darf nicht vergessen werden, daß Ende des 18. Jahrhunderts viele königstreue Nordamerikaner, die „Loyalisten", das Territorium der USA verließen und nach Kanada kamen, also zu einem Zeitpunkt, an dem sich das amerikanische Englisch schon als eigenständige Varietät etabliert hatte. Auch in seiner jüngeren Geschichte ist Kanada beständig sprachlichen, politischen, wirtschaftlichen und kulturellen Einflüssen von Seiten seines übermächtigen Nachbarn ausgesetzt gewesen. Fast alle Kanadier sprechen Wörter mit /r/ und den Vokal in *dance, castle, fast* etc. wie Amerikaner aus. Es gibt Ausspracheeigentümlichkeiten, in denen viele Kanadier britischen Gepflogenheiten folgen (etwa bei *leisure*, das häufig mit /e/ statt amerikanischem /i:/ gesprochen wird); es gibt Entwicklungen, die weder in Großbritannien noch in weiten Teilen der USA nachzuweisen sind – etwa die Differenzierung in der Aussprache der Diphthonge /aɪ/ und /aʊ/, je nachdem, ob ein stimmloser Konsonant folgt oder nicht („Canadian raising") –, aber all das bewahrt Kanadier nicht davor, gelegentlich mit Bürgern der Vereinigten Staaten verwechselt zu werden.

Herrscht in der Aussprache des kanadischen Englisch ganz eindeutig das amerikanische Element vor, so nimmt es in Rechtschreibung und Vokabular eine echte Zwischenstellung zwischen den beiden Hauptvarietäten ein. Als Faustregel gilt: Wo formale Bildung und offizielle Sprachplanung den Ausschlag geben, dominiert das Britische; wo die Volkssprache ihren Lauf nehmen darf, dominiert das Amerikanische. *Truck* und *tire* sind in Kanada eher anzutreffen als ihre britischen Äquivalente *lorry* und *tyre*; aber offizielle Regierungsverlautbarungen folgen den *-re* und *-our*-Schreibungen des britischen Englisch und nicht den amerikanischen *-er* und *-or*-Varianten. Eine Besonderheit ergibt sich für das Englische in Kanada aus seiner Konkurrenzposition zum Französischen. In der Tat ist die Provinz Quebec eine der wenigen Regionen der Welt, in denen die Position des Englischen in den letzten dreißig Jahren geschwächt statt gestärkt worden ist. Echte Zweisprachigkeit ist jedoch außerhalb Quebecs und einiger angrenzender Regionen selten, so daß der französische Einfluß auf das kanadische Englisch sich auf einige wenige lexikalische Entlehnungen beschränkt.

Einen Sonderfall unter den muttersprachlichen Varietäten stellt das Englische der Karibik dar. Die Demographie der Region – die überwiegende Mehrheit der Bevölkerung ist afrikanischen oder (ost-)indischen

Ursprungs – macht deutlich, daß es sich hierbei nicht um eine durch Siedler verpflanzte Spielart des Englischen handelt. In den anglophonen Staaten der Karibik – die wichtigsten sind Jamaica, Trinidad und Tobago, Barbados und, auf dem südamerikanischen Festland, Guyana – gedeiht das Englisch auf der Basis einheimischer Kreolsprachen.

Eine Kreolsprache ist ein zur Muttersprache ausgebautes Pidgin. Man hat sich den Prozeß seiner Entstehung wie folgt vorzustellen. Auf den Zuckerrohrplantagen der Karibik überstieg die Zahl afrikanischer Sklaven meist schon nach wenigen Jahren die Zahl der Europäer, wobei allerdings wegen der gemischten Zusammensetzung der schwarzen Arbeiter die afrikanischen Sprachen nur bedingt als Verständigungsmittel einsetzbar waren. Andererseits bestand kaum Gelegenheit, das Englisch der Europäer wirklich zu lernen. Als Verständigungsmittel bildete sich eine anfänglich sicher recht primitive Behelfssprache heraus, ein sogenanntes „Pidgin".[1] Sein Vokabular war im wesentlichen englisch, die Grammatik, so überhaupt vorhanden, sehr einfach und die Aussprache noch stark von den westafrikanischen Sprachen der Mehrheit der Bevölkerung beeinflußt. Auf jeden Fall war es keine vollwertige Sprache, die alle kommunikativen Bedürfnisse der Menschen hätte abdecken können. Für Kinder, die auf den Plantagen aufwuchsen oder für Neuzugänge aus Afrika war es aber oft die Sprache, die sie am öftesten hörten. Es mutet nun fast wie ein Wunder an, daß in einer Situation, in der es – um es überspitzt zu formulieren – keine richtige Sprache für die Gemeinschaft gab, die Pidgins innerhalb weniger Generationen zu funktionstüchtigen Muttersprachen, den Kreolsprachen, ausgebaut wurden.

Das Vokabular der meisten Kreolsprachen mag beschränkt sein, weil sie meist auf den engen Horizont der mündlichen Alltagskommunikation beschränkt sind, aber im Prinzip haben sie alles, was eine Sprache braucht – oder üblicherweise mitbringt – von regelhaften phonetischen Assimilationsprozessen über produktive Regeln in Wortbildung und Grammatik bis hin zu einer feinen Abstufung der Stilebenen. *You no tink say me fi do it* mag in seiner Struktur sehr verschieden vom standardenglischen *Don't you think that I should do it* sein, aber in beiden Varianten wird der Gedanke unmißverständlich ausgedrückt. Daß *you no tink* eine Frage ist, wird durch die Intonation deutlich, sobald der Satz gesprochen wird. Das Verb *say* funktioniert als Konjunktion – etwa so wie im Englischen *I wrote to say we're not coming* -, und die Partikel *fi* dient – neben einer Fülle anderer Funktionen (z.B. Possessiv *fi we* = „our") – dem grammatischen Ausdruck der Modalität.

---

[1] Das Wort wird im allgemeinen als Verballhornung von *business* erklärt.

Einige Kreolsprachen haben den Kontakt mit dem Englischen verloren, etwa das Sranan in Surinam, wo sehr bald das Niederländische an die Stelle des Englischen als Kolonialsprache trat. Wo die Engländer blieben, wurde die Verbindung jedoch nie ganz gekappt, und heute, im Zeitalter sozialer Mobilität und verbreiteten Zugangs zu Bildung, haben sich eine Fülle von Übergangsformen („Mesolekten") herausgebildet, die zwischen dem kreolischen „Basilekt" und dem „Akrolekt" der Gebildeten vermitteln.

Vor diesem Hintergrund erscheint das Standardenglisch der Karibik, das aufgrund von Migrationsbewegungen heutzutage auch in den USA, Kanada und Großbritannien gehört wird, als ein Englisch, das sich in seiner Grammatik und dem Großteil seines Vokabulars am internationalen Standard orientiert, in seiner Aussprache jedoch das kreolische Substrat durchscheinen läßt. Gelegentliche Anleihen beim Substrat gibt es auch in schriftlichen Texten, wie der folgende kurze Ausschnitt aus dem *Daily Gleaner* (Kingston, Jamaica) zeigt:

The high incidence of wounding at the KPH [= Kingston Public Hospital] has been described as „taxing" by a nursing sister. „It is severe," she said, „a great strain on manpower and hospital facilities. Most of the time the patients have to be given injections in addition to dressing. It is a great strain and it doesn't have to be ... Man caan just cut up man so," she said. (28.8.1989)

Das Beispiel zeigt sehr gut, wie die Arbeitsteilung zwischen dem Standardenglischen und dem Kreol funktioniert. Wo die Information im Vordergrund steht, zitiert der Journalist die Krankenschwester im Standard; wo es um Gefühl und Expressivität geht, setzt er das Kreol ein.

Kleinere Gemeinschaften muttersprachlicher Sprecher des Englischen finden sich über die ganze Welt verstreut – von den Falkland Islands im Südatlantik über St. Helena, den letzten Verbannungsort Napoleon Bonapartes, bis zu Pitcairn Island (etwa auf halbem Weg zwischen Neuseeland und der Osterinsel vor der Küste Chiles), wo die Nachfahren der Meuterer auf der *Bounty* zu Hause sind. Dialekte, die sich in derartiger Isolation entwickelt haben, bieten der Sprachwissenschaft in vieler Hinsicht interessante Forschungsgegenstände. Hier können sie jedoch nicht im Detail besprochen werden, weil sie im internationalen Maßstab keine Rolle spielen.

Das Englische ist jedoch nicht allein deshalb zur Weltsprache geworden, weil es die Muttersprache von fast 400 000 000 Menschen ist. Weltsprache ist es auch und vor allem, weil es zusätzlich zwei weitere wichtige Funktionen hat.

(1) In vielen Ländern, besonders den ehemaligen Kolonien Englands und der USA, ist es nach wie vor offizielle oder Bildungssprache.

(2) Weltweit ist es die erste Wahl bei internationalen Verhandlungen oder Geschäften aller Art – auch wenn keiner der Beteiligten Englisch als Muttersprache spricht. Als internationale Sprache beeinflußt das Englische heute fast alle Sprachen der Welt, besonders als Quelle für Lehnwörter.

Was die Rolle des Englischen als offizielle oder Bildungssprache (oft auch „Zweitsprache"[2]) betrifft, überrascht die Tatsache, daß die Position der ehemaligen Kolonialsprache nach dem politischen Rückzug Englands in vielen Fällen nicht geschwächt, sondern eher noch gestärkt wurde. Es scheint, als fördere gerade die englische Sprache die Herausbildung eines einheitlichen Nationalgefühls in Ländern wie Indien oder Nigeria, die ethnisch, sprachlich und religiös äußerst heterogen sind. Auf jeden Fall ist die Förderung einer „einheimischen" Staatssprache – etwa des Hindi in Indien – immer mit der Gefahr verbunden, daß sie als Benachteiligung all derer empfunden wird, die sie nicht als Muttersprache haben. Die Beibehaltung der ehemaligen Kolonialsprache erleichtert auch internationale Kontakte. Die andere Seite der Medaille ist, daß dort, wo Politik, Medien und Gerichte sich einer Sprache bedienen, die die meisten Bürger eines Landes nur schlecht oder gar nicht sprechen, von echter Demokratie nicht die Rede sein kann. Auch birgt die Tatsache, daß man seine Bildung in einer Sprache vermittelt bekommt, die nicht die eigene ist, sicher die Gefahr einer gewissen kulturellen Entfremdung in sich.

Dieser Interessenskonflikt ist eine Crux, mit der fast alle sogenannten Entwicklungsländer in der einen oder anderen Form zu kämpfen haben. Vom sprachwissenschaftlichen Standpunkt ist anzumerken, daß der Rückzug der Kolonialmacht dazu geführt hat, daß die kolonialen Zweitsprachenvarianten jetzt, da der tägliche Kontakt mit britischen Beamten, Lehrern, Militärs und dem sprachlichen Vorbild, das sie einst abgaben, nicht mehr besteht, eine starke Neigung zu Eigenständigkeit und Offenheit gegenüber dem lokalen kulturellen Umfeld zeigen.

In Indien, wo dieser Prozeß am weitesten fortgeschritten ist, haben Sprachpädagogen erkannt, daß so manche Abweichung vom britischen Standard mittlerweile gar nicht mehr als Fehler behandelt werden sollte.

---

[2] Hier im Gegensatz zu „Fremdsprache" zu verstehen; als Zweitsprache dient Englisch dem Sprecher im eigenen Land, als Fremdsprache hilft es bei der Verständigung über Landesgrenzen hinweg.

In der Aussprache muß indisches Englisch leicht verständlich sein – sowohl innerhalb des Landes als auch international. Eine perfekte Imitation der britischen Normaussprache dagegen ist im indischen Alltag störend, weil sie als affektiert empfunden werden kann – daher der Vorschlag der I.R.P. („Indian Recommended Pronunciation", nach Nihalani/ Hosali/Tongue 1978) statt R.P. Auch im Vokabular haben sich sogar im formellen Sprachgebrauch der gebildeten Elite des Landes Besonderheiten etabliert. Spricht eine Engländerin oder eine Amerikanerin von *communal*, ist meist „gemeinschaftlicher Besitz" gemeint („communal kitchen"), in Indien dagegen bezieht sich das Wort auf das Verhältnis zwischen den wichtigen *communities* des Landes, meist speziell auf das Verhältnis zwischen Hindus und Moslems. Die Zahlwörter *lakh* und *crore* (100 000 bzw. 10 000 000) werden ganz selbstverständlich neben ihren englischen Äquivalenten gebraucht, und das nicht nur, wie oft behauptet wird, im Zusammenhang mit der Landeswährung *rupees*.

Die Eigenständigkeit des indischen Englisch geht dabei sicher nicht so weit, daß britische oder amerikanische Leser größere Schwierigkeiten hätten, eine angesehene Tageszeitung wie die *Times of India* zu verstehen. Einzelne besonders komprimierte Schlagzeilen wie „Move to thwart reservation for neo-Christian converts" oder „Devadasi system to continue in spite of strong opposition" (*Times of India* vom 12. Oktober 1995) muten Uneingeweihte dennoch rätselhaft an. Die „Lösungen": Das Wort *reservation* ist hier in einer indischen Sonderbedeutung gebraucht, nämlich im Sinne von „verfassungsmäßiger Sonderstatus für anerkannte Minderheiten"; die „neo-Christians" sind Menschen, die erst in allerneuester Zeit, und nicht wie z.B. ein Teil der Bevölkerung in den ehemals portugiesischen Kolonialgebieten Indiens schon viel früher, zum christlichen Glauben übergetreten sind; *Devadasi system* ist die indische Bezeichnung für eine Einrichtung, die in Europa gelegentlich mit dem wenig schmeichelhaften Ausdruck „Tempelprostitution" belegt wird.

Bester Beleg für die Vitalität des Zweitsprachenenglisch ist wohl der weltweite Erfolg von afrikanischen und asiatischen Schriftstellern, die sich der englischen Sprache in ihren Werken bedienen. Man denke nur an die Nigerianer Chinua Achebe oder Wole Soyinka, der 1986 sogar mit dem Nobelpreis für Literatur ausgezeichnet wurde, oder den Inder R.K. Narayan.

Während das Englische als offizielle Sprache durch das Bildungssystem vermittelt wird und daher trotz einiger lokaler Besonderheiten an den internationalen Standard gebunden bleibt, ist das Potential zur informellen Verbreitung heute ebenso vorhanden wie im 18. Jahrhundert in der Karibik oder im späten 19. und frühen 20. Jahrhundert in Ostasien. Die zwei Regionen mit der stärksten Pidgin-Tradition sind heute wohl Westafrika sowie Papua und Neuguinea (mit der angrenzenden Inselwelt Melanesiens).

Tok Pisin (wahrscheinlich aus *talk Pidgin* hergeleitet), das Pidgin Neuguineas, ist eine der wenigen solchen Sprachen, die sogar eine eigene Schriftnorm besitzen. Infolge einer Reihe günstiger äußerer Umstände wurde es erst von den Missionaren und dann auch von der kolonialen Verwaltung gefördert und von seinen Sprechern so weit ausgebaut, daß es mittlerweile einer natürlichen Sprache kaum mehr nachsteht. (Für einen kleinen Teil seiner Sprecher ist es ohnehin die Muttersprache und so per definitionem einer natürlichen Sprache gleichwertig.)

Auch das Nigerian Pidgin (bzw. verwandte Sprachformen in anderen westafrikanischen Staaten) ist auf seinem Territorium weiter verbreitet als das Standardenglisch. Da es auch außerhalb des Bildungssystems erlernt werden kann, ist es sogar so ein „demokratischeres" Verständigungsmittel als das Englische. Trotz seiner praktischen Vorteile genießt es aber ein sehr geringes Prestige und ermangelt insbesondere eines schriftlichen Standards. Wie im Tok Pisin gibt es auch beim westafrikanischen Pidgin neuerdings starke Tendenzen zu einer Kreolisierung, also eine Entwicklung von einer Behelfssprache, die man neben seiner eigenen für bestimmte Zwecke braucht, zu einer Muttersprache, die einer Gemeinschaft als umfassendes und in vielen Fällen einziges Verständigungsmedium dient. Für den Sprachwissenschafter ergibt sich die faszinierende Möglichkeit, in einer nigerianischen Hafenstadt wir Port Harcourt genau jene Entwicklungen direkt studieren zu können, die im 18. Jahrhundert die Grundlagen für das heutige karibische Englisch und vielleicht sogar für das volkstümliche Englisch der schwarzen Bürger der USA legten.

In seiner Funktion als Fremdsprache, also als Mittel der internationalen Verständigung, hat das Englische im Verlauf des 20. Jahrhunderts seine Rolle vor allem auf Kosten des Deutschen und Französischen ausbauen können. Das Französische verlor mit dem (französisch und englisch redigierten) Vertrag von Versailles (1919) sein zwei Jahrhunderte altes Vorrecht, ausschließliche Sprache der Diplomatie zu sein. Daß das Englische auf politisch-internationalem Gebiet das Französische nicht nur erreicht, sondern überflügelt hat, sieht man an den Namen der internationalen Organisationen, hinter deren kryptischen Abkürzungs-Formeln so gut wie immer der englische Wortlaut steckt (z.B. UNESCO = United Nations Educational, Scientific and Cultural Organization, FAO = Food and Agricultural Organisation, ILO = International Labour Organisation). Man beachte auch, daß wir im deutschsprachigen Raum nicht von der PBB, der „Palästinensischen Befreiungsbewegung", reden, sondern wie selbstverständlich von der PLO (= Palestinian Liberation Organisation).

Symptomatisch und wohl verständlich ist auch die Herrschaft des Englischen im internationalen Luftverkehr. Der gesamte Sprechfunk auf internationalen Flugplätzen vollzieht sich (ohne Rücksicht auf die Muttersprache des Personals) auf englisch, und im Verkehr mit den Passagieren wird fast überall Englisch neben der Landessprache gebraucht. Interessanterweise zeigt das Englisch des Luftverkehrs auch in Großbritannien einzelne amerikanische Züge (z.B. *baggage* statt *luggage*); es scheint hier neben Film, Presse und Radio ein weiterer Ort des amerikanischen Einflusses vorzuliegen.

Besonders in den technischen und naturwissenschaftlichen Fächern, immer mehr aber auch in den Geistes- und Sozialwissenschaften, ist das Englische auch zur Sprache der wissenschaftlichen Publikationen geworden. Deutschsprachige Forscherinnen und Forscher müssen auf internationalen Konferenzen immer öfter auf Englisch vortragen, wenn sie sicherstellen wollen, daß ihre Ergebnisse wahrgenommen werden. In Fachzeitschriften erscheinen immer mehr Arbeiten auf Englisch – ganz unabhängig davon, wo die Zeitschrift erscheint und wer in ihr publiziert. Unfreiwillige Pioniere im Rahmen dieser Entwicklung waren diejenigen Wissenschafter, die Deutschland und Österreich während der Nazi-Zeit verlassen mußten und in Großbritannien oder den USA Zuflucht fanden. Ernst Cassirer etwa schrieb *An Essay on Man: An Introduction to a Philosophy of Human Culture* 1944 im Exil. Das Werk, das gerade auf die deutsche Sprachphilosophie ungeheuer befruchtend wirken hätte können, erschien erst 1960, 15 Jahre nach dem Tod des Verfassers, in deutscher Sprache. Ähnliche Beispiele für Texte, die im Exil verfaßt und dann ins Deutsche rückübersetzt wurden, finden sich im Werk der Politologin Hannah Arendt (z.B. *The Origins of Totalitarianism*, 1951, übersetzt 1955), des Philosophen Karl R. Popper (z.B. *The Open Society and its Enemies,* 1945, übersetzt 1957/58) und vieler anderer.

Literatur zum Englischen als Weltsprache: Richard W. Bailey und Manfred Görlach, Hrsg., English as a World Language (Ann Arbor: University of Michigan Press 1982; CUP, Cambridge 1984; nach wie vor empfehlenswerte Einführung und Überblick über das Forschungsgebiet „Englisch als Weltsprache"); Robert Burchfield, Hrsg., The Cambridge History of the English Language (Bd. V: English in Britain and Overseas – Origins and Development, CUP, Cambridge 1994); Jenny Cheshire, Hrsg., English Around the World: The Social Contexts (CUP, Cambridge 1991); John Holm, Pidgins and Creoles, I: Theory and Structure. II: Reference Survey (CUP, Cambridge 1988–89;

Band 1 führt in die theoretischen Grundlagen der Forschung zu den Pidgin- und Kreolsprachen ein, Band 2 bietet Informationen zu fast allen wichtigen Vertretern der Gruppe, wobei sich der Autor nicht auf die Kreolsprachen auf englischer Basis beschränkt und die behandelten Sprachen fast immer mit einem phonetisch transkribierten Beispieltext illustriert); Braj B. Kachru, The Indianization of English: The English Language in India (OUP, Dehli, Oxford 1983); Paroo Nihalani, R.K. Tongue und Priya Hosali, Indian and British English: A Handbook of Usage and Pronunciation (OUP, Delhi 1979); W.S. Ramson, Hrsg., English Transported: Essays on Australasian English (ANU Press, Canberra 1970); John R. Rickford, „„Me Tarzan, you Jane!' – Adequacy, Expressiveness, and the Creole Speaker" (Journal of Linguistics 22, 1986, S. 281–310; die Arbeit geht der Frage nach, ob die Kreolsprachen tatsächlich anderen natürlichen Sprachen gleichwertig sind und gibt eine vorsichtig bejahende Antwort.); Peter Roberts, West Indians and their Language (CUP, Cambridge 1988); Josef J. Schmied, English in Africa: An Introduction (Longman, London 1985); G.W. Turner, The English Language in Australia and New Zealand (Longman, London 1966).

Dazu kommen noch die schon im vorigen Abschnitt genannten Werke von Wells (1982) und Trudgill/ Hannah (1982) mit ihren Begleitkassetten, die Buchreihe *Varieties of English Around the World*, die Zeitschrift *English World-Wide*, die sich zur Gänze Themen aus dem Bereich „Englisch als Weltsprache" widmen, und folgende S p e z i a l w ö r t e r b ü c h e r . Richard Allsop, Dictionary of Caribbean English Usage (OUP, Oxford 1996); W.S. Avis et al., Hrsg., A Dictionary of Canadianisms (Gage, Toronto 1967); Frederick C. Cassidy und Robert B. LePage, Dictionary of Jamaican English (CUP, Cambridge 1980); A. Delbridge, Hrsg., The Macquarie Dictionary (The Macquarie Library Pty, St. Leonards, NSW 1981); Clifford N. Fyle und Eldred D. Jones, A Krio-English Dictionary (OUP, Oxford; Sierra Leone University Press, Freetown 1980; Krio ist eine in Sierra Leone gesprochene Kreolsprache, die von Rückwanderern aus der Karibik im späten 18. und frühen 19. Jahrhundert mitgebracht wurde.); Joan Hughes, Hrsg., Australian Words and their Origins (OUP, Melbourne etc. 1989); Ivor Lewis, Sahibs, Nabobs and Boxwallahs: A Dictionary of the Words of Anglo-India (OUP, Bombay, Oxford etc. 1991); M.M. Mathews, Hrsg., A Dictionary of Americanisms on Historical Principles (2 Bde., Chicago University Press, Chicago 1951); H.W. Orsman, The Dictionary of New Zealand English (OUP, Oxford 1997); Penny Silva, A Dictionary of South African English on Historical Principles (OUP, Oxford 1996); G.A. Wilkes, Hrsg., A Dictionary of Australian Colloquialisms (Sydney University Press, Sydney 1985); Henry Yule und A.C. Burnell, Hobson-Jobson: A Glossary of Colloquial Anglo-Indian Words and Phrases (Murray, London 1886).

26. **Der Einfluß des Englischen auf andere Sprachen.** Bekanntlich hat das Englische durch direkten Kontakt der Sprecher, durch die Medien, vor allem Fernsehen und Kino, aber auch durch eine sehr ausgedehnte Übersetzungsliteratur eine starke Wirkung auf andere Sprachen ausgeübt. Die Problematik des Einflusses auf das Deutsche sei im folgenden kurz besprochen.

Unter den Anglizismen im Deutschen sind am häufigsten diejenigen im Wortschatz, und unter diesen wieder am auffälligsten diejenigen, welche die englische Lautgestalt im Prinzip beibehalten. Neuere sind unter vielen: *all-round, Comeback, Jeans, Fan, Job, hot* usf. Von den früher ins Deutsche eingewanderten sind manche kaum mehr als englische zu erkennen, so: *Dock, Kabine, Kutter, Schoner, Tunnel, Tram, Dogge, Pony, Detektiv, Streik, Reporter, Grog, Pudding, Revolver* usf. Viele der neuesten Wörter wanderten mit den Dingen zusammen ein (*Spray, Mixer, Tumbler* etc.), oder auch mit neuen, meist in Amerika entstandenen Lebensformen (*Do-it-yourself, Motel, Self-service, Striptease, Jogging, Aerobics* etc.).

Sachgebiete, in denen ein besonders starkes Einströmen englischer Wörter zu beobachten ist, sind u.a.:

Wirtschaft, Technik und Werbung (*Boom, Marketing, Controlling, Public Relations, Spot*),
elektronische Datenverarbeitung (*Computer, booten, im Internet surfen, CD-ROM-Drive, Homepage* usw.),
Sport (*Basketball, Penalty, Surfboard, Snowboard, Cup*),
Flugverkehr und Tourismus (*Charter, Cockpit, Duty-free Shop, All-Inclusive*),
Wissenschaft, z.B. Linguistik (*Kompetenz, Performanz, Type, Token, Native Speaker* usw.),
Unterhaltung (*Band, Hit, Pop, Quiz, Show, Rap, Rave*),
„modernes Leben" (*Lifestyle, easy, high, Message, Crash, killen, Callgirl, Power, Sexappeal* usw.).

Der englische Einfluß im Wortschatz beschränkt sich aber keineswegs auf die Übernahme ganzer englischer Wörter. In vielen Fällen ist der englische Begriff (Bedeutung) vom englischen Laut abgelöst und durch deutsches Sprachmaterial ausgedrückt worden, d.h., es sind Lehnübersetzungen entstanden. Dies geschieht z.B., wenn die Inhalte englischer Komposita oder Ableitungen durch ähnliche deutsche Wortbildungen ausgedrückt werden, die zu diesem Zweck erfunden wurden. Dieser Typus ist sehr häufig; nach englischen Mustern wurden gebildet: *Gemeinwohl* (*common weal*), *Stimmvieh* (*voting cattle*), *Volkswirtschaft* (*national economy*), Arbeitsteilung (*division of labour*), Leitartikel (*leading article*), Freidenker (*free thinker*), Kampf ums Dasein (*struggle for life*), *empfindsam* (von Lessing nach *sentimental* gebildet), *harmlos* (*harmless*), Geburtenkontrolle (*birth control*), Familienplanung (*family planning*), Aussteiger (*drop-out*), Gipfelkonferenz (*summit conference*); auch ganze Wendungen wie *grünes Licht geben* (*give the green light*), *rund um die Uhr* (*round the clock*) können hierzu gezählt werden.

Die Gruppe der Lehnbedeutungen ist wesentlich problematischer als diejenige der gewöhnlichen Wortübernahmen. Abgesehen davon, daß man dem deutschen Wort ohne genaue Kenntnis des Englischen nicht ansieht, daß es nicht deutschen Ursprungs ist, ist oft kaum zu entscheiden, ob man aus der Verwandtschaft des deutschen mit einem englischen Ausdruck auf eine Entlehnung schließen soll. Dies gilt etwa für das Wort *druckbelüftet* (vom Innenraum eines Flugzeuges: auf konstantem Druck gehalten). Der Begriff wird im Englischen durch das Wort *pressurized* ausgedrückt. Die Frage, ob *druckbelüftet* eine Bedeutungsentlehnung von *pressurized* sei, ob es sich gerade umgekehrt verhalte oder ob die beiden Wörter herkunftsmäßig überhaupt nichts miteinander zu schaffen haben, führt zur sachlichen Frage, wo denn die Erfindung gemacht oder, was wichtiger ist, zum ersten Mal praktisch angewendet wurde, und damit in die militärischen Geheimnisse des Zweiten Weltkrieges. Gesetzt, die Erfindung sei im englischen Sprachraum entstanden und erstmals benannt worden, so ist es doch immer noch möglich, daß sie im deutschen Gebiet unabhängig von dem englischen Wort benannt wurde. Es geht also nicht an, aus der bloßen Ähnlichkeit der Ausdrücke automatisch auf Einflüsse zu schließen.

Sehr häufig ist ein weiterer, dem unbewaffneten Auge ebenfalls fast verborgener Typus der Beeinflussung, nämlich die Bedeutungsveränderung eines eingesessenen deutschen Wortes nach dem Muster des nächstliegenden englischen, wodurch ebenfalls englische Begriffe ins Deutsche eindringen. Auf diesem Prozeß beruhen die heutigen Bedeutungen von *Humor* (früher = Gemütsstimmung), *Ballade* (früher = Tanzlied), *Park* (früher = Tiergarten), *Schwindler* (früher = Phantast). Auch heute geht diese Entwicklung rege weiter, vor allem wohl bei fremdklingenden Wörtern, die in ihrer Bedeutung ohnehin etwas labil sind. Neueste Beispiele sind: *attraktiv*; dieses entwickelte sich unter dem Einfluß von *attractive* von *anziehend* über *sinnlich anziehend* zu *hübsch;* *realisieren* bedeutet nicht mehr nur *verwirklichen*, sondern nach *realize* immer häufiger auch *einsehen, merken; kontrollieren* entwickelt sich von *inspizieren* (englisch *inspect, check*) nach englischem Muster zu *beherrschen, maßgebend beeinflussen.* Der Bedeutungsbeeinflussung erliegen auch eingesessene deutsche Ausdrücke. *Hassen* in wesentlich abgeschwächter Bedeutung für *nicht mögen* (z.B. *sie haßte es, am Abend noch auszugehen*, unter Einfluß von *hate*, das wesentlich schwächer ist); *gut aussehend* (ursprünglich *gesund aussehend* oder: *vorteilhafter als sonst aussehend*) wird jetzt unter dem Einfluß von *goodlooking* zu hübsch; *ich meine es wirklich*, nach *I mean it* für *es ist mir ernst*.

Beim Übertritt in die deutsche Sprache können mit den englischen Ausdrücken Veränderungen aller Art geschehen. Häufig sind Hybridbildungen: Verbindungen von englischen und deutschen Elementen, z.B. *Hobbygärtner, Popsänger, Managerkrankheit, Achselspray*. Nicht selten sind auch formale Veränderungen, z.B. *Happy End* (engl. *happy ending*), *last not least* (engl. *last but not least*), *Gentleman agreement* (engl. *gentlemen's agreement*). Interessant sind sodann die „Geisterwörter", die in England oder Amerika in der deutschen Bedeutung gar nicht vorkommen, z.B. *City* (Innenstadt, engl. *city-centre*), *trampen* (Autostop machen, engl. *to hitch-hike*), *Showmaster* (engl. *host*), *Dressman* (engl. *(male) model*) und als jüngstes Beispiel *Handy* (für *mobile phone* oder *cellular phone*).

Seltener geht der Einfluß über das Einzelwort hinaus und betrifft ganze Wortbildungsmuster, Ausdrucksweisen und sogar grammatische Regeln. Die Sprache der Zeitungen erweist sich in dieser Hinsicht als ergiebiger Untersuchungsgegenstand: kühne Wortverbindungen nach englischem Vorbild, oft durch Bindestrich verbunden (*Sarajevo-Unruhen, Jugoslawien-Gespräche*), eine wachsende Tendenz zur Verwendung der Präposition *in* mit Jahreszahlangaben („in 1997"), eine gewisse Neigung zur Transitivierung vormals intransitiver Verben (*Angriffe fliegen, teure Autos fahren, eine neue politische Linie fahren, eine andere Politik fahren*).

Die sprachwissenschaftliche Forschung über die Entlehnungen muß sowohl sprachlich-formale als auch kulturhistorisch-psychologische Probleme klären. Wie wird ein englisches Substantiv im Deutschen mit Genus, Plural- und Kasusendungen ausgestattet (*das Knowhow, des Knowhows; der Mountainbiker, die Mountainbikerin, des Mountainbikers, die Mountainbiker*)? Wie wird ein Verb in die Konjugationsparadigmen eingefügt („hat ihn gekillt", „ihr managt das schon", „jetzt hat sichs ausgepartyt", „... mit dem Auto voll in die Wand gecrasht") und so fort?

Angesichts der Tausenden von Entlehnungen aus dem Englischen gerade in der jüngsten Vergangenheit ist aber die Frage nach dem Grund für die Entwicklung, also nach der kulturhistorischen und sprecherpsychologischen Motivation, vielleicht noch wichtiger. In der Aufnahme der englischen Elemente besteht die größte Veränderung, die das Deutsche in der jüngeren Vergangenheit durchmachte und noch heute durchmacht. Es handelt sich um eine sehr weitgehende Umformung des deutschen Wortschatzes, zu der niemand durch linguistische Zwänge genötigt war. Für die meisten neuen Begriffe hätten sich auch mit internen Mitteln der deutschen Sprache Ausdrücke schaffen lassen. In der Tat hat die Übernahme eines englischen Wortes sehr oft sogar die Verdrängung eines an sich voll funktionstüchtigen „deutschen" Äquivalents zur Folge, war also unter einem reinen Nützlichkeitskriterium gar nicht notwendig (z.B. *Aktienboom* für älteres *Hausse* oder *Teenager*, neuerdings sogar *Kids*, für Kinder/Jugendliche). Schon der Versuch einer Antwort führt in die Frage nach Wesen und Grund der Sprachveränderung im allgemeinen. Diese ist gerade heute notwendig, weil viele Linguisten die Sprache rein synchronisch als statisches System verstehen und weil sie zu einseitig von der Verständigungsfunktion der Sprache ausgehen. Rein von der Verständigungsfunktion aus gesehen ist tatsächlich ein unveränderliches Sprachsystem (Code), das für Sprecher und Hörer stets das Gleiche ist, das beste. Daß eine Sprache sich verändert, und zwar so stark, wie es das Deutsche unter dem englischen Einfluß getan hat, ist ein Zeichen, daß das rein auf der Verständigungsfunktion beruhende Modell zumindest ergänzungsbedürftig ist.

Man tut wahrscheinlich gut daran, bei den Gründen „äußere" und „innere" zu unterscheiden, wobei unter den zuerst zu betrachtenden äußeren die historisch-politischen zu verstehen sind. Hier muß man – für die neueren Einflüsse, auf die wir uns hier beschränken – von der Situation der Nachkriegszeit seit 1945 ausgehen. Damals erschien vor allem „der Amerikaner" als höchst positive Figur: Sieger, befreit vom Feindbild, materieller Helfer, Bringer einer neuen, ungezwungenen Lebensweise; mit ihm eröffnete sich eine neue „Welt", die um so erstrebenswerter schien, als sie vorher in Deutschland lange verboten gewesen war – man denke z.B. an amerikanische Musik.

Ein Teil dieser neuen Welt war die gewaltig entwickelte Technik und Wissenschaft, deren englische Begriffe, wie bereits gesagt, zusammen mit den Dingen und Ideen massenhaft einströmten – vom Haushalt bis zu Kernphysik und Raumfahrt; und eine gegenüber früher viel massivere Werbung (für die nun wieder erhältlichen Konsumgüter) zielte auf Identifikation von „amerikanisch = jung = ungezwungen". Europa erholte sich allmählich vom Krieg, aber auch die kulturellen Impulse und sozialen Bewegungen der sechziger, siebziger und achtziger Jahre nahmen von Amerika ihren Ausgang und sorgten für einen nicht abreißenden Strom weiterer Entlehnungen.

Den „inneren Gründen" kommt man näher, wenn man die folgenden vier „Paradoxa" betrachtet: 1. In der Schweiz war nach 1945 die Amerika-Begeisterung und die Übernahme englischer Sprachelemente mindestens ebenso verbreitet wie in der Bundesrepublik, obwohl vorher kein Feindbild und keine Verbote geherrscht hatten. 2. Ein hohes Interesse für angelsächsische Dinge (und Wörter) bestand auch in der DDR und sogar in der Sowjetunion, obwohl der „American way of life" dort wenig Fuß faßte und offiziell scharf abgelehnt wurde. 3. Vertreter einer „fortschrittlichen" Bildungspolitik wenden sich gegen Latein und Lateinzwang, gebrauchen selber aber massenhaft aus dem Englischen entlehnte lateinische Wörter wie *relevant, signifikant, motiviert, interdisziplinär*. 4. Aus der Gesellschaft ausgestiegene Jugendliche, z.B. in der Schweiz, die den „American way of life" auf politischer Ebene strikt ablehnen, haben unter sich dennoch ein sehr ausgedehntes englisches Vokabular (z.B. *Action, moven, sounden*).

Das Stichwort „unter sich" gibt einen Schlüssel. Soziologisch gesehen ist der Gebrauch von englischen Wörtern ein Mittel, mit dem sich eine Gruppe einerseits von den übrigen deutschsprechenden Menschen absetzt, sich andererseits aber untereinander einen starken Zusammenhalt gibt. Aus der Gesamtheit der mit der englischen Sprache assoziierbaren Elemente hat sie die Komponenten „jung, neu, anders" ausgelesen; andere, auch mögliche Komponenten, z.B., daß man sich politisch mit Amerika einig fühlte, scheinen dagegen kaum eine Rolle zu spielen.

Dieses Anderssein gegenüber der „bisherigen" Lebensweise und den „bisherigen" Werten mit Hilfe der englischen Sprachelemente trat sehr stark bei der Nachkriegsgeneration, aber auch später zutage, wobei es sich nicht unbedingt um junge Menschen zu handeln brauchte. Man wollte z.B. nicht mehr „einen Schlager" hören – damit war assoziiert: „alte Generation, überwunden, kitschig" –, sondern einen *Hit* oder *Song* – damit assoziierte man die neuen, eigenen Werte und Gefühle. Man wollte nicht mehr „eine Einladung" oder „eine kleine Feier" veranstalten – damit assoziierte man „alt, steif, überholt" –, sondern man gab eine *Party*.

Es stellt sich die Frage: haben sich hier tatsächlich die Dinge geändert oder nur die Wörter? Wäre sie einfach zu beantworten, so könnte man auch leicht zwischen notwendigen und nicht notwendigen Anglizismen unterscheiden, wie der Verfasser dies in einer früheren Auflage noch vorgeschlagen hatte. Nun ist aber ein Wort nicht nur dann notwendig, wenn es eine Lücke im Begriffssystem ausfüllt (aus strukturellen Gründen), es kann auch notwendig sein, weil es für eine Gruppe ein Abhebungs- und Integrationsmittel ist (also aus soziolinguistischen Gründen); es hat damit eine ähnliche Funktion wie das Slangwort (vgl. § 23), das rein strukturell auch nicht notwendig ist.

An diesem Punkt hat nun auch die Werbung besonders stark eingesetzt. Es ist seit altersher ein Hauptziel der Werbung, einem Konsumgut den Nimbus des Neuen, noch nie Dagewesenen zu verleihen; als besonders wünschenswert kommt in neuerer Zeit das Image des Jungen oder Jungmachenden dazu. Dem ist nichts so förderlich wie der Gebrauch neuer englischer Wörter und Wendungen. Wenn dem möglichen Käufer einer Automarke gesagt wird, er werde beim Fahren ein völlig neues *feeling* verspüren, so wirkt das mehr, als wenn man ihm lediglich ein neues *Gefühl* verspricht. So könnte man, etwas übertreibend, sagen: Die englischen Wörter im Deutschen sind nie so nützlich, als wenn es gilt, Bekanntes als Neuartiges darzustellen.

Endlich ist zu fragen, ob nicht auch in der auf den ersten Blick so „objektiven" und „rationalen" Sprache der Wissenschaft (z.B. in der Linguistik) das psychologische Moment der Absetzung von einer als veraltet empfundenen Generation und Methode mindestens zum Teil für die starke Durchsetzung mit englischen Wörtern verantwortlich ist. Selbstverständlich kann man auch andere Gründe geltend machen: 1. Die englischen Wörter erlauben oft eine genauere Bestimmung, weil sie durch die Bedeutungen der deutschen Umgangssprache nicht beeinflußt sind. 2. Die internationale Kommunikation wird erleichtert, ähnlich wie bereits im Luftverkehr und ähnlich wie im 17. Jahrhundert, als die Gelehrten sich noch weitgehend auf lateinisch verständigten. 3. Der Wichtigkeit des angelsächsischen Beitrags zur neueren Wissenschaft wird auch terminologisch Rechnung getragen. 4. Nach 1945 erhielt eine ganze Generation von jungen deutschen Wissenschaftern Amerikastipendien; sie kamen zurück und füllten sachliche und terminologische Lücken mit amerikanischen Methoden und den zugehörigen Termini.

Diese vier Punkte sind wichtig; gleichwohl ist die Frage zu stellen, ob nicht darüber hinaus auch das Bedürfnis einer jüngeren Generation nach Distanzierung von ihren Vorgängern eine Rolle gespielt hat. Wenn heute im linguistischen Vokabular ersetzt worden sind: *Sprachwissenschaft* durch *Linguistik, Einfluß* durch *Interferenz, unterscheidend* durch *distinktiv, Neuerung* durch *Innovation, Verständigung* durch *Kommunikation* und so fort, so muß die Frage, ob die neuen Termini tatsächlich etwas anderes und/oder Genaueres bedeuten, mindestens gestellt werden. Zwar setzt sich zur Zeit niemand für die Abschaffung englischer Termini ein, aber man muß wissen, daß sie nicht zeitlose Gültigkeit haben, sondern an einen bestimmten, wenn auch wichtigen Generationenwechsel gebunden sind; außerdem sind sie, wie Fremdwörter allgemein, dissoziiert (vgl. oben § 10) und machen die Aussagen der Wissenschaft für interessierte Laien schwerer verständlich als unbedingt nötig. Der englische Einfluß ist deshalb zwar nicht feindselig, wohl aber kritisch zu betrachten.

Die Rolle des Englischen als Weltsprache stellt die Anglistik vor eine Fülle von neuen Aufgaben. Die neu entstehenden Varietäten müssen dokumentiert und beschrieben werden, wie auch die Sprachwandelsprozesse in den bestehenden. Ein interessantes Thema sind auch die Beziehungen der Varietäten untereinander – seien sie historisch-genetischer oder, wie im Fall des weltweiten Einflusses des amerikanischen Englisch, synchroner Natur. Ganz ohne Zweifel führt die Beschäftigung mit dem Englischen als Weltsprache aber auch über die Grenzen eines philologischen Einzelfaches hinaus.

Daß die Welt in Form des heutigen Englisch ein internationales Verständigungsmittel besitzt, ist ein Segen. Man braucht nur an die Flugsicherheit zu denken oder die schnelle Verbreitung wissenschaftlicher Erkenntnisse. Andererseits hat das Englische im Zuge seiner geographischen Ausbreitung auch viele andere Sprachen verdrängt oder an ihrer vollen Entfaltung zu Schriftsprachen gehindert, von den keltischen Sprachen der britischen Inseln über die Indianersprachen Nordamerikas bis zu denen der australischen Ureinwohner. Und man braucht nicht die oft bemühte, aber falsche Analogie zwischen der gesunden Vielfalt natürlicher Arten und einer blühenden Vielsprachigkeit heranzuziehen, um dies zu bedauern.

Für uns als Anglisten faszinierend aber bleibt, daß wir als unseren Forschungsgegenstand eine Sprache haben, die für eine ungeheuer vielfältige Gruppe von Menschen selbstverständlicher Bestandteil ihres täglichen Lebens ist und deshalb die Erfahrungen und Probleme dieses Lebens auch in sich aufgenommen hat: Das Englische ist in der einen oder anderen Form die Sprache des Geschäftsmanns aus Chicago ebenso wie seiner Verhandlungspartnerin aus Singapur, des Navajo-Indianers aus den Reservaten des amerikanischen Südwestens ebenso wie des irischen Bauern, des Polizisten in London ebenso wie (in Form des Nigerian Pidgin) seines Berufskollegen in Lagos.

Vom Guten wie dem Schlechten, das unser modernes Leben prägt – von den Triumphen von Wissenschaft und Technik über die Woge des oftmals trivialen Unsinns, den die populäre Massenkultur in Film, Werbung und Musik über uns schwemmt, bis zu den Werken, in denen Wissenschafter, Philosophen und Schriftsteller uns den Schlüssel zum Verständnis unserer Welt in die Hand zu geben versuchen -, wird vieles zuerst auf Englisch formuliert und findet dann auf direkte oder indirekte Weise seinen Weg in andere Sprachen überall auf der Welt. Schon vor jedem „rein" sprachwissenschaftlichen Interesse ist es die wichtige Rolle des heutigen Englisch in der Welt, die die Beschäftigung mit dieser Sprache rechtfertigt und erfordert.

Literatur zum Einfluß des Englischen auf andere Sprachen: Broder Carstensen und Hans Galinsky, Amerikanismen der deutschen Gegenwartssprache: Entlehnungsvorgänge und ihre stilistischen Aspekte (3. Aufl., Winter, Heidelberg 1975); Broder Carstensen und Ulrich Busse, Anglizismen-Wörterbuch: Der Einfluß des Englischen auf den deutschen Wortschatz nach 1945 (3 Bde., Mouton de Gruyter, Berlin 1993–1996); Wolfgang Viereck und Wolf-Dietrich Bald, Hrsg., English in Contact with other Languages: Studies in Honour of Broder Carstensen on the Occasion of his Sixtieth Birthday (Akadémiai Kiadó, Budapest 1986; dieses Werk behandelt nicht nur den Einfluß des Englischen auf das Deutsche, sondern auch die Verhältnisse in mehr als zwanzig weiteren Sprachen).

Sachregister